CAFÉ
COM
ARISTÓTELES

Lições de um dos mais influentes pensadores da civilização ocidental

CAFÉ
COM
ARISTÓTELES

Camelot
EDITORA

ENCONTRE MAIS
LIVROS COMO ESTE

Copyright desta obra © IBC - Instituto Brasileiro De Cultura, 2023

Reservados todos os direitos desta produção, pela lei 9.610 de 19.2.1998.

1ª Impressão 2024

Presidente: Paulo Roberto Houch
MTB 0083982/SP

Coordenação Editorial: Priscilla Sipans
Coordenação de Arte: Rubens Martim (capa)
Produção Editorial: Murilo Oliveira de Castro Coelho (Org.)
Tradução: Murilo Oliveira de Castro Coelho
Revisão: MC Coelho – Produção Editorial
Apoio de Revisão: Gabriela Gaia e Leonan Mariano

Vendas: Tel.: (11) 3393-7727 (comercial2@editoraonline.com.br)

Foi feito o depósito legal.
Impresso na China

Dados Internacionais de Catalogação na Publicação (CIP) de acordo com ISBD	
C181c	Camelot Editora
	Café com Aristóteles / Camelot Editora. – Barueri : Camelot Editora, 2024.
	216 p. ; 15,1cm x 23cm.
	ISBN: 978-65-6095-085-6
	1. Filosofia. I. Título.
2024-411	CDD 100
	CDU 1
Elaborado por Odilio Hilario Moreira Junior - CRB-8/9949	

IBC — Instituto Brasileiro de Cultura LTDA
CNPJ 04.207.648/0001-94
Avenida Juruá, 762 — Alphaville Industrial
CEP. 06455-010 — Barueri/SP
www.editoraonline.com.br

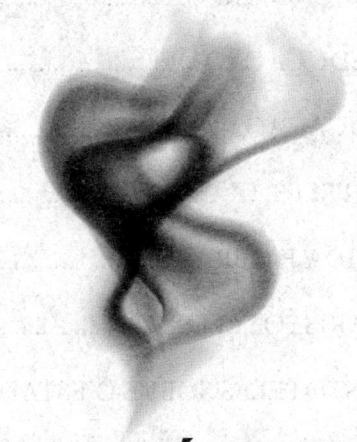

SUMÁRIO

NOTA DO ORGANIZADOR 7

ARISTÓTELES 9

PREFÁCIO DOS EDITORES PARA A PRIMEIRA EDIÇÃO 11

VIDA DE ARISTÓTELES 18

CÂNONE ARISTOTÉLICO 39

CATEGORIAS 60

ÉTICA 100

POLÍTICA 151

A DOUTRINA DE ARISTÓTELES 161

ARISTÓTELES E OS ANTIGOS IDEAIS EDUCACIONAIS 178

PREFÁCIO 179

CARÁTER E IDEAL DA EDUCAÇÃO GREGA 181

RAMOS DA EDUCAÇÃO GREGA 184

CONDIÇÕES DA EDUCAÇÃO 186

TEMAS PARA EDUCAÇÃO 189

LIVRO III ARISTÓTELES (A.C. 384-322) 192

ARISTÓTELES – VIDA E OBRA 193

A FILOSOFIA DE ARISTÓTELES 199

A TEORIA DE ARISTÓTELES SOBRE O ESTADO 203

O ESTADO PEDAGÓGICO DE ARISTÓTELES 208

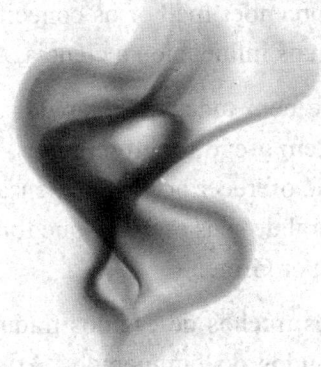

NOTA DO ORGANIZADOR

Esta obra reúne trechos de estudos realizados por renomados pesquisadores, sendo o principal George Grote (1794-1871), um historiador britânico especializado na Grécia Antiga. Sua obra foi editada pelo professor Alexander Bain (1818-1903), filósofo e educador escocês da escola britânica de Empirismo, bem como da Psicologia, da Linguística, da Lógica e da Filosofia moral, em parceria com o filósofo escocês George Croom Robertson (1842-1892), professor de Lógica da Universidade de Aberdeen, na Escócia. A publicação da segunda edição, em 1880, foi feita pela editora de William Clowes & Sons Ltd., fundada em Londres, Inglaterra, em 1803, a qual cresceu de uma pequena empresa de uma única prensa para uma das maiores empresas de impressão do mundo, em meados do século XIX.

Após ter publicado obras sobre política e filosofia contemporâneas, Grote se dedicou inteiramente à história da Grécia, série em 12 volumes, publicada entre 1846 e 1856.

Um estudo acerca da doutrina aristotélica de como chegar a conclusões científicas, elaborado pelo filósofo escocês William Hamilton, compõe a obra de Grote, um apêndice que foi traduzido para que os leitores possam compreender melhor os conceitos esclarecidos por um dos pensadores que mais influenciou a ciência, Aristóteles.

Cabe salientar que nem todas as notas de rodapé foram utilizadas, bem como os termos em grego foram retirados, uma vez que a presente obra tem a intenção de oferecer noções do pensamento de Aristóteles, e não uma tradução literal de seus escritos, que foram traduzidos do grego para a língua inglesa por Grote.

Outros importantes trechos de estudos traduzidos a fim de compor esta obra foram extraídos do famigerado "Aristóteles e os ideais antigos de educação" (título original: *Aristotle and ancient educational ideals*, 1892), de Thomas Davidson (1840-1900), educador escocês que coordenou diversas escolas nos Estados Unidos, tendo publicado várias traduções e estudos sobre a influência do sistema educacional do povo grego nas sociedades ocidentais.

Murilo Oliveira de Castro Coelho

ARISTÓTELES[1]
POR GEORGE GROTE

AVISO À SEGUNDA EDIÇÃO

Esta edição é uma reimpressão exata da primeira edição, com o acréscimo de dois importantes ensaios sobre a *Ética* e a *Política* de Aristóteles, que foram encontrados entre os documentos póstumos do autor. Eles foram originalmente publicados em 1876, em "Fragments on ethical subjects, by the late George Grote" (1900), mas teriam sido incluídos na primeira edição desta obra, caso tivessem sido descobertos a tempo. Esses ensaios são fruto de um longo e laborioso estudo e, à medida que se estendem, incorporam os pontos de vista amadurecidos do escritor sobre a *Ética* e a *Política*: os dois tratados cuja omissão em sua exposição publicada da filosofia aristotélica foi muito lamentada.

O ensaio intitulado "A ética de Aristóteles" cai naturalmente em duas divisões; a primeira trata da felicidade; a segunda, de acordo com Aristóteles, aborda o principal ingrediente da felicidade, a saber, a virtude. Sobre a concepção de felicidade do próprio Aristóteles, o Sr. Grote se debruça minuciosamente, examinando-a por todos os lados e analisando-a de todos os pontos de vista. Ao mesmo tempo que reconhece plenamente seus méritos, ele também dá a medida completa de seus defeitos. Suas críticas a esse respeito estão no melhor estilo do autor e não são menos importantes no que diz respeito à discussão ética do que como um comentário sobre Aristóteles.

Sua abordagem da doutrina da virtude de Aristóteles é igualmente sutil e instrutiva. Particularmente notáveis são as observações sobre o voluntário e o involuntário, e sobre a preferência deliberada.

---

[1] Título original: *Aristotle*. Editado por Alexander Bain e George Croom Robertson. Segunda edição, com acréscimos. Londres: John Murray, Albemarle Street, 1880. Impresso por William Clowes & Sons. Londres: Stanford Street and Charing Cross. Tradução: Murilo Oliveira de Castro Coelho.

O tratamento das virtudes em detalhes é, infelizmente, mais fragmentário, mas o que ele diz a respeito da justiça e da equidade tem um interesse permanente.

O ensaio intitulado "A política de Aristóteles" deve ser estudado em conexão com o anterior. Embora seja apenas um breve esboço, ele é notável pela visão que nos proporciona do mais perfeito ideal político do mundo antigo.

PREFÁCIO DOS EDITORES PARA A PRIMEIRA EDIÇÃO

O historiador da Grécia, ao encerrar sua grande narrativa no ano de 1856, prometeu dar continuidade, em uma obra separada, ao movimento especulativo do século IV a.C. que sustentou a supremacia do intelecto helênico muito tempo depois do declínio da liberdade helênica. Ele havia traçado os primórdios do movimento no famoso capítulo sobre Sócrates, mas fazer justiça a seus principais heróis – Platão e Aristóteles – provou ser impossível dentro dos limites da história. Quando, no entanto, o trabalho prometido apareceu, depois de nove anos de árdua pesquisa, descobriu-se que ele abrangia apenas Platão e os outros companheiros imediatos de Sócrates, deixando metade da tarefa designada sem ser realizada. O Sr. Grote já havia passado de seus 70 anos, mas viu nisso apenas uma razão para se voltar, sem um momento de pausa, para o árduo trabalho que ainda tinha pela frente. Daí em diante, apesar da fraqueza de suas forças e da crescente distração dos negócios públicos, ele se manteve firme até que a morte o alcançou no meio do caminho. Estes volumes mostrarão o que ele foi capaz de realizar, embora não o estudo que fez para o restante de seu projeto. A tarefa de preparar e supervisionar sua publicação foi confiada aos atuais editores pela Sra. Grote, no exercício de sua discrição como única executora de seu último testamento. Como agora impressa, a obra tem sua forma determinada pelo próprio autor até o final do Capítulo XI. Os dois primeiros capítulos, que contêm uma biografia de Aristóteles e um relato geral de suas obras, são seguidos por uma análise crítica, em oito capítulos, de todos os tratados incluídos sob o título "Órganon", e no capítulo restante dos onze, inicia-se o tratamento da *Física* e da *Metafísica* (tomadas em conjunto pelas razões apresentadas). O que agora se apresenta como Capítulos III, IV etc., foi marcado, entretanto, como Capítulos VI, VII etc., pelo autor. Seu objetivo era evidentemente interpolar, antes da publicação, três outros capítulos de caráter introdutório. Infelizmente, nenhuma indicação positiva permanece quanto ao assunto desses capítulos, embora haja razões para acreditar que, por um lado, ele pretendia acrescentar à consideração detalhada das obras uma chave para a terminologia desconcertante de Aristóteles. Possivelmente, ele também pretendia entrar em uma discussão mais específica sobre o Cânone, depois de tê-lo visto externamente no Capítulo II. Citações e referências relacionadas a essa discussão foram encontradas entre suas notas soltas.

O que poderia ter sido o curso do trabalho desde o ponto em que ele foi interrompido é totalmente uma questão de inferência, além de uma indicação do assunto do próximo capítulo a seguir. Mas as observações no início do Capítulo III apontam para algumas conclusões prováveis. Após as discussões metafísicas, que devem ter se prolongado por vários capítulos, provavelmente teriam sido colocados em ordem os tratados *Sobre o céu*, *Da geração e da corrupção*, *Meteorologia* e, em seguida, as várias obras biológicas, embora seja impossível adivinhar com que detalhes em cada caso. Depois deve ter se seguido o *De anima* com os tratados psicológicos menores resumidos como *Parva naturalia*, e em seguida, sem dúvida, o *Ética* e o *Política*. Por último, o *Retórica* e o *Poética*. O fato de o Sr. Grote ter dominado cuidadosamente todas essas obras é evidente em suas anotações marginais nas várias cópias que ele leu. Com a *Ética* e a *Política*, em particular, ele estava familiarizado desde cedo, e há motivos para lamentar que ele não tenha deixado nada elaborado nesse campo tão especialmente seu. Felizmente, acontece que no campo psicológico adjacente há algo considerável para mostrar.

Foi dito que dois importantes ensaios sobre esses assuntos foram descobertos entre os documentos póstumos do Sr. Grote desde a publicação da primeira edição. Eles estão impressos nesta edição após o capítulo *De anima*.

No outono de 1867, o Sr. Grote comprometeu-se a escrever um breve relato sobre o impressionante reconhecimento de Aristóteles do aspecto físico dos fenômenos mentais, para ser anexado à terceira edição do trabalho do editor sênior, "Os sentidos do intelecto", mas, ao seguir as indicações relativas a esse ponto, ele foi gradualmente levado por seu interesse no assunto a elaborar um resumo completo do *De anima* e dos outros tratados psicológicos. Passou vários meses nessa tarefa e, no final, declarou que ela havia aprofundado muito sua visão da filosofia de Aristóteles como um todo. Ele também expressou sua satisfação por ter completado uma exposição da Psicologia, adequada para servir como sua contribuição para essa parte de Aristóteles, caso ele nunca chegasse ao assunto no curso regular de seu trabalho geral. A exposição foi impressa na íntegra na época (1868) e atraiu a atenção dos estudantes. Ela é agora reimpressa, com o destaque em função do seu acabamento literário e valor intrínseco, como um capítulo – o último – no corpo da presente obra.

O longo apêndice que vem depois é composto de elementos um tanto heterogêneos, mas as diferentes seções foram todas escritas no período posterior a 1865, e todas, com exceção das duas últimas (que tratam brevemente de Epicuro e dos estoicos), têm relação com o projeto geral do autor.

A primeira seção – um relato histórico das antigas teorias dos universais (*Manual da ciência mental e moral*, 1867) – já viu a luz. Ela reúne, como em nenhum outro lugar, todas as principais referências à doutrina do Realismo em Platão e exibe a posição diretamente antagônica assumida por Aristóteles em relação ao seu mestre. Isso é feito de forma tão impressionante que não poderia ser excluído, mesmo que reproduza parcialmente parte do assunto do Capítulo III, sobre as *Categorias*. Por ter sido composto em 1867, mais tarde que esse capítulo, ele foi escrito com mais firmeza. Ao terminá-lo como está, o Sr. Grote, em uma carta particular, expressou-se em termos que merecem ser citados: "Nunca antes vi tão claramente a extrema importância das especulações de Aristóteles como guias e estimulantes da filosofia medieval. Se eu tivesse tempo para levar o relato adiante, teria sido capaz de mostrar o quanto as visões aprimoradas da questão dos universais dependiam do fato de que mais e mais obras de Aristóteles, e textos melhores, tornaram-se conhecidos por Albertus Magnus, Tomás de Aquino e seus sucessores. Durante os séculos imediatamente posteriores a Boécio, nada de Aristóteles, exceto as *Categorias* e o tratado *Da interpretação*, era conhecido, e isso em uma tradução latina. Felizmente, as *Categorias* nunca foram perdidas de vista; e é ali que a doutrina da *Substantia prima* é claramente proclamada".

A segunda seção, ou melhor, a parte que trata da doutrina dos primeiros princípios de Aristóteles, também é uma reimpressão. Ela foi composta (em 1867) ao mesmo tempo que a seção sobre universais, e foi impressa com ela; sem, no entanto, o exame crítico das opiniões de Sir William Hamilton[2] sobre Aristóteles, que agora é prefixado à declaração da doutrina aristotélica. Tendo Hamilton (na Nota A, anexada à sua edição das Obras de Reid) reivindicado Aristóteles como um defensor da Filosofia do Senso Comum, com base em uma longa lista de passagens citadas, elas foram submetidas pelo Sr. Grote a uma crítica minuciosa, cujo vigor pontual será devidamente apreciado. A declaração de sua visão da doutrina de Aristóteles, embora contenha pouco que não possa ser encontrado em mais de um lugar no corpo do presente trabalho, ainda é reimpressa, porque a iteração era sua arte favorita para impressionar qualquer coisa à qual ele atribuísse tanta importância quanto atribuía a essa sua convicção, em relação ao próprio coração do pensamento de Aristóteles.

Os longos resumos de seis livros da *Metafísica* e de dois livros do *Sobre o céu*, a seguir no Apêndice, são seções de um caráter completamente diferente das anteriores. Evidentemente não destinados à publicação, eles foram incluídos, em parte por fornecerem alguma indicação do trabalho que o autor teve na tentativa de se apropriar de seu assunto, em parte por causa de seu valor inerente. Por causa do primeiro motivo, eles são aqui reproduzidos o mais próximo possível da aparência que tinham quando eram rascunhos preliminares, acompanhados de referências. Seu valor consiste no fato de que eles dão a interpretação do Sr.

---

2   William Hamilton (1788-1856) foi um filósofo metafísico e educador, também lembrado por suas contribuições no campo da lógica. Ele lecionou na Universidade de Edimburgo, no Reino Unido, e é o autor de *Discussões sobre filosofia e literatura* (1852). Os críticos rejeitaram o esforço de Hamilton para combinar a "filosofia do senso comum" escocesa com as opiniões de Immanuel Kant, mas ele conseguiu estimular o interesse pela metafísica ao apresentar Kant ao público britânico. Segundo o teólogo francês François Fénelon, o senso comum consiste em "ideias ou noções gerais que não posso contradizer nem examinar, mas de acordo com as quais examino e decido sobre tudo" (*De l'existence de Dieu*, p. XXII, c. ii).

Grote do texto de tratados, ao mesmo tempo, extremamente difíceis e importantes. Difíceis, como é provado pela grande divergência entre os comentaristas em muitos pontos, e importantes não mais em razão dos aspectos mais profundos do próprio sistema de Aristóteles, mas sim pelas especulações dos filósofos gregos anteriores sobre os quais eles são a autoridade clássica. Que relação, no caso de cada tratado, os livros abstraídos (muitas vezes traduzidos) mantêm com os outros livros deixados intocados, é especialmente indicado no início da terceira seção e no final da quarta. Aqui é suficiente mencionar que cada resumo tem uma certa completude em si mesmo e, ao mesmo tempo, um vínculo de conexão com o outro. O resumo da *Metafísica* encerra onde Aristóteles desce para falar dos corpos celestes concretos, e o mesmo tanto do *Sobre o céu* é dado quando trata especialmente desses corpos. Essa conexão, quer estivesse presente na mente do autor, quer não estivesse, aumenta o valor dos resumos como aqui apresentados[3].

Nas seções restantes do Apêndice, que não tratam de Aristóteles, o breve relato de Epicuro tem como objetivo colocar em sua verdadeira luz um sistema de pensamento muito difamado. Ao escrevê-lo, em 1867, o Sr. Grote observou que a última palavra ainda não havia sido dita sobre Epicuro. A parte ética do esboço foi impressa na época do *Manual de ciência mental e moral*, e agora é apresentada em sua totalidade. Mais fragmentária é a nota sobre os estoicos, como mera substituição de passagens que ele considerou inadequadas em um esboço que lhe foi apresentado. Uma vez que fazia parte de seu projeto acrescentar ao tratamento de Aristóteles uma exposição completa das doutrinas estoicas e epicuristas, consideradas como o resultado das teorias cínicas e cirenaicas[4] já tratadas no final do *Platão*, os dois fragmentos podem encerrar o presente trabalho.

---

3   O autor levou o resumo do *Sobre o céu* um pouco mais adiante e, em seguida, interrompeu-o abruptamente, provavelmente por ter se afastado demais dos tratados lógicos com os quais estava lidando na época.
4   A filosofia cirenaica surgiu na cidade de Cirene entre 400 a.C. e 300 a.C., cuja característica principal era o hedonismo, a doutrina segundo a qual o prazer é o bem supremo.

Tomados em conjunto, os dois volumes são, sem dúvida, uma contribuição muito importante para a história do pensamento antigo. No que diz respeito a Aristóteles, o projeto do autor deve ser reunido principalmente pelos onze primeiros capítulos, iniciados em 1865, e prosseguidos em sua ordem, até que ele foi surpreendido, no ato de compor o último, pela doença insidiosa que, após seis meses, finalmente o levou. Talvez a característica mais marcante da exposição do *Órganon* seja a análise muito completa do longo tratado chamado *Tópicos*. Enquanto os outros tratados foram todos, mais ou menos, utilizados para a teoria ordinária da *Lógica*, a *Tópicos*, com seus significados mistos de lógica e retórica, deixou de ser incorporada nos esquemas modernos de disciplina ou estudo. O profundo interesse do Sr. Grote em tudo o que diz respeito à *Dialética* o levou especialmente a este trabalho, como a exibição em detalhes daquele hábito de discussão metodizada tão profundamente enraizado na mente helênica. E, na mesma conexão, pode-se notar como o curso natural de seu trabalho o levou, nos últimos meses de sua atividade intelectual, a pisar novamente em terreno antigo e familiar. Um apelo – dessa vez contra Aristóteles – para os sofistas condenados e, mais uma vez, uma imagem da missão dialética de Sócrates, que para ele tinha um encanto imperecível, estavam entre os últimos esforços de sua caneta.

Além de compor o segundo volume a partir do final do Capítulo XI, os editores, ao longo de toda a obra, dedicaram muita atenção às notas e referências estabelecidas pelo autor com sua habitual minúcia copiosa. Considerou-se aconselhável submetê-las, em todos os lugares, a uma verificação detalhada. Embora os editores falem sobre o assunto com uma cautela que é melhor compreendida por aqueles que podem ter passado por um trabalho semelhante, espera-se que um resultado não indigno do autor tenha sido alcançado. Em diferentes lugares foram fornecidas referências adicionais, seja quando houve uma omissão óbvia por parte do autor, seja para confirmar seus pontos de vista apresentados no texto, pois tais referências, principalmente às obras do próprio Aristóteles, não foram consideradas necessárias. Quando, como uma ou duas vezes no Apêndice, uma nota explicativa mais longa pareceu necessária, ela foi impressa entre colchetes.

Algumas passagens do texto, em que as iterações pareciam excessivas, foram retidas, mas apenas aquelas que o próprio autor teria suprimido após a revisão, uma vez que onde quer que houvesse evidência de que a revisão havia sido feita, as iterações, livremente empregadas para dar ênfase, foram mantidas. Em raras ocasiões, interpolações e alterações verbais foram feitas com o objetivo de trazer à tona mais claramente o significado que se buscava transmitir. É impossível sentir mais profundamente do que os editores a responsabilidade em que incorreram, mas eles foram guiados pelo respeito que têm pelo venerável autor, e tiveram a sorte de ter tido muitas oportunidades de aprender de seus lábios a essência de opiniões sobre Aristóteles.

Um índice foi elaborado com algum cuidado, como era necessário, se fosse para ser de real utilidade para os leitores de uma obra tão elaborada.

Resta apenas acrescentar que, ao imprimir o grego das notas, o texto de Theodor Waitz foi seguido para o *Órganon* (em todos os lugares antes do início); o texto de Hermann Bonitz, para a *Metafísica*; e para outras obras de Aristóteles, geralmente a edição de Berlim. Até onde os editores tinham conhecimento, foram levadas em consideração as preferências do próprio autor em sua leitura.

VIDA DE ARISTÓTELES

Em minha obra anterior, intitulada *Platão e os outros companheiros de Sócrates*, descrevi um grupo de filósofos que diferiam muito uns dos outros, mas todos emanavam de Sócrates como progenitor intelectual comum, manifestando-se total ou principalmente na composição de diálogos, bem como todos viviam em uma atmosfera de liberdade helênica ainda não perturbada por qualquer ascendência imperial de fora. Desse grupo, entre os quais Platão é o principal, passo agora a outro, entre os quais a mesma preeminência pertence a Aristóteles. Esse segundo grupo conhecia o estímulo socrático apenas como uma tradição histórica, pois eles passaram gradualmente, primeiro do diálogo socrático ou platônico – dramático, coloquial, de confronto – para o diálogo aristotélico, semidramático, retórico, contraexpositivo e, depois, para a teorização formal, a solução engenhosa e a adivinhação de problemas especiais, a crítica histórica e as coleções abundantes de fatos detalhados. Além disso, eles foram testemunhas da extinção da liberdade na Hélade[5] e da ascensão do reino macedônico de uma relativa nulidade ao mais alto pináculo de supremacia e domínio. Sob os sucessores de Alexandre, essa supremacia estranha, intrometida e ditatorial, não apenas dominou os movimentos políticos dos gregos, mas também influenciou poderosamente a posição e o trabalho de seus filósofos, e teria se tornado igualmente intrometida ainda mais cedo sob o comando do próprio Alexandre caso todo o seu tempo e energia pessoal não tivessem sido absorvidos por uma sede insaciável de conquista oriental, terminando com uma morte prematura.

Aristóteles nasceu em Estagira, uma colônia helênica sem importância na Trácia, que ganhou um nome duradouro na história pelo fato de ter sido seu local de nascimento. Ela estava situada no Golfo Estrimônico, um pouco ao norte do istmo que termina no promontório montanhoso de Athos. Seus fundadores eram gregos da ilha de Andros, reforçados posteriormente por outros imigrantes de Cálcis, capital da Eubeia. Ela

---

5 Como eram conhecidos os territórios atualmente pertencentes à moderna Grécia, assim denominados durante a Antiguidade Clássica.

era, como outras cidades gregas, autônoma – uma comunidade distinta e autogovernada – depois incorporada à confederação de cidades livres sob a presidência de Olinto. A característica mais importante de sua condição, no período do nascimento de Aristóteles, era que ela ficava perto da fronteira da Macedônia, e não muito longe de Pela, capital do antigo reino grego da Macedônia, a residência do rei macedônio Amintas III (pai de Filipe). Aristóteles nasceu não antes de 392 a.C., nem depois de 385-384 a.C. Seu pai, Nicômaco, era um cidadão de Estagira, distinto como médico, autor de algumas obras médicas e que se gabava de ser descendente da heroica dos Asclepíades[6] [um título de muitos médicos gregos antigos, notadamente Hipócrates]. Sua mãe, Phaestis, também era de boa família cívica, descendente de um dos primeiros colonos de Chalkidian[7]. Além disso, Nicômaco não era apenas instruído em sua arte, mas era também aceito como médico confidencial e amigo de Amintas, com quem passava grande parte de seu tempo – uma circunstância de grande importância para a futura carreira de seu filho. Dizem-nos que, entre os Asclepíades, o hábito da observação física e até o treinamento manual em dissecação eram transmitidos tradicionalmente de pai para filho, desde os primeiros anos de vida, servindo como preparação para a prática médica quando não havia tratados escritos para estudar. A mente de Aristóteles pode, portanto, ter adquirido aquele apetite pelo estudo fisiológico que tantos de seus tratados indicam.

Com relação ao caráter de sua juventude, existiam, mesmo na Antiguidade, diferentes relatos. Ficamos sabendo que ele perdeu o pai e a

---

6   Asclepíades de Bitínia (124 a.C. ou 129 a.C.-40 a.C.) foi um médico grego cuja formação ocorreu em Alexandria, o maior centro científico de sua época. Aqui aprendemos que na genealogia heroica dos Asclepíades o filho do herói médico da mitologia grega Macaão tinha o nome de Nicômaco. Não creio que Will. v. Humboldt e Bernays tenham razão ao chamar Aristóteles de "um meio-grego", "um heleno que não é puro-sangue" – (Os diálogos de Aristóteles, título original: *Die dialoge des Aristoteles*, p. 2;56;134). Uma família helênica que migrou de Atenas, Cálcis, Corinto etc., para estabelecer uma colônia na costa da Trácia ou da Ásia Menor, não necessariamente perdeu seu helenismo. Não se pode designar Demócrito, Xenócrates, Anaxágoras, Empédocles, entre outros, como meio-gregos.
7   Essa foi provavelmente uma das razões que induziram Aristóteles a preferir Cálcis como seu local de aposentadoria temporária, quando deixou Atenas após a morte de Alexandre.

mãe quando ainda era jovem e que ficou sob a tutela de Proxeno, um nativo de Atarneu que havia se estabelecido em Estagira. De acordo com um relato, aparentemente adotado pelas primeiras testemunhas preservadas até nós, ele foi inicialmente um jovem extravagante, gastou grande parte da propriedade paterna e, depois, dedicou-se ao serviço militar, mas logo se cansou e voltou para Estagira, transformando em conta o prédio cirúrgico, os aparelhos e os medicamentos deixados por seu pai como médico. Depois de algum tempo, não sabemos quanto, ele se aposentou dessa profissão, fechou o prédio e se dedicou à retórica e à filosofia. Em seguida, foi para Atenas e lá ingressou na escola de Platão, aos trinta anos de idade.[8] A vida filosófica foi, portanto, (se acreditarmos nesse relato) uma segunda escolha, adotada relativamente tarde na vida. O outro relato, que também depende de boas testemunhas, afirma que ele chegou a Atenas e se alistou como aluno de Platão, aos dezessete ou dezoito anos de idade. Omite qualquer menção a um período anterior, ocupado pelo serviço militar e uma tentativa de profissão médica. Em ambas as narrativas, Aristóteles aparece como residente em Atenas e se dedicando à retórica e à filosofia, desde algum período antes de 360 a.C. até a morte de Platão em 347 a.C. Embora, de acordo com a primeira das duas narrativas, ele tenha iniciado sua carreira filosófica em uma idade mais avançada, sua vida inteira ocupou setenta anos em vez de sessenta e três anos.

Durante o intervalo de 367-360 a.C., Platão esteve muito ausente de Atenas, tendo feito duas visitas separadas a Dionísio, o jovem, em Siracusa. O tempo que ele passou lá em cada visita não é explicitamente dado, mas, até onde podemos conjecturar por alusões indiretas, não pode ter sido menos de um ano em cada uma delas, e pode possivelmente ter sido mais longo. Se, portanto, Aristóteles chegou a Atenas em 367 a.C. (como

---

8   Um autor chamado Eumêlus (citado por Diógenes, v. 6, mas não conhecido de outra forma) afirmou que Aristóteles chegou a Platão aos trinta anos de idade, e que ele viveu até os setenta anos de idade, em vez de sessenta e três, como Hermipo e Apolodoro afirmaram. Eumêlus concebeu Aristóteles como nascido em 392 a.C. e chegando a Platão em 362 a.C. Seus dados cronológicos estão em harmonia com as declarações de Epicuro e Timeu a respeito do início da vida de Aristóteles.

Hermipo afirma), ele não pode ter desfrutado de instruções contínuas de Platão durante os três ou quatro anos seguintes.

Seja qual for a situação dos fatos em relação ao início da vida de Aristóteles, não há dúvida de que antes do ano 362 a.C. ele passou a residir em Atenas e lá permaneceu, beneficiando-se da sociedade e das palestras de Platão até a morte desse último, em 347 a.C. Logo após a perda de seu mestre, ele deixou Atenas, com seu colega Xenócrates, e foi para Atarneu, que na época era governada pelo déspota Hérmias. Esse déspota era um homem notável, que, sendo eunuco por causa de lesões corporais quando criança e tendo se tornado escravo de um déspota anterior chamado Eubulus, conseguiu sucedê-lo no poder supremo e governou as cidades de Atarneu e Assos com firmeza e energia. Hérmias estivera em Atenas, ouvira as palestras de Platão e fizera amizade com Aristóteles, amizade que se consolidou ainda mais com o casamento de Aristóteles, durante sua residência em Atarneu, com Pítia, sobrinha de Hérmias. Durante três anos, Aristóteles e Xenócrates permaneceram em Assos ou Atarneu, de onde foram forçados a fugir em razão da morte do déspota, pois Mentor, o rodesiano, general dos persas naquelas regiões, atraiu Hérmias para fora da cidade sob o pretexto de uma negociação diplomática, depois o capturou perfidamente e o enviou como prisioneiro ao rei persa, que deu a ordem para que fosse enforcado. Ao mesmo tempo, Mentor tomou as duas cidades e outras posses de Hérmias, enquanto Aristóteles e sua esposa se retiraram para Mileto. Seu profundo pesar pelo destino de Hérmias foi testemunhado em um nobre hino que ele compôs e que ainda permanece, bem como por um epigrama inscrito na estátua de Hérmias em Delfos. Não ouvimos falar de sua ida a outro lugar até que, dois ou três anos depois (a data exata é relatada de forma diferente), ele foi convidado por Filipe II para ir à Macedônia e tornar-se preceptor do jovem príncipe Alexandre, então com treze ou quatorze anos de idade. A reputação que o próprio Aristóteles havia estabelecido nessa época, sem dúvida, coincidiu com a lembrança de seu pai, Nicômaco, como médico e amigo de Amintas, o que levou Filipe a fazer essa escolha. Aristóteles desempenhou as funções que lhe eram exigidas, desfrutando da confiança e do favor de Filipe II e Alexandre, até o assassinato do primeiro e a ascensão do segundo em 336 a.C. Sua residência principal durante esse período foi na Macedônia, mas ele fazia visitas ocasionais a Atenas, e há alusão a certos serviços diplomáticos que ele prestou aos atenienses na corte de Filipe. Além disso, ele deve ter passado algum tempo em sua cidade natal, Estagira, que estava entre as muitas cidades gregas capturadas e arruinadas por Filipe durante uma guerra. Tendo obtido o consentimento e a autoridade de Filipe, Aristóteles foi para Estagira com o objetivo de dirigir o restabelecimento da cidade. Chamando os habitantes dispersos que puderam ser reunidos das aldeias vizinhas ou de partes mais distantes ele teria elaborado leis ou regulamentos para os cidadãos que retornaram e para os recém-chegados. Ele tinha motivos para se queixar de vários rivais que fizeram intrigas contra ele, causaram-lhe muitos problemas e obstruíram a renovação completa da cidade. Apesar disso, seus serviços foram tantos que um festival anual foi instituído para comemorá-los. Afirma-se ainda que, em algum momento durante esse período, ele teve uma escola (análoga à Academia de Atenas) no Ninfeu [antigo santuário consagrado às ninfas aquáticas] do lugar chamado Mieza, onde assentos de pedra e passeios sombreados, enobrecidos pelo nome de Aristóteles, ainda eram exibidos mesmo nos dias de Plutarco.

Em 336 a.C., Alexandre tornou-se rei da Macedônia, e seus vastos projetos de conquista, primeiro da Pérsia e, depois, de outros povos conhecidos e desconhecidos, não lhe deixaram tempo livre para nada além de ocupações militares e imperiais. Foi no ano seguinte (335 a.C.), quando os preparativos para a expedição persa estavam sendo concluídos, prontos para sua execução na primavera seguinte, que Aristóteles transferiu sua residência para Atenas. A escola filosófica platônica na qual ele havia estudado passou então a ser dirigida por Xenócrates como escolástico, tendo passado, após a morte de Platão, em 347 a.C., para seu sobrinho Espeusipo, e dele para Xenócrates em 339 a.C. Aristóteles estabeleceu para si uma nova escola rival no lado leste de Atenas, no ginásio anexo ao templo de Apolo Liceu, e daí derivou o nome pelo qual era comumente conhecido – Liceu. Nessa escola e no jardim adjacente ele continuou a dar aulas durante os doze anos seguintes, abrangendo a vida e as brilhantes conquistas de Alexandre. Diz-se que grande parte de sua instrução foi dada enquanto caminhava pelo jardim, o que deu aos alunos e à seita o título de peripatéticos. Todo o seu tempo era ocupado com os afazeres de sua escola e com a composição de suas obras, e seus alunos logo se tornaram tão numerosos que ele achou conveniente desejar que eles elegessem entre si, a cada dez dias, um reitor para manter a ordem, como Xenócrates havia feito na Academia[9]. Aristóteles também mantinha correspondência, não apenas com Alexandre e Antípatros, mas também com Themison, um dos príncipes de Chipre, assim como Isócrates havia se correspondido com Nicocles, rei de Patos, e Platão com Dionísio de Siracusa.

Em junho de 323 a.C., ocorreu a morte prematura e inesperada do grande conquistador macedônio, com 32 anos e 8 meses de idade, por uma febre violenta na Babilônia. Seu poder era tão vasto e sua ambição tão desmedida que a súbita remoção de tal homem foi um choque para as esperanças e os temores de quase todos, tanto na Grécia quanto na Ásia. Isso produziu uma mudança completa na posição de Aristóteles em Atenas.

Para entender qual era realmente essa posição, devemos analisá-la em conexão com suas simpatias macedônicas e com o sentimento político contemporâneo em Atenas. Foi em meados do ano 335 a.C. que Alexandre reprimiu à força a revolta dos tebanos, tomou a cidade deles de assalto, demoliu-a completamente (deixando apenas a cidadela chamada Cadmeia, ocupada por uma guarnição macedônia) e dividiu seu território entre duas outras cidades da Beócia. Imediatamente após esse ato aterrorizante, ele exigiu dos atenienses (que simpatizavam calorosamente com Tebas, embora sem atos evidentes de ajuda) a rendição de seus principais políticos antimacedônios. Como essa exigência foi recusada,

---

[9] Brandis observa que essa é uma característica do caráter de Aristóteles (p. 65), que ele se absteve de se intrometer em assuntos públicos em Atenas. Mas devemos nos lembrar de que, por não ser cidadão de Atenas, Aristóteles não tinha competência para se intrometer pessoalmente. Seu grande e respeitado concorrente filosófico, Xenócrates (um não cidadão ou meticuloso, assim como ele), estava tão longe de estar em condições de se intrometer nos assuntos públicos, que uma vez foi até preso por não ter pago na época devida o seu imposto de capitação exigido dos meticulosos. Ele foi libertado, de acordo com uma história, por Licurgo (Plutarco, Vit. x. Oratt. p. 842); de acordo com outra história (aparentemente mais provável), por Demetrius Phalereus (Diog. La. iv. 14). A vida anônima de Aristóteles, publicada por Robbe (Leyden, 1861, p. 3), leva em consideração a posição de Aristóteles em Atenas como uma pessoa meticulosa.

a princípio ele se preparou para fazer ser obedecido na ponta da espada, mas foi persuadido, não sem dificuldade, a renunciar a essa intenção e a se contentar com o exílio voluntário de Efialtes e Charidemus de Atenas. Embora o voto unânime do Sínodo Grego em Corinto o tenha constituído imperador, não há dúvida de que o sentimento predominante na Grécia em relação a ele era de medo e aversão, especialmente entre os atenienses, cuja dignidade foi mais profundamente mortificada e para quem a restrição da liberdade de expressão foi a mais dolorosa.

Foi exatamente nesse momento (em 335 a.C.) que Aristóteles chegou a Atenas e abriu sua escola. Não há dúvida de que ele já era conhecido e estimado como autor de vários escritos publicados. Mas a marca proeminente pela qual todos passaram a distingui-lo era que ele havia sido, por vários anos, preceptor confidencial de Alexandre e continuava a ser mais ou menos consultado por esse príncipe, bem como sustentado pela amizade de Antípatros, vice-rei da Macedônia durante a ausência do rei. Aristóteles era considerado filo-macedônio e, até certo ponto, anti-helênico – o sentimento expresso em relação a ele no epigrama hostil do poeta contemporâneo Teócrito, da China. Sua nova escola, originalmente aberta sob a proteção e o patrocínio de Alexandre e Antípatros, continuou a ser associada aos seus nomes por aquela grande proporção de cidadãos atenienses que tinham sentimentos antimacedônios. Alexandre fez que a estátua de Aristóteles fosse erguida em Atenas e enviou a ele contínuos presentes em dinheiro, empregados de forma útil pelo filósofo no prosseguimento de suas pesquisas físicas e zoológicas,[10] bem como na compra de livros. Além disso, Aristóteles manteve uma correspondência constante e amigável com Antípatros, o vice-rei residente em Pela, durante a ausência de Alexandre na Ásia. Cartas de recomendação de Aristóteles para os governantes macedônios eram frequentemente dadas e consideradas úteis: várias delas foram preservadas e publicadas posteriormente. Há até mesmo razões para acreditar que o filho de

---

10   Ateneu alude a 800 talentos como tendo sido dados por Alexandre a Aristóteles para esse fim. Plínio nos conta que Alexandre colocou milhares de homens a seu serviço para fazer pesquisas e investigações. O fato geral é tudo o que podemos afirmar com confiança, sem a pretensão de verificar valores.

Antípatros – Cassandro, posteriormente vice-rei ou rei da Macedônia, estava entre seus alunos.[11]

Já contei em outro lugar como o caráter de Alexandre foi gradualmente corrompido pelo sucesso sem precedentes e pelas influências asiáticas, e ainda sobre como ele passou a sentir menos afeição e estima por Aristóteles, a quem ele bem sabia que suas pretensões imperiais e semidivinas recém-adquiridas provavelmente não seriam aceitas, por exemplo, por ocasião da sentença cruel proferida contra Calístenes, ele ameaçou até a punir o próprio Aristóteles, por ter recomendado Calístenes e por simpatizar com o mesmo espírito livre. Por fim, como Alexandre tornou-se mais ou menos alienado, não apenas da sociedade dos cidadãos helênicos, mas também de seu fiel vice-rei, o macedônio Antípatros. Mas essas mudanças nas relações entre Aristóteles e Alexandre não chegaram ao conhecimento dos atenienses, tampouco alteraram o ponto de vista com o qual eles consideravam o filósofo, tanto foi assim que as relações de Aristóteles com Antípatros continuaram tão íntimas como sempre.

Assim, parece que, embora todos os escritos preservados de Aristóteles estejam imbuídos de um espírito completamente independente de contemplação teorizante e da indústria literária, não corrompidos por qualquer servilismo ou tendência política – ainda assim, sua posição durante os doze anos, entre 335-323 a.C., inevitavelmente o apresentou aos atenienses como o filósofo macedônico, semelhante a Fócio[12] como o político macedônico, e em nítida antítese a Xenócrates na Academia, que era ligado à constituição democrática e recusava presentes reais.

---

11 Podemos inferir esse fato com base na resposta insultuosa dada por Alexandre, não muito antes de sua morte, a Cassandro, que acabara de se juntar a ele pela primeira vez na Babilônia, tendo sido enviado por Antípatros à frente de um reforço. Alguns recém-chegados da Grécia se queixaram a Alexandre de terem sido maltratados por Antípatros. Cassandro, presente na queixa, tentou justificar seu pai e invalidar o testemunho deles, ao que Alexandre o silenciou com a observação de que ele estava dando um exemplo de duplicidade sofística aprendida com Aristóteles.
12 Fócio I de Constantinopla (c. 810-c. 893) foi o patriarca de Constantinopla entre 858 e 886, considerado o mais influente patriarca e o mais importante intelectual de seu tempo, foi um dos mentores do Cisma do Oriente, que, segundo a doutrina católica romana, separou a Igreja Ortodoxa da Igreja Católica.

CAFÉ COM ARISTÓTELES

Além da inimizade que ele certamente incorreria, como filósofo perspicaz e pensador, por parte da teologia e de outras veias antifilosóficas nas mentes dos homens comuns, Aristóteles tornou-se objeto de sentimentos hostis por parte de muitos patriotas atenienses,[13] que consideravam a escola de Platão, em geral, hostil à liberdade popular, e que tinham diante dos olhos exemplos de platonistas individuais, governando suas respectivas cidades com um cetro usurpado à força.

Esse sentimento foi provavelmente agravado pela incomparável e ofensiva demonstração macedônica no festival olímpico de 324 a.C. Foi nessa ocasião que Alexandre, cerca de um ano antes de seu falecimento, enviou um decreto formal, que foi lido publicamente para a multidão reunida por um arauto em voz alta, ordenando que todas as cidades gregas chamassem de volta todos os exilados que haviam sido banidos por sentença judicial, e insinuando que, se o decreto não fosse obedecido espontaneamente, Antípatros seria instruído a obrigar sua execução pela força. Um grande número de exilados, cuja restituição foi assim ordenada, estava presente na planície de Olímpia e ouviu a ordem ser proclamada, sem dúvida com indisfarçável triunfo e exultação. Muito mais intensas devem ter sido a repulsa e a humilhação entre os outros ouvintes gregos, que viram a autonomia de cada cidade separada ser violentamente pisoteada, sem sequer a pretensão de investigação, por essa sentença arrogante do conquistador macedônio. Entre os atenienses, especialmente, o ressentimento era profundo, e foi aprovada uma votação que nomeou deputados para visitar Alexandre pessoalmente, com o propósito de protestar contra isso. O orador Demóstenes, que por acaso foi nomeado chefe da delegação solene enviada para representar Atenas nesse festival olímpico, sofreu severa reprovação de seu acusa-

---

13 Eu já observei que o vocábulo "meio-grego" não é preciso, a menos que escolhamos tratar todas as colônias helênicas como meio-gregas. Sua ascendência era, de ambos os lados, totalmente helênica. Mas isso é verdade para ele, no mesmo sentido metafórico segundo o qual é verdade para Fócio. Aristóteles era semimacedônio em suas simpatias. Ele não tinha nenhum apego à Hélade como um sistema organizado, autônomo, com uma cidade helênica com um governo, pois esse apego teria sido considerado, por Péricles, Arquídamos e Epaminondas, como um dos componentes indispensáveis ao patriotismo helênico.

dor em razão de ter sido visto em conversa pessoal com o oficial macedônio que havia chegado da Ásia como portador desse odioso decreto.[14]

Aconteceu que esse oficial, portador do decreto, era Nicânor de Estagira[15], filho de Prôxenos, que havia sido o primeiro tutor de Aristóteles, e ele próprio o amigo ou pupilo querido, e por fim genro do filósofo. Podemos ter certeza de que Aristóteles abraçaria de bom grado a oportunidade de rever esse amigo querido, que retornava após uma longa ausência a serviço da Ásia, e que ele estaria presente com ele no festival olímpico e talvez recebesse sua visita também em Atenas. E a impopularidade de Aristóteles em Atenas, identificada com a autoridade imperial macedônica, seria assim agravada por sua notória aliança pessoal com seu concidadão Nicânor, o portador do decreto em que essa autoridade havia sido manifestada de forma mais odiosa.

Durante os doze ou treze anos do ensino de Aristóteles e do reinado de Alexandre, Atenas foi administrada por cidadãos macedônicos, com Fócio e Dêmades à frente. Sob tais circunstâncias, a inimizade daqueles que odiavam o filósofo imperial não poderia passar para a ação, tampouco era cogitado por ninguém que, apenas um ano após aquele decreto que insultava o grande festival pan-helênico, o ilustre conquistador que o emitiu morreu de febre, no vigor de sua idade e no auge de seu poder (junho de 323 a.C.). Mas assim que a notícia de sua morte foi confirmada, surpreendendo tanto amigos quanto inimigos, o sentimento antimacedônico reprimido explodiu em uma forte onda, não apenas em Atenas, mas também em outras partes da Grécia. O resultado foi a luta contra Antípatros, conhecida como a Guerra Lamiaca, um conflito a princípio promissor, mas logo reprimido por uma força superior, e que terminou com a ocupação de Atenas por Antípatros com uma guarnição macedônica, em setembro de 322 a.C., bem como com a extinção da liberdade

---

14 Há motivos para supor que Hipérides tenha se insurgido contra Demóstenes por ter procurado publicamente a companhia de Nicânor nesse festival olímpico. Pelo menos sabemos que Hipérides, em seu discurso contra Demóstenes, fez alusão expressa a Nicânor.

15 Nicânor foi nomeado posteriormente (em 318 a.C., cinco anos depois da morte de Aristóteles) por Cassandro, filho de Antípatros, para ser o comandante da guarnição macedônica que ocupou Mounichia, como uma força de controle sobre Atenas.

de expressão e da cidadania livre com o suicídio de Demóstenes e a execução de Hipérides.

Durante o ano imediatamente posterior à morte de Alexandre, o sentimento antimacedônico continuou tão veementemente preponderante em Atenas que vários dos principais cidadãos, amigos de Fócio, deixaram a cidade para se juntar a Antípatros, embora o próprio Fócio tenha permanecido, opondo-se ineficazmente ao movimento. Foi durante esse período que os inimigos de Aristóteles encontraram uma oportunidade favorável para o atacar. Uma acusação de impiedade foi feita contra ele por Eurímedon, o hierofante (sacerdote principal de Deméter de Eleusina), auxiliado por Demófilo, filho do historiador Éforo. O hino ou peã (ainda existente), que Aristóteles havia composto em comemoração à morte e em louvor ao caráter do eunuco Hérmias, foi acusado de impiedade. Além disso, Aristóteles havia erguido em Delfos uma estátua de Hérmias com uma inscrição honorífica, e até foi alegado que ele teria oferecido sacrifícios a ele como a um deus. Nos escritos publicados de Aristóteles, os acusadores encontraram várias doutrinas heréticas, adequadas para sustentar sua acusação, por exemplo, a declaração de que a oração e os sacrifícios aos deuses eram inúteis. Mas não há dúvida de que o hino, ode ou peã, em homenagem a Hérmias, seria mais ofensivo aos sentimentos de um ateniense comum do que qualquer dogma filosófico extraído das cautelosas composições em prosa de Aristóteles. Trata-se de um hino, de pensamento nobre e medida digna, dirigido à virtude – virtude masculina ou militar –, no qual são exaltadas as pessoas semidivinas ou heroicas que lutaram, suportaram e pereceram a seu serviço. O nome e as façanhas de Hérmias foram introduzidos como o último paralelo e exemplo em uma lista que começa com Héracles, o Dioscuri [significa o "filho de Zeus"], Aquiles e Ajax. Agora o poeta Calístrato, em seu memorável *Skolion*, ofereceu um elogio semelhante a Harmódio e Aristógito, bem como Píndaro, a vários gregos livres de família nobre, que pagaram muito por suas *Odes Triunfais* agora remanescentes. Mas todas as pessoas assim elogiadas eram aquelas que haviam ganhado prêmios nos festivais sagrados ou que haviam se distinguido de outras maneiras que o público estava predisposto a honrar, ao passo que Hérmias era um eunuco, que começou como escravo e terminou como déspota de uma comunidade grega livre, sem qualquer façanha notável aos olhos. Para muitos do público ateniense, pareceria um insulto, e mesmo uma impiedade, associar Hérmias aos maiores personagens da mitologia helênica, como um concorrente bem-sucedido para honras heroicas. Basta lermos as invectivas de Cláudio contra Eutrópio para percebermos a incrível amargura da indignação e do desprezo sugeridos pelo espetáculo de um eunuco e de um escravo exercendo altas funções públicas. E o caráter de déspota era, para os atenienses antimacedônicos, dificilmente menos odioso do que qualquer um dos outros combinados com ele em Hérmias.

Levando em conta esses detalhes, veremos que uma acusação assim sustentada, quando feita por um venerável sacerdote, durante a prevalência de um forte sentimento antimacedônio, contra um notório amigo de Antípatros e Nicânor, foi suficiente para alarmar a prudência do acusado. Aristóteles se curvou à tempestade (se é que ele já não havia deixado Atenas, juntamente a outros filo-macedônios) e se retirou para Cálcis (em Eubeia), então sob a guarnição de Antípatros. Uma pessoa acusada em Atenas sempre tinha a opção de deixar a cidade a qualquer momento antes do dia do julgamento, por isso Sócrates poderia ter se retirado e obtido segurança pessoal da mesma maneira se tivesse escolhido. Aristóteles deve ter sido notificado, é claro, com a devida antecedência e, de acordo com o costume ateniense, a acusação seria levada ao tribunal em sua ausência, como se ele estivesse presente, ocasião em que vários acusadores, entre eles Demócares,[16] sobrinho de Demóstenes, provavelmente falariam em apoio a ela, e Aristóteles deve

---

16 Aristocles (ap. *Eusebium Præp*. Ev. xv. 2) toma conhecimento das alegações de Demócares contra Aristóteles de que cartas de Aristóteles haviam sido detectadas ou capturadas, fornecendo informações prejudiciais a Atenas, bem como de que Aristóteles havia traído Estagira para Filipe, que quando Filipe, após a captura de Olinto, estava vendendo como escravos os prisioneiros olintianos, Aristóteles estava presente no leilão, e apontou para ele quais dos prisioneiros eram homens de maior propriedade.
Não sabemos com base em que fato (se é que há algum) essas alegações foram apresentadas por um orador contemporâneo. Mas elas são curiosas, pois ilustram a visão que seus inimigos tinham de Aristóteles. Elas devem ter sido proferidas como parte de um dos discursos de acusação no julgamento de Aristóteles, pois essa foi a primeira ocasião em que os inimigos de Aristóteles tiveram a oportunidade de proclamar publicamente sua antipatia contra ele, e dificilmente deixariam de aproveitar essa oportunidade.

ter sido considerado culpado em sua ausência. Mas não há motivo para acreditar que ele pretendia abandonar Atenas e viver permanentemente em Cálcis. Pelo contrário, já que ele parece ter deixado não apenas sua escola, mas também sua biblioteca em Atenas, sob a responsabilidade de Teofrasto [sucessor de Aristóteles na escola peripatética]. Aristóteles sabia que os chefes macedônios não abririam mão da supremacia sobre a Grécia sem uma luta, razão pela qual,.estando em correspondência pessoal com o próprio Antípatros, ele receberia garantias diretas dessa resolução caso fosse necessário. Em uma questão de força militar, Aristóteles provavelmente se sentiu satisfeito com o fato de que as armas macedônias deveriam prevalecer. Depois disso, os assuntos de Atenas seriam novamente administrados, pelo menos no mesmo espírito, como haviam sido antes da morte de Alexandre, se não com um servilismo mais completo. Ele teria, então, voltado para lá para retomar sua escola, competindo com a de Platão, sob a direção de Xenócrates, na Academia, pois devia estar bem ciente de que a reputação de Atenas, como centro das letras e da filosofia helênicas, não poderia ser transferida para Cálcis ou para qualquer outra cidade.

Isso é o que provavelmente teria ocorrido quando a Guerra Lamiaca terminou e a guarnição macedônica foi instalada em Atenas, em setembro de 322 a.C. – se a vida de Aristóteles tivesse durado mais. Mas nesse mesmo período, um pouco antes da morte de Demóstenes, ele morreu em Cálcis de doença, tendo sido incomodado por algum tempo com indigestão e fraqueza estomacal. A afirmação de Eumelus e outros de que ele tomou veneno parece uma mera ficção sugerida pela analogia de Sócrates. Uma de suas últimas composições foi uma defesa de si mesmo contra a acusação de impiedade e contra as alegações de seus acusadores (conforme relatadas a ele ou publicadas) em apoio a ela. Uma frase dessa defesa permanece[17], na qual ele aponta a inconsistência de seus

---

17 Provavelmente, essa resposta de Aristóteles pode ter sido adequada às palavras do discurso (não preservado para nós) ao qual pretendia responder. Mas a resposta não atende ao que eu considero ter sido o sentimento real na mente daqueles que originaram a acusação. A inconsistência lógica que ele aponta não parecia ser uma inconsistência para os gregos em geral. Aristóteles havia prestado ao falecido Hérmias as mesmas honras (embora menos magníficas em grau) que Alexandre prestou ao falecido Heféstio, e os anfipolitanos ao falecido Brasidas (TUCÍDIDES. v. 11;

acusadores ao afirmarem que ele pretendia honrar Hérmias como um imortal, enquanto ele notoriamente havia erguido um túmulo e celebrado cerimônias fúnebres para ele como um mortal. E em uma carta a Antípatros ele disse (entre outras coisas) que Atenas era uma residência desejável, mas que a prevalência da bajulação ou da falsa acusação era uma triste desvantagem para seu valor. Além disso, ele havia se retirado para Cálcis, a fim de que os atenienses não tivessem a oportunidade de pecar uma segunda vez contra a filosofia, como já haviam feito uma vez, na pessoa de Sócrates. Na mesma ou em outra carta a Antípatros ele fez referência a um tributo honorífico que havia sido votado para ele em Delfos antes da morte de Alexandre, mas cujo voto havia sido rescindido desde então. Ele deu a entender que esse desapontamento não lhe era indiferente, mas, ao mesmo tempo, não o incomodava seriamente.

No que diz respeito à pessoa e aos hábitos de Aristóteles, somos informados de que ele tinha pernas finas e olhos pequenos, bem como de que, ao falar, era um tanto balbuciante, e que seu traje era elegante e até vistoso. Que sua mesa era bem servida – de acordo com seus inimigos, luxuosa acima da medida da filosofia. Suas maneiras agradáveis e persuasivas são especialmente atestadas por Antípatros, em uma carta, aparentemente de grande simpatia e estima, escrita logo após a morte do filósofo. Ele era profundamente ligado à sua esposa Pítia, com quem teve uma filha que levava o mesmo nome. Depois de alguns anos da morte de sua esposa, ele se casou novamente com uma mulher de Estagira, chamada Hérpilis, que lhe deu um filho chamado Nicômacho. Hérpilis viveu com ele até sua morte, e a ligação constante e recíproca entre eles é atestada por seu último testamento. Na época de sua morte, sua filha Pítia ainda não havia atingido a idade de se casar, e Nicômaco era provavelmente uma criança.

ARISTÓTELES. *Ética a Nicômaco*. v. 7. 1). Em ambos os casos, um túmulo foi erguido para o falecido, demonstrando mortalidade, bem como sacrifícios permanentes foram oferecidos a ele, implicando imortalidade. No entanto, esses dois procedimentos não pareciam envolver qualquer contradição lógica, aos olhos dos adoradores. O que ofendeu os atenienses, de fato, no caso de Aristóteles, foi a inutilidade de Hérmias, a quem ele prestou essas honras prodigiosas – eunuco, escravo e déspota, um conjunto do que eles consideravam atributos mesquinhos. A medida solene e o caráter de um Peã foram desonrados ao serem aplicados a uma pessoa tão vil.

CAFÉ COM ARISTÓTELES

O testamento do filósofo foi preservado. Suas primeiras palavras constituem Antípatros como seu executor geral nos termos mais abrangentes, palavras bem calculadas para garantir que suas instruções fossem realmente cumpridas, já que não apenas Antípatros passava a ser o potentado supremo, mas também Nicânor, o principal beneficiário do testamento, estava a seu serviço e dependia de suas ordens. Aristóteles, então, declarou que Nicânor se tornaria seu genro, casando-se com sua filha Pítia, assim que ela atingisse a idade adequada; também, seu herdeiro geral, sujeito a certos legados e instruções particulares, e o guardião de seu filho Nicômaco. Estando Nicânor na época em serviço, e talvez na Ásia, Aristóteles ordenou que quatro amigos (chamados Aristomenes, Tímarcos, Hiparco, Diotelés) tomassem conta provisoriamente de Hérpilis, seus dois filhos e seus pertences, até que Nicânor pudesse aparecer e agir. Teofrasto deveria se unir a esses quatro, se quisesse e se as circunstâncias o permitissem. A filha Pítia, quando atingisse a idade adequada, deveria se tornar esposa de Nicânor, que cuidaria melhor dela e de seu filho Nicômaco, tendo para com eles a relação conjunta de pai e irmão. Se Pítia morresse, antes ou depois do casamento, mas sem deixar descendentes, Nicânor teria o poder de tomar as providências honrosas para si e para o testador em relação a Nicômaco e à propriedade em geral. No caso da morte do próprio Nicânor, antes do casamento ou sem descendência, todas as instruções dadas por ele deveriam ser observadas, mas Teofrasto teria o direito, se quisesse, de se tornar o marido de Pítia, e se Teofrasto não escolhesse, então os executores, com Antípatros, determinariam o que achassem melhor para ela e para Nicômaco. O testamento prossegue da seguinte forma: "Os testamenteiros (aqui Antípatros não é chamado a cooperar), com Nicânor, em memória fiel a mim e à constante afeição de Hérpilis por mim, cuidarão bem dela em todos os sentidos, mas especialmente se ela desejar se casar, entregando-a a alguém que não seja indigno de mim. Eles lhe darão, além do que ela já recebeu, um talento de prata e três escravas escolhidas por ela mesma, fora da propriedade, com a jovem e a serva Pirraia que agora estão ligadas a ela. Se ela preferir morar em Cálcis, poderá ocupar o alojamento próximo ao jardim; se for para Estagira, poderá morar em minha casa paterna. Qualquer que seja a sua preferência, os testamenteiros deverão providenciar todos os artigos de mobília que julgarem suficientes para seu conforto e dignidade".

Aristóteles passou a ordenar que Nicânor que fizesse provisões confortáveis para várias pessoas mencionadas pelo nome, homens e mulheres, a maioria deles escravos, mas um (Mírmex), aparentemente um aluno livre, cuja propriedade ele havia se comprometido a administrar. Dois ou três desses escravos deveriam ser libertados e receber presentes assim que sua filha Pítia se casasse. Ele ordenou estritamente que nenhum dos jovens escravos que o acompanhavam fosse vendido. Eles deveriam ser educados e mantidos no trabalho, e quando atingissem a idade madura deveriam ser libertados de acordo com o que se mostrassem dignos.

Aristóteles havia encomendado, em vida, a um escultor chamado Grilo, bustos de Nicânor e da mãe de Nicânor. Ele pretendia encomendar mais tarde ao mesmo escultor um busto de Proxênos, pai de Nicânor. Nicânor foi instruído pelo testamento a concluir esses pedidos e a dedicar os bustos adequadamente quando fossem trazidos. Um busto da mãe de Aristóteles deveria ser dedicado a Deméter em Nemea, ou em qualquer outro lugar que Nicânor preferisse, e outro busto de Arímnestos (irmão de Aristóteles) deveria ser dedicado como uma lembrança dele, já que ele morreu sem filhos.

Durante algum perigo passado de Nicânor (não sabemos qual), Aristóteles havia feito um voto de quatro figuras de animais em mármore, caso o perigo fosse evitado, para Zeus, o preservador, e Athena, a salvadora. Nicânor foi instruído a cumprir esse voto e a dedicar as figuras em Estagira.

Por fim, onde quer que Aristóteles fosse enterrado, os ossos de sua falecida esposa Pítia deveriam ser coletados e levados para o mesmo local, como ela havia ordenado durante sua vida.

Esse testamento é interessante, pois ilustra as circunstâncias pessoais e os sentimentos do filósofo, evidenciando uma previsão afetuosa e solicitude por aqueles que mantinham relações domésticas com ele. Até onde podemos julgar, o estabelecimento e a propriedade que ele deixou devem ter sido amplos. Não sabemos como as disposições do testamento foram executadas ou o que aconteceu com a maioria das pessoas citadas nele, exceto pelo fato de que Pítia, filha de Aristóteles, casou-se três vezes: em primeiro lugar, com Nicânor (de acordo com o testamento); em segundo lugar, com Procles, descendente de Demarato (o rei de Esparta anteriormente banido para a Ásia), com quem ela teve dois filhos, Procles e Demarato, posteriormente alunos da escola de Teofrasto; em terceiro lugar, com um médico chamado Metrodoro, com quem ela teve um filho chamado Aristóteles.

Existiam na Antiguidade várias obras, em parte de contemporâneos como Euclides de Mégara, em parte de platonistas posteriores, nas quais Aristóteles era acusado de ingratidão para com Platão, servilismo ao poder macedônico, amor por exibições e indulgências caras, entre outras. Que proporção de verdade pode estar no fundo dessas acusações não sabemos o suficiente para determinar com confiança, mas sabemos que ele tinha muitos inimigos, tanto filosóficos quanto políticos, e a controvérsia sobre esses motivos (na época como agora) raramente era mantida livre de calúnias e injúrias pessoais.

A acusação de ingratidão ou de comportamento inadequado em relação a Platão não é de forma alguma comprovada por qualquer evidência que ainda exista. Ela parece ter sido sugerida aos platonistas principalmente, se não totalmente, pela rivalidade direta de Aristóteles ao estabelecer uma segunda escola filosófica em Atenas, ao lado da Academia, bem como por sua especulação filosófica independente e autônoma, e ainda pela oposição frequentemente repetida que ele fez a algumas doutrinas importantes de Platão, especialmente às chamadas ideias platônicas. Essa oposição foi de fato expressa, até onde podemos julgar, em termos de cortesia respeitosa e, às vezes, até de pesar afetuoso, exemplos dos quais teremos de observar ao analisar os escritos aristotélicos. No entanto, alguns platônicos parecem ter pensado que o ataque direto às doutrinas do mestre era desonesto e ingrato por parte do aluno, por mais que a linguagem fosse inaceitável. Eles também pensavam, provavelmente, que o crítico deturpava o que procurava refutar. Se Aristóteles realmente acreditava que tinha pretensões superiores a ser nomeado Escolarca [líder ou diretor de uma escola de filosofia] da escola platônica na morte de Platão, em 347 a.C., ou na morte do sobrinho de Platão, Espeusipo, em 339 a.C., é um ponto que não podemos afirmar nem negar. Mas podemos facilmente entender que o ato de estabelecer uma nova escola filosófica em Atenas, embora perfeitamente justo e admissível de sua parte, foi uma competição hostil que certamente prejudicaria e ofenderia a escola preestabelecida, e que provavelmente seria ressentida com uma aspereza imprópria. Ingratidão para com o grande mestre comum Platão, com pretensões arrogantes de superioridade sobre os colegas, eram as alegações que esse ressentimento sugeria, e que muitos platonistas da Academia não hesitariam em apresentar contra seu rival macedônico no Liceu.

Além disso, tais alegações encontrariam fácil credibilidade em outros homens de letras, cuja inimizade Aristóteles havia incorrido e, até a certo ponto, provocado – Isócrates [o pai da Oratória] e seus numerosos discípulos.

Esse célebre orador e retórico era um homem idoso no auge de sua glória e influência, durante os primeiros anos que Aristóteles passou em Atenas antes da morte de Platão. A escola isocrática era, então, a primeira da Grécia, frequentada pelos alunos mais promissores de cidades próximas e distantes, talvez até pelo próprio Aristóteles. Os pontos de vista políticos e o manejo, bem como o estilo retórico do qual o mestre deu o exemplo, encontraram muitos imitadores. Estadistas, oradores e escritores ilustres atribuíram seu aperfeiçoamento a esse ensinamento. De fato, tantos de seus alunos adquiriram celebridade que Hermipo achou que valeria a pena fazer um catálogo deles. Muitos devem ter sido pessoas de família rica, que valorizavam muito o benefício recebido de Isócrates, já que cada um deles era obrigado a pagar a ele uma taxa de mil dracmas. Durante a primeira estada de Aristóteles em Atenas (362-347 a.C.), enquanto ainda estava ligado a Platão e recebia instruções dele, ele parece ter se dedicado mais à retórica do que à filosofia, e mesmo ter dado aulas públicas ou palestras sobre Retórica. Dessa forma, entrou em rivalidade com Isócrates, por quem, como professor e autor, demonstrou aversão ou desprezo.

A composição de Isócrates era extremamente elegante. Sua estrutura de sentenças era elaborada mesmo em excesso, e seu arranjo de palavras era rítmico, com frases bem equilibradas, expressando o significado oposto ou contraditório de uma palavra ou frase de forma bastante equilibrada, como as de seu mestre Górgias. A recitação de seus discursos provou ser altamente cativante para o ouvido. Além disso, ele havia composto um livro de preceitos retóricos conhecidos e estimados por Cícero e Quintiliano. Além dessa excelência técnica, Isócrates se esforçou para alcançar, e até a certo ponto realmente alcançou, uma ordem mais elevada de mérito. Ele familiarizava seus alunos com pensamentos e argumentos de grande importância e interesse abrangente. Ele não os ajudava a obter vitória em qualquer questão real julgada perante os dikastes [jurados], ou em qualquer moção expressa prestes a ser votada pela assembleia pública, mas predispunha suas mentes a valorizar acima de tudo o grande agregado pan-helênico – sua independência em relação à força externa e harmonia interna entre suas cidades constituintes, com um reconhecimento razoável da autoridade presidencial, dividida equitativamente entre Atenas e Esparta, e exercida com moderação por ambas. Ele inculcou hábitos sóbrios e deferência à autoridade legal por parte dos democratas de Atenas, e impressionou os príncipes, como Filipe e Nicocles, com a importância de um comportamento justo e ameno em relação aos súditos. Essa é a linha geral dos discursos que agora possuímos de Isócrates, embora ele pareça tê-la adotado apenas na meia-idade, tendo começado no início na trilha mais comum do logógrafo[18] – compondo discursos para serem proferidos perante os jurados por demandantes ou réus reais e adquirindo, assim, reputação e lucro. Sua reputação como professor não só foi mantida, mas também aumentada quando ele alterou seu estilo, e ele se tornou peculiarmente atraente para alunos estrangeiros que desejavam adquirir o domínio de expressões graciosas, sem referência especial à Assembleia ateniense e aos jurados. Mas seu novo estilo estava no meio do caminho entre Demóstenes e Platão – entre o advogado prático e o político de um lado, e o filósofo generalizador ou especulativo do outro – ele incorreu como um semifilósofo, professando

---

18 Como eram chamados os primeiros escritores da Antiguidade grega, em especial, historiadores e redatores de discursos.

ter descoberto o justo meio, mais ou menos depreciado por ambos os extremos. Aristóteles, enquanto ainda era um jovem na escola platônica, levantou uma ardente controvérsia contra suas obras tanto por causa da composição quanto do ensino. Embora toda a controvérsia esteja agora perdida, há boas razões para acreditar que Aristóteles deve ter demonstrado não pouca indelicadeza. Ele parece ter impugnado os discursos de Isócrates, em parte como contendo dogmas impróprios, em parte como espécimes de mera elegância inexpressiva, destinados ao espetáculo, à pompa e à admiração imediata do ouvinte – *ad implendas aures* (para encher os ouvidos) –, mas destituídos tanto de teoria abrangente quanto de aplicabilidade a qualquer propósito útil.

Essas polêmicas de Aristóteles foram iniciadas durante sua primeira residência em Atenas, antes de 347 a.C., o ano da morte de Platão, e na época em que ele ainda era considerado um membro da escola platônica. Elas exemplificam a rivalidade entre essa escola e a de Isócrates, que eram então os dois locais de ensino concorrentes em Atenas, e ficamos sabendo que Aristóteles, naquela época apenas um platonista de meia-idade, abriu por conta própria não uma nova escola filosófica em competição com Platão, como alguns afirmam, mas uma nova escola retórica em oposição a Isócrates. Mas o caso era diferente na última época, 335 a.C., quando Aristóteles foi residir em Atenas pela segunda vez. Isócrates estava morto, sem deixar sucessor, de modo que sua escola de retórica expirou com ele. Aristóteles preferiu a filosofia à retórica, porque ele não estava mais preso à presença viva e à autoridade de Platão. A escola platônica da Academia estava sozinha naquela época, sob o comando de Xenócrates, que, embora fosse um filósofo sério e digno, era deficiente em graça e persuasão, e havia sido criticado por esse defeito até pelo próprio Platão. Aristóteles possuía esses dons em grande medida, como sabemos pelo testemunho de Antípatros. Por essas circunstâncias, aliadas à sua reputação estabelecida e à sua autoestima bem fundamentada, ele foi incentivado a iniciar uma nova escola filosófica, uma escola na qual a filosofia era o assunto expresso da aula matinal, ao passo que a retórica era incluída como um dos assuntos de instrução mais variada e popular ministrada à tarde. Durante os doze anos que se seguiram, a rivalidade de Aristóteles foi principalmente contra os platonistas ou os discípulos de Xenócrates da Academia. Ambos os lados estavam amargurados por sentimentos de amargura expressos por meio de queixas de ingratidão e injustiça para com o mestre comum, Platão.

Havia, portanto, em Atenas, três partidos distintos inspirados por sentimentos hostis em relação a Aristóteles: primeiro, os isocráticos; depois, os platônicos; junto a eles, os políticos antimacedônios. Assim, podemos explicar o que Temístio chama de "exército de assaltantes" que se apegaram a ele, a coloração desfavorável com a qual suas circunstâncias domésticas são apresentadas e a necessidade de proteção macedônica, de modo que, quando essa proteção foi anulada, dando lugar a um fervor reacionário, sua residência em Atenas tornou-se desagradável e insegura.

CÂNONE ARISTOTÉLICO

Nos capítulos quarto e quinto de meu trabalho intitulado "Platão e os outros companheiros de Sócrates" investiguei a questão do cânone[19] platônico e tentei determinar, com base nos melhores fundamentos disponíveis, a seguinte questão: "Quais são as verdadeiras obras de Platão?". Agora, proponho discutir a mesma questão a respeito de Aristóteles.

Mas as premissas para tal discussão são muito menos simples no que diz respeito a Aristóteles do que a Platão. No tocante ao testemunho da Antiguidade, aprendemos que o *Cânone de Trasilo* [político ateniense que alcançou grande relevância no final da Guerra do Peloponeso], que data pelo menos da época do bizantino Aristófanes, e provavelmente de uma época anterior, era considerado por todos os leitores um trabalho contendo as obras autênticas de Platão e de nenhum outro, um conjunto de diálogos, alguns inacabados, mas cada um deles não dividido e ininterrupto. A única exceção à unanimidade sobre o *Cânone platônico* se aplica a dez diálogos, que foram recebidos por alguns (não sabemos por quantos, ou por quem) como platônicos, mas que, como Diógenes nos informa, foram rejeitados por acordo dos críticos mais conhecidos e competentes. Isso é o mais próximo da unanimidade que se pode es-

---

19 "O termo deriva da palavra grega "kanon" que designava uma espécie de vara com funções de instrumento de medida; mais tarde o seu significado evoluiu para o de padrão ou modelo a aplicar como norma. É no século IV que encontramos a primeira utilização generalizada de cânone, num sentido reconhecidamente afim ao etimológico: trata-se da lista de Livros Sagrados que a Igreja cristã homologou como transmitindo a palavra de Deus, logo representado a verdade e a lei que deve alicerçar a fé e reger o comportamento da comunidade de crentes. [...] É possível fazer remontar o estabelecimento do cânone literário enquanto instituição social à escolarização da literatura moderna, que ocorre durante o século XIX, primeiro à margem das universidades, onde se privilegiava o estudo dos clássicos da Antiguidade canonizados por séculos de imitação e comentário, depois, já no início do século XX, na própria academia, onde se concretizava através de listas de textos a serem lidos e interpretados pelos alunos" (DUARTE, João Ferreira. **E-dicionário de termos literários**. Disponível em: https://edtl.fcsh.unl.pt/encyclopedia/canone. Acesso em: 3 jan. 2024).

perar. As dúvidas, agora tão multiplicadas, a respeito da autenticidade de vários diálogos incluídos no *Cânone de Trasilo*, originaram-se todas de estudiosos modernos desde o início do presente século, ou pelo menos desde as primeiras composições do historiador alemão Johann Hugo Wyttenbach. Foi minha tarefa avaliar o valor dessas dúvidas, mas ao recusar ser guiado por elas pude ao menos considerar que estava aderindo às opiniões de todos os críticos antigos conhecidos.

Muito diferente é o caso quando tentamos criar um cânone aristotélico, compreendendo todas as obras de Aristóteles e nenhuma outra. Achamos o problema muito mais complicado, e as questões de evidência são, ao mesmo tempo, mais defeituosas, mais incertas e mais contraditórias.

As diferentes obras que restaram e foram publicadas na edição de Berlim de Aristóteles são quarenta e seis. Mas, entre elas, várias foram negadas ou consideradas suspeitas por alguns críticos antigos, ao passo que os críticos modernos estenderam o mesmo julgamento ainda mais. De vários outros, novamente, as seções componentes (ou os livros, em nossa fraseologia atual, ou partes deles) parecem ter existido uma vez como rolos separados, tornaram-se desarticulados ou até se separaram, e foram reorganizados ou reunidos em agregados, de acordo com o julgamento de críticos e bibliotecários. Exemplos de tais agregados duvidosos, ou arranjos duvidosos, aparecerão quando analisarmos as composições aristotélicas separadas (*Metafísica*, *Politica* etc.). No entanto, é por um ou mais desses quarenta e seis títulos que Aristóteles é conhecido pelos estudantes modernos, e era conhecido pelos estudantes medievais.

Mas o caso era muito diferente com os antigos literatos, como Eratóstenes, Políbio, Cícero, Estrabão, Plutarco, entre outros, até a época de Alexandre de Afrodisias, Ateneu, Diógenes Laércio[20], no final do segundo século após a era cristã. É certo que esses antigos leram muitas obras de Aristóteles, ou geralmente reconhecidas como suas, que não possuí-

---

20 Diógenes Laércio foi um historiador e biógrafo dos antigos filósofos gregos. A sua maior obra é *Vidas e doutrinas dos filósofos ilustres*, composta por dez livros com relevantes fontes de informações sobre o desenvolvimento da filosofia grega.

mos agora, e entre as que possuímos há muitas que não se sabe ao certo se eles teriam lido ou mesmo conhecido.

Diógenes Laércio, depois de afirmar que Aristóteles compôs um número prodigioso de livros, prossegue dizendo que, em consequência da excelência do autor em todas as variedades de composição, ele acha apropriado indicá-los brevemente. Então, ele enumera cento e quarenta e seis títulos distintos de obras, com o número de livros ou seções contidas em cada obra. Os assuntos são extremamente heterogêneos, e a forma de composição também é muito diferente, uma vez que os que vêm em primeiro lugar na lista são diálogos, ao passo que os que vêm por último são epístolas, hexâmetros e elegias. No final da lista lemos: "Todos eles juntos têm 445.270 linhas, e esse é o número de livros (obras) compostos por Aristóteles". Um pouco mais adiante, Diógenes acrescenta, como prova da extraordinária diligência e força inventiva de Aristóteles, que os livros (obras) enumerados na lista anterior eram quase quatrocentos em número, e que esses não foram contestados por ninguém, mas que havia muitos outros escritos além desses, atribuídos a Aristóteles – por atribuídos devemos entender que ele quis dizer erroneamente, ou pelo menos de forma a deixar muitas dúvidas.

Temos outra enumeração distinta dos títulos das obras de Aristóteles, preparada por um biógrafo anônimo citado nas notas de Gilles de Ménage para Diógenes Laércio. Essa lista anônima contém apenas cento e vinte e sete títulos, sendo dezenove a menos do que a lista de Diógenes. O maior número de títulos é o mesmo em ambos, mas Anonymus[21] tem oito títulos que não são encontrados em Diógenes, ao passo que Diógenes tem vinte e sete títulos que não são dados por Anonymus. Portanto, há trinta e cinco títulos que se baseiam na evidência de apenas uma das duas listas. Anonymus não especifica nenhum número total de linhas. No entanto, ele dá o número total de livros compostos por Aristóteles como sendo quase quatrocentos – o mesmo que Diógenes. Esse número

---

21 Anonymus Londinensis é o nome dado a um autor anônimo da Grécia Antiga, aproximadamente do século I d.C., cuja obra *Sobre a Medicina* está parcialmente preservada em um papiro na Biblioteca Britânica. Ele é considerado o mais importante papiro médico remanescente e fornece informações importantes sobre a história do pensamento médico grego.

total não pode ser extraído dos itens enumerados por Anonymus, mas pode ser feito para coincidir bastante com os itens em Diógenes, desde que entendamos por livros, seções ou subdivisões de um mesmo título ou obra.

Os dois catálogos que acabamos de mencionar, concordando entre si no número total de livros e na maior parte dos itens, podem provavelmente ser considerados não como original e cópia, mas como 30 transcrições imprecisas da mesma autoridade original. No entanto, nenhum dos dois transcritores nos diz qual era essa autoridade original. Podemos, no entanto, ter certeza de que cada um deles considerou seu catálogo compreendendo tudo o que Aristóteles poderia ser afirmado com boa autoridade e publicado. Diógenes claramente indica isso, quando ele dá não apenas o número total de livros, mas o número total de linhas. Sendo esse o caso, esperamos encontrar nele, é claro, os títulos das quarenta e seis obras que compõem a edição berlinense de Aristóteles que temos agora diante de nós. Mas essa expectativa foi frustrada. O número muito maior de obras aristotélicas que agora examinamos não está especificado nem na lista de Diógenes, nem na de Anonymus. Além disso, as listas também não especificam os títulos de várias obras que não existem atualmente, mas que sabemos pelo próprio Aristóteles que ele realmente compôs.

O último fato mencionado é, por si só, suficientemente estranho e difícil de explicar, e nossa dificuldade se agrava quando o combinamos com outro fato não menos surpreendente. Tanto Cícero quanto outros escritores do século posterior a ele (Dionísio, Quintiliano, e outros) fazem referência a Aristóteles e, especialmente, a seus diálogos, dos quais nenhum foi preservado, embora os títulos de vários deles sejam dados nos dois catálogos mencionados. Esses escritores elogiam muito o estilo de Aristóteles, mas o que é notável é que eles atribuem a ele características que até seus mais calorosos admiradores dificilmente encontrarão nas obras aristotélicas que ainda restam. Cícero exalta a doçura, a abundância, a variedade e a força retórica que ele descobriu nos escritos de Aristóteles. Ele chega a ponto de empregar a frase "flumen orationis aureum" (uma corrente dourada de discurso), ao caracterizar o estilo aristotélico. Tais predicados podem ter sido corretos, na verdade, foram sem dúvida corretos, em relação aos diálogos e talvez a outras obras perdidas de Aristóteles, apesar de descreverem exatamente o oposto do que encontramos em todas as obras preservadas. Com a maioria delas (exceto a *História dos animais*), Cícero não manifesta nenhum conhecimento, e alguns dos melhores críticos modernos declaram que ele as ignorava. Outros autores antigos, como Plutarco, Ateneu, Diógenes Laércio, entre outros, também não dão indícios de terem conhecido as principais obras de Aristóteles que conhecemos. Eles fazem referência apenas às obras enumeradas no catálogo de Diógenes Laércio.

Aqui, então, encontramos vários fatos embaraçosos em relação ao cânone aristotélico. A maioria das obras, agora aceitas e conhecidas como pertencentes a Aristóteles, não está incluída no *Catálogo Aristotélico* completo dado por Diógenes, tampouco tais obras eram conhecidas por Cícero, que, além disso, atribui a Aristóteles características de estilo não apenas diferentes, mas também opostos àquelas que nosso Aristóteles apresenta. Mais de vinte das composições registradas no catálogo são diálogos, dos quais nosso Aristóteles não apresenta um único exemplar. Ao passo que outras se referem a questões de façanhas antigas ou história pessoal, coletânea de provérbios, relatos da constituição real de muitas cidades helênicas, listas dos vencedores de Pitágoras e das representações cênicas, discursos eróticos, narrativas lendárias, incorporadas em uma obra diversa chamada "peplus" [em latim] – um título talvez emprestado do manto de Athena nas panateneias [festas realizadas em homenagem à deusa grega Athena], bordado com várias figuras por mulheres atenienses, banquete-colóquio, e observações sobre intoxicação. Todos esses assuntos são de caráter estranho àqueles tratados por nosso Aristóteles.

A dificuldade de harmonizar nosso Aristóteles com o Aristóteles do catálogo é, portanto, considerável. Ela tem sido tão fortemente sentida nos últimos anos, que um dos mais competentes críticos modernos separa completamente os dois e declara que as obras enumeradas no catálogo não pertencem ao nosso Aristóteles. Refiro-me a Valentine Rose, que em seu volume muito erudito e instrutivo, *Aristoteles Pseudepigraphus* (1863), coletou e ilustrou os fragmentos que restaram dessas obras. Ele as considera todas pseudoaristotélicas, compostas por vários membros desconhecidos da escola peripatética, durante o século ou dois imediatamente posteriores à morte de Aristóteles, e inscritas com o ilustre nome do mestre, em parte por fraude dos vendedores, em parte por descuido dos compradores e bibliotecários. Emil Heitz, por outro lado, argumentou mais recentemente que, com base nas evidências externas, uma conclusão mais correta a ser tirada seria (o oposto daquela tirada por Rose): que as obras enumeradas no referido catálogo são as verdadeiras e genuínas, mas aquelas que possuímos, ou a maioria delas, não foram realmente compostas por Aristóteles. Heitz acha que essa conclusão é mais bem sustentada do que a de Rose, embora ele próprio tenha uma visão diferente, que mencionarei em seguida.

Pelas observações anteriores será visto como é muito mais difícil estabelecer um cânone genuíno para Aristóteles do que para Platão. Eu não concordo com nenhuma das duas conclusões que acabamos de indicar, mas eu defendo que, se aplicássemos a essa questão os mesmos princípios de julgamento que os críticos platônicos modernos frequentemente aplicam, quando permitem ou não permitem diálogos de Platão, seríamos obrigados a abraçar uma ou outra delas, ou pelo menos algo que se aproxima disso. Se um crítico, depois de estudar atentamente as principais composições agora existentes de nosso Aristóteles, considerar-se no direito de, na fé de seu adquirido "Aristotelisches Gefühl"[22], declarar que nenhuma obra que difira materialmente delas (seja no assunto tratado, ou na maneira de tratar, ou no grau de excelência), pode ter sido composta por Aristóteles – ele certamente será forçado a incluir em tal rejeição uma grande proporção daquelas indicadas no catálogo de Diógenes. Especialmente, ele será forçado a rejeitar os *Diálogos* – as próprias composições pelas quais Aristóteles era mais conhecido por Cícero e seus contemporâneos. Pois a diferença entre eles e as composições co-

---

22 A doutrina dos afetos ou das paixões – "gefühl", do idioma alemão, que significa sentimento – foi um elemento básico da filosofia desde a Antiguidade até o século XVIII. Somente no século XIX que o pensamento sobre as emoções foi empurrado para outras áreas especializadas com a crescente terceirização da Antropologia e da Psicologia (Tradução livre da sinopse da obra em alemão, publicada em 2008, "Passion – Affekt – Gefühl: Philosophische Theorien der Emotionen zwischen Aristoteles und Kant").

nhecidas de Aristóteles, não apenas na forma, mas também no estilo (o estilo sendo conhecido pelos epítetos aplicados a eles por Cícero), deve ter sido mais marcante e decisiva do que aquela entre Alcibíades, Hípias, Teages, Laques, Leis, entre outros – que a maioria dos críticos platônicos agora descartam como espúrios – e *República*, *Protágoras*, *Górgias* etc., que eles tratam como indiscutivelmente genuínos.

Ao discutir o cânone platônico já declarei que considero esses fundamentos de rejeição inseguros e enganosos. Esse julgamento é ainda mais confirmado quando observamos as consequências que eles levariam em relação ao cânone aristotélico. De fato, devemos aprender a admitir entre as obras genuínas, tanto de Platão quanto de Aristóteles, uma grande diversidade de temas, estilos e excelência.

Não vejo motivo para desconfiar do catálogo apresentado por Diógenes, como sendo, em geral, uma enumeração de obras realmente compostas por Aristóteles. Essas obras devem ter sido armazenadas em alguma grande biblioteca – provavelmente a Alexandrina – onde foram vistas e contadas, e seus títulos registrados por alguém ou mais entre os literatos, com uma especificação da soma total obtida ao somar as linhas contidas em cada uma. Não nego a probabilidade de que, em relação a algumas delas, os bibliotecários possam ter sido pressionados, e que obras pseudoaristotélicas possam ter sido admitidas. Contudo, quer isso tenha sido parcialmente o fato, quer não tenha sido, a bondade geral do catálogo parece-me incontestável. Quanto ao seu autor, a conjectura mais admissível parece ser a de Brandis e outros, recentemente adotada e defendida por Heitz, ou seja, de que o catálogo deve sua origem a um dos literatos alexandrinos, provavelmente a Hermipo de Esmirna, um homem letrado e aluno de Calímaco em Alexandria, entre 240-210 a.C. De fato, Diógenes não nos diz de quem tomou emprestado o catálogo, mas em sua vida de Aristóteles, ele cita mais de uma vez Hermipo, como tendo tratado de Aristóteles e sua biografia em uma obra de certa extensão, e sabemos por outras fontes que Hermipo dedicou muita atenção a Aristóteles, bem como a outros filósofos. Se Hermipo for o autor desse catálogo, ele deve ter sido elaborado mais ou menos na mesma época em que o bizantino Aristófanes organizou os diálogos de Platão. Provavelmente, de fato, Calímaco, o bibliotecário-chefe, preparou o caminho para ambos. Sabemos que ele havia elaborado tabelas abrangentes, incluindo não apenas os principais oradores e dramaturgos, com uma enumeração de seus discursos e dramas, mas também vários autores diversos, com os títulos de suas obras. Sabemos, além disso, que ele mencionou Demócrito e Eudóxio, e podemos ter certeza de que, em um esquema tão grande, ele não omitiria Platão ou Aristóteles, os dois grandes fundadores das primeiras escolas filosóficas, tampouco a especificação das obras de cada um deles contidas na biblioteca alexandrina. Heitz supõe que Hermipo tenha sido o autor da maioria dos catálogos (não apenas de Aristóteles, mas também de outros filósofos) fornecidos por Diógenes. No entanto, o próprio Diógenes não tinha conhecimento direto das obras de Hermipo, mas copiou esses catálogos de segunda mão de algum autor posterior, provavelmente Favorino. Essa última suposição não é de forma alguma confirmada.

Parece, portanto, provável que o catálogo apresentado por Diógenes tenha sua origem em Hermipo ou Calímaco, enumerando os títulos das obras de Aristóteles contidas na biblioteca alexandrina. Mas o conjunto de obras que compõe nosso Aristóteles não está de modo algum em harmonia com esse catálogo. Ele procede de uma fonte independente e totalmente diferente, ou seja, a edição e a classificação publicadas pela primeira vez pelo rodriguiano Andrônico, na geração entre a morte de Cícero e a era cristã. Para explicar a existência dessas duas fontes e canais distintos e independentes devemos recorrer à notável narrativa (observada em meu capítulo sobre o cânone platônico), apresentada principalmente por Estrabão e menos completamente por Plutarco, a respeito do destino da biblioteca aristotélica após a morte de Aristóteles.

Com a morte de Aristóteles, sua biblioteca e seus manuscritos foram entregues a Teofrasto, que continuou sendo o chefe da escola peripatética em Atenas por trinta e cinco anos, até sua morte em 287 a.C. Tanto Aristóteles quanto Teofrasto não apenas compuseram muitas obras próprias, mas também gastaram muito dinheiro comprando ou copiando as obras de outros, especialmente nos é dito que Aristóteles, após a morte de Espeusipo, gastou três talentos na compra de seus livros. Toda a biblioteca de Teofrasto, assim enriquecida por duas fontes, foi legada por seu testamento a um amigo e aluno filosófico, Neleu, que deixou Atenas e levou a biblioteca consigo para sua residência na cidade de Skepsis, na região asiática conhecida como Eólia, perto de Trôade. Em Skepsis, a biblioteca permaneceu durante a maior parte de dois séculos, em posse dos descendentes de Neleu, homens sem realizações e sem gosto pela filosofia. Foi cerca de trinta ou quarenta anos após a morte de Teofrasto que os reis de Pérgamo começaram a se ocupar em colecionar sua biblioteca real, que logo alcançou uma magnitude inferior apenas à de Alexandria. Skepsis estava sob seu domínio, e parece que os reis confiscaram os livros pertencentes a seus súditos para o uso da biblioteca real, pois nos é dito que os herdeiros de Neleu foram forçados a esconder seus tesouros literários em um porão, sujeito a grandes danos, em parte por causa da umidade, em parte por causa dos vermes. Nesse esconderijo em ruínas os manuscritos permaneceram por quase um século e meio até a extinção da dinastia atálida em Pérgamo. O último desses reis, Átalo, morreu em 133 a.C., deixando seu reino para os romanos. Com o fim do medo de requisições para a biblioteca real, os manuscritos foram retirados de seu esconderijo por seus proprietários e vendidos por uma grande soma a Apelicão, natural de Teos, um residente muito rico em Atenas e ligado à seita peripatética. Provavelmente, esse rico peripatético já possuía a própria biblioteca, com algumas obras aristotélicas, mas as novas aquisições de Skepsis, embora não fossem todo o seu estoque, formavam os ingredientes mais raros e preciosos dela. Então, os manuscritos e a biblioteca de Aristóteles e Teofrasto tornaram-se, pela primeira vez desde 287 a.C., abertos à inspeção dos peripatéticos atenienses da época (cerca de 100 a.C.), bem como de outros eruditos. Entre o estoque havia muitas composições que os escolásticos, sucessores de Teofrasto em Atenas, não possuíam nem conheciam. Mas os 37 manuscritos foram encontrados imperfeitos, seriamente danificados e em estado de desordem. Apelicão fez o possível para remediar esse mal, fazendo que novas cópias fossem tiradas, corrigindo o que havia sido comido por vermes e suprindo o que estava defeituoso ou ilegível. Ele parece ter sido um erudito e havia publicado uma biografia de Aristóteles, refutando várias calúnias apresentadas por outros biógrafos, mas sendo (nas palavras de

Estrabão) mais um amante dos livros do que um filósofo, ele realizou o trabalho de correção de forma tão pouco hábil que as cópias que publicou foram encontradas cheias de erros. No ano 86 a.C., Sylla sitiou Atenas e a tomou de assalto. Não muito tempo depois, ele tomou para si a biblioteca de Apelicão como um privilégio e a transportou para Roma. Lá, ela foi preservada sob a custódia de um bibliotecário, e vários gregos literatos residentes em Roma tiveram acesso a ela, especialmente Tiranião, amigo de Cícero e grande admirador de Aristóteles, que se esforçou especialmente para ganhar o favor do bibliotecário. Foi lá também que o rodriguiano Andrônico obteve acesso às obras aristotélicas. Ele as classificou em grande parte de novo, colocando em justaposição os tratados mais análogos em termos de assunto. Além disso, corrigiu o texto e publicou uma nova edição dos manuscritos, com uma lista tabulada. Isso foi ainda mais necessário, porque alguns livreiros em Roma, visando apenas à venda e ao lucro, empregaram maus escritores e fizeram circular cópias imprecisas, não comparadas com os originais. Esses originais, no entanto, estavam tão danificados, e as restituições feitas por Apelicão foram tão imprudentes, que os críticos mais cuidadosos que agora os estudavam eram muitas vezes levados a proceder com base em evidências meramente prováveis.

Essa interessante narrativa – apresentada por Estrabão, o contemporâneo mais jovem de Andrônico, e provavelmente derivada por ele de Tiranião, seu preceptor, ou do sidônio Boécio e de outros companheiros filosóficos, com os quais ele havia estudado Aristóteles – parece totalmente digna de confiança. Os procedimentos tanto de Apelicão quanto de Sylla provam, o que de fato poderíamos ter presumido sem provas, que a recuperação desses manuscritos originais de Aristóteles e Teofrasto, há muito perdidos, causou grande sensação no mundo filosófico de Atenas e Roma. Com esses materiais recém-adquiridos teve início uma nova época para o estudo desses autores. As obras filosóficas mais obscuras de Aristóteles passaram a ser vistas em primeiro plano sob os auspícios de um novo escolástico, ao passo que Aristóteles era até então conhecido principalmente por suas composições mais populares e de fácil leitura. Dessas últimas, provavelmente, cópias podem ter sido adquiridas, até certo ponto, pelos anteriores escolásticos peripatéticos ou pela escola de

Atenas, mas a escola havia sido irremediavelmente empobrecida, no que se refere às especulações mais profundas da filosofia, pela perda dos manuscritos originais que haviam sido transportados de Atenas para Skepsis. O que os escolásticos aristotélicos, antes de Andrônico, possuíam e estudavam, principalmente, das produções de seu ilustre fundador, eram principalmente as exotéricas ou extrafilosóficas e comparativamente populares, tais como os diálogos, as coleções lendárias e históricas, os fatos relativos à história constitucional de várias cidades helênicas, a variedade de problemas diversos relativos a Homero e uma série de assuntos diversos, os tratados sobre animais e sobre anatomia, entre outros. Na biblioteca alexandrina (como vemos no catálogo de Diógenes) havia todas essas e várias obras filosóficas também, mas essa biblioteca não estava facilmente disponível para o uso dos escolásticos em Atenas, que trabalhavam no próprio estoque, limitando-se principalmente a discursos suaves e elegantes sobre questões específicas e, especialmente, a discussões, com os platônicos, estoicos e epicuristas, sobre os princípios da ética, sem qualquer tentativa de acompanhar ou elucidar as especulações mais profundas (lógicas, físicas, metafísicas, cósmicas) do próprio Aristóteles. Uma mudança significativa ocorreu quando a biblioteca de Apelicão passou a ser aberta e estudada, não apenas por professores da cátedra em Atenas, mas também por críticos como [o gramático grego] Tyrannion e [o considerado pai da literatura latina] Andrônico em Roma. Esses críticos encontraram ali as obras filosóficas mais profundas e difíceis de Aristóteles, escritas pelo próprio filósofo, algumas provavelmente, das quais cópias já existiam na biblioteca alexandrina, mas outras ainda não publicadas. O propósito de Andrônico, que é descrito como escolástico peripatético, décimo primeiro na sucessão de Aristóteles, não era simplesmente fazer um catálogo (como Hermipo havia feito em Alexandria), mas prestar um serviço muito maior, que nenhum crítico poderia prestar sem ter acesso aos manuscritos originais, a saber, obter um texto correto dos livros que estavam diante dele, organizar esses livros na ordem correta e, depois, publicá-los e explicá-los, mas não levar em conta outras obras aristotélicas na biblioteca alexandrina ou em qualquer outro lugar. Assim, a filosofia aristotélica entrou em uma nova fase. Nossas edições de Aristóteles podem ser consideradas como tendo sua data com base nesse esforço crítico de Andrônico, com ou sem modificações posteriores feitas por outros, conforme o caso.

A explicação que acabamos de dar, coincidindo em muitos pontos com Brandis e Heitz, oferece a elucidação mais provável da obscuridade que surge sobre o cânone aristotélico, quando comparamos nosso Aristóteles com o catálogo de Diógenes – a semelhança parcial, mas ainda maior discrepância, entre os dois. É certo que nem Cícero, nem os grandes literatos alexandrinos, anteriores e contemporâneos a ele, conheciam Aristóteles pela maioria das obras que possuímos atualmente. Eles o conheciam principalmente pelos diálogos, pelos assuntos de história e lenda, por alguns livros de zoologia e pelos problemas. Os diálogos e as coleções históricas a respeito das constituições das cidades helênicas são mais populares e mais conhecidos do que quaisquer outras obras. Embora a *República*, de Platão, lhes seja familiar, eles não demonstram conhecimento da *Política*, de Aristóteles, em cujo tratado a crítica à república platônica está entre as partes mais interessantes. Quando examinamos o conteúdo de nossas edições de Aristóteles, o estilo e a maneira de lidar com ele são, de fato, praticamente os mesmos, mas os assuntos parecem extremamente diversos e multifacetados, bem como o caráter enciclopédico do autor, no que diz respeito à ciência e suas aplicações, nos chama a atenção. O Aristóteles completo e real, no entanto, não era apenas mais enciclopédico quanto aos assuntos tratados, mas também mais variável quanto ao estilo e à maneira de tratar, passando do estilo suave, doce e fluido – que Cícero exalta como característico dos diálogos aristotélicos – para a brevidade elíptica e a obscuridade que agora achamos tão intrigantes no *Da alma* e na *Metafísica*.

Assumirei essa variedade, tanto de assunto quanto de tratamento, como uma característica a ser admitida e permitida em Aristóteles, quando eu vier a discutir as objeções de alguns críticos contra a autenticidade de certos tratados entre os quarenta e seis que agora estão sob seu nome. Mas, ao analisar o cânone aristotélico, não posso seguir o mesmo caminho que segui em meu trabalho anterior, quando analisei o cânone platônico. Em relação a Platão, apontei uma forte presunção antecedente em favor do cânone de Trásilo – um cânone derivado originalmente dos bibliotecários alexandrinos e sustentado pela adesão unânime da Antiguidade. Com relação a Aristóteles, não há bases semelhantes de presunção para se apoiar. Temos boas razões para acreditar que as obras de Platão e Aristóteles – se não todas as obras, pelo menos muitas delas, e as de maior interesse geral – foram copiadas e transmitidas desde o início para a biblioteca alexandrina. Agora, nosso Platão representa o que era possuído e reconhecido como platônico pelo bizantino Aristófanes e pelos outros bibliotecários alexandrinos, mas nosso Aristóteles não representa, a meu ver, o que esses bibliotecários possuíam e reconheciam como aristotélico. O que eles assim acreditaram está registrado no catálogo dado por Diógenes, provavelmente o trabalho de Hermipo, como afirmei. Ao passo que nosso Aristóteles é rastreável à coleção em Atenas, incluindo a de Apelicão, com o que ele comprou dos herdeiros de Neleu, e à peneiração, correção e classificação, aplicadas a ela por críticos competentes do primeiro século a.C. e subsequentes, entre os quais Andrônico é mais conhecido. Podemos facilmente acreditar que a biblioteca de Apelicão continha várias composições de Aristóteles, que nunca haviam sido copiadas para a biblioteca alexandrina – talvez nunca preparadas para publicação, de modo que a tarefa de organizar seções ou fragmentos separados em um todo, com um título separado, ainda permanecia por ser realizada. Esse era o caso mais provável de especulações abstrusas, como os livros componentes da *Metafísica*, que Teofrasto talvez não estivesse disposto a oferecer e que a biblioteca talvez não estivesse muito ansiosa para adquirir, já que havia quase quatrocentos outros volumes do mesmo autor. Essas obras reservadas permaneceriam, portanto, na biblioteca de Teofrasto, sem serem copiadas e circuladas (ou, pelo menos, circuladas apenas para alguns irmãos filósofos particulares, como Eudemo), de modo que nunca foram totalmente publicadas até os dias de Apelicão.

Muito embora a edição publicada por Andrônico contivesse várias obras genuínas de Aristóteles não conhecidas ou editadas anteriormente, não podemos ter certeza de que ela não incluiria também algumas que eram espúrias. Reflita sobre o que a biblioteca de Apelicão, transportada para Roma por Sylla, realmente era. Havia nela toda a biblioteca de Teofrasto. Provavelmente, também, a de Neleu, que deve ter tido alguns livros próprios, além dos que herdou de Teofrasto. Ela incluía todas as numerosas obras manuscritas compostas por Aristóteles e Teofrasto, e muitas outras obras manuscritas compradas ou adquiridas por eles, mas compostas por outros – todas em péssima ordem e condição, bem como os livros que Apelicão possuía antes, sem dúvida tantos livros aristotélicos quanto ele podia comprar. Para distinguir entre essa massa heterogênea de manuscritos, quais deles eram os manuscritos compostos por Aristóteles, para separá-los dos escritos de Teofrasto, Eudêmio ou outros autores, que compuseram várias obras próprias sobre os mesmos assuntos e com os mesmos títulos que os de Aristóteles – era necessário extremo discernimento crítico e cautela, e mais ainda, uma vez que não havia nenhum companheiro vivo de Aristóteles ou Teofrasto para guiar ou aconselhar, já que mais de um século e meio havia se passado desde a morte de Teofrasto, e dois séculos desde a de Aristóteles. Essas foram as dificuldades em meio às quais Apelicão, Tyrannion e Andrônico precisaram decidir, quando escolheram os manuscritos de Aristóteles para serem publicados. Não direi que eles decidiram erroneamente, mas também não posso argumentar (como argumentei no caso dos diálogos platônicos) que a presunção é muito forte em favor do cânone que a decisão deles tornou legal. O caso é muito mais aberto à argumentação, se qualquer fundamento contra a decisão puder ser apresentado.

 Andrônico reuniu, organizou e publicou os tratados de Aristóteles (ou aqueles que ele considerava compostos por Aristóteles) incluídos na biblioteca levada por Sylla para Roma. Eu observei que entre esses tratados havia alguns, dos quais existiam cópias na biblioteca alexandrina (conforme representado pelo catálogo de Diógenes), mas um número ainda maior que não pode ser identificado com os títulos restantes das obras ali preservadas. Quanto às obras comuns a ambas as bibliotecas, devemos lembrar que Andrônico introduziu uma classificação própria, análoga às *Enéadas* aplicadas por Porfírio às obras de Plotino, e às *Tetralogias* adotadas por Trásilo em relação aos *Diálogos* de Platão, de modo que mesmo essas obras poderiam não ser distribuídas nas mesmas partições em cada um dos dois arranjos. E isso é o que realmente vemos quando comparamos o catálogo de Diógenes com o nosso Aristóteles. *Retórica, Ética, Física, Problemas* etc., aparecem em ambos como títulos ou assuntos, mas distribuídos em um número diferente de livros ou seções em um e em outro. Talvez, de fato, as composições não sejam sempre as mesmas.

Antes de prosseguir com o tratamento das obras preservadas de Aristóteles – aquelas pelas quais somente ele é conhecido por nós, e era conhecido pelos leitores medievais –, direi algumas palavras a respeito da importância de uma distinção que tem sido muito discutida, transmitida pela palavra "exotérico" e seu oposto. Esse termo, usado em várias ocasiões pelo próprio Aristóteles, também foi empregado por muitos críticos antigos, de Cícero para baixo, ao passo que pelos críticos medievais e modernos ele não foi meramente empregado, mas também analisado e elucidado. De acordo com Cícero (o primeiro escritor posterior a Aristóteles em quem encontramos o termo), ele designa uma entre duas classes de obras compostas por Aristóteles, pois as obras exotéricas eram aquelas compostas em um estilo popular e destinadas a um círculo grande e indiscriminado de leitores, em contraste com outras obras de raciocínio filosófico elaborado, que não eram preparadas para o gosto do público, mas deixadas na condição de memoriais para a instrução de uma classe mais seleta de estudiosos. Dois pontos devem ser observados com relação à declaração de Cícero. Em primeiro lugar, ele a aplica aos escritos não exclusivamente de Aristóteles, mas também aos de Teofrasto e até aos peripatéticos que o sucederam; em segundo lugar, ele a aplica diretamente aos escritos deles apenas no que se refere à discussão do "summum bonum" [bem maior]. Além disso, Cícero descreve as obras que Aristóteles chamou de exotéricas, como tendo prefácios.

Em geral, a distinção aqui traçada por Cícero, entendida em um sentido muito geral, foi aceita pela maioria dos críticos seguintes como pretendida pelo termo "exotérico", ou seja, algo dirigido a um círculo amplo e indiscriminado de leitores ou ouvintes em geral, e inteligível ou interessante para eles sem qualquer estudo ou treinamento especial – em contraste com aquilo que é reservado para um círculo menor de estudantes que se supõe serem especialmente qualificados. Mas, entre aqueles que concordam com essa admissão geral, muitas diferenças prevaleceram. Alguns pensaram que o termo não foi usado por Aristóteles para designar quaisquer escritos seus ou de outros, mas apenas em alusão a diálogos ou debates orais informais. Outros, novamente, sentindo-se seguros de que Aristóteles pretendia que o termo significasse alguns escritos de sua autoria, procuraram entre as obras preservadas, bem como entre os títulos das obras perdidas, para discriminar aquelas que o autor considerava exotéricas, embora essa busca certamente não tenha terminado em unanimidade, bem como não creio que tenha sido bem-sucedida. Mais uma vez, não faltaram críticos (entre eles, Tomás de Aquino e Sepúlveda) que atribuíram ao termo um significado ainda mais vago e indefinido, afirmando que, quando Aristóteles alude a "discursos exotéricos", ele indica simplesmente algum outro tratado seu, distinto daquele em que a alusão ocorre, sem querer insinuar nada a respeito de seu caráter.

Para mim, parece que essa última explicação é insustentável, e que o termo "exotérico" designa matéria de certo caráter, atribuível até certo ponto por marcas positivas, mas ainda mais por negativas; matéria, em parte, análoga àquela definida por Cícero e outros críticos. Mas, para conceber clara ou completamente qual é o seu caráter, devemos nos voltar para o próprio Aristóteles, que é, naturalmente, a autoridade final, onde quer que ele possa ser encontrado para falar de uma maneira decisiva. Suas obras preservadas apresentam ao todo oito passagens (duas delas, de fato, na *Ética a Eudemo*, que, pelo menos por enquanto, assumirei como sendo sua obra), nas quais ocorre a frase "discursos exotéricos". Dessas oito passagens, há sete que apresentam a frase como designando algum assunto desconhecido, não especificado, mas distinto da obra em que a frase ocorre: "Muito já foi dito (ou é dito, Aristóteles insinua) sobre esse assunto, mesmo nos discursos exotéricos". A que ele alude aqui – se a outros escritos seus ou a discussões orais suas, ou a escritos e discursos de um tipo particular de outros – somos deixados para interpretar da melhor maneira possível, por razão provável ou conjectura. Mas há uma entre as oito passagens em que Aristóteles usa o termo "exotérico" para descrever, não o que deve ser procurado em outro lugar, mas o que ele mesmo está prestes a dar no tratado em questão. No quarto livro da *Física* ele discute as três grandes abstrações, lugar, vácuo e tempo. Depois de encerrar as duas primeiras, ele entra na terceira, começando com as seguintes palavras: "Segue-se naturalmente do que foi dito que devemos tratar a respeito do tempo. Mas primeiro é conveniente anunciar as dificuldades envolvidas nele, também pelo discurso exotérico – se o tempo deve ser incluído entre os entes ou entre os não entes; depois, qual é a sua natureza. Ora, um homem poderia suspeitar, pelas razões a seguir, que o tempo ou não existe absolutamente, ou existe de forma escassa e tênue". Aristóteles, então, apresenta uma série de razões dialéticas, que se estende por uma das colunas da edição de Berlim, para duvidar que o tempo realmente exista. Em seguida, ele prossegue da seguinte forma, em duas outras colunas: "Que estas sejam enumeradas como as dificuldades que acompanham os atributos do tempo. O que é o tempo e qual é sua natureza são obscuros, tanto pelo que nos foi transmitido por outros quanto pelo que nós mesmos acabamos de passar". E essa questão também ele primeiro discute dialeticamente e, depois, a soluciona.

Agora, o que Aristóteles quer dizer com "discurso exotérico"? Podemos descobrir lendo a matéria compreendida entre as duas citações anteriores. Encontramos uma série de dificuldades desconcertantes relacionadas à suposição de que o tempo existe, tais como: "Que todo o tempo é passado ou futuro, dos quais o primeiro não existe mais, e o último ainda não existe; que o agora não é parte do tempo, pois o todo é composto de suas partes, e o tempo não é composto de agora". Não vou me aprofundar aqui nessas sugestões sutis, porque meu objetivo atual é apenas ilustrar o que Aristóteles chama de "discurso exotérico", exibindo o que ele mesmo anuncia ser um exemplo disso. É o processo de, primeiro, perceber e, depois, traçar todas as dúvidas e dificuldades que cercam a investigação em questão, com as diferentes opiniões sustentadas sobre ela, seja pelo vulgar, seja por filósofos individuais, e as várias razões pelas quais tais opiniões podem ser sustentadas ou impugnadas. Na verdade, é o mesmo processo que, quando realizado (como era habitual e ativamente em sua época) entre dois disputantes, ele chama de debate dialético, e que ele procura incentivar, bem como regular, em seu tratado intitulado *Tópicos*. Ele o contrasta com a filosofia, ou com o procedimento estritamente didático e demonstrativo, no qual o professor estabelece princípios que ele exige que o aluno admita e, em seguida, deduz deles, por meio de silogismos construídos de forma regular, consequências indiscutivelmente obrigatórias para todos que admitiram os princípios. Embora Aristóteles distinga assim a dialética da filosofia, ele, ao mesmo tempo, declara que ela é valiosa como auxiliar para o propósito da filosofia e como exercício introdutório antes do início do estágio didático. O filósofo deve mostrar sua competência como um dialético, indicando e lidando com as várias dificuldades e controvérsias relacionadas ao seu assunto, que já foram divulgadas, seja em escritos ou em debates orais.

Assim, aprendemos, com o exemplo fornecido pelo próprio Aristóteles, o que ele quer dizer com "discursos exotéricos". O epíteto significa, literalmente, alheio a, situado do lado de fora de; no presente caso, do lado de fora da filosofia, considerada em sua marcha didática e demonstrativa especial. No entanto, o que está fora da filosofia é, não obstante, útil como acompanhamento e preparação para a filosofia. Encontraremos Aristóteles insistindo nisso em sua obra intitulada *Tópicos*, bem como na *Analíticos anteriores*. Também o encontraremos introduzindo o tratamento exotérico em seus tratados filosóficos mais obscuros (a *Física* é um dos mais obscuros) como um acompanhamento e auxiliar – uma pesquisa dialética de opiniões, enigmas e pontos controversos, antes de começar a estabelecer e seguir princípios afirmativos próprios. Ele faz isso não apenas em toda a *Física* (em várias outras passagens além daquela que acabei de citar), mas também na *Metafísica*, nos tratados *Da alma*, *Da geração e da corrupção*, e outros.

Tendo assim aprendido a entender, com base em uma passagem distinta do próprio Aristóteles, o que ele quer dizer com "discursos exotéricos", devemos interpretar, à luz dessa analogia, as outras passagens indistintas em que a frase ocorre. Vemos claramente que, ao usar a frase, ele não pretende necessariamente se referir a quaisquer outros escritos de sua autoria – tampouco a quaisquer outros escritos. É possível que ele queira dizer isso, mas não podemos ter certeza. Ele quer dizer, com a frase, um processo dialético de rever e criticar diversas opiniões e probabilidades, quer seja em seus escritos, quer seja nos de outros, ou em nenhum escrito, mas simplesmente naqueles debates orais que seu tratado chamado *Tópicos* pressupõe – esse é um ponto que a frase em si não determina. Ele pode querer aludir, em alguns casos em que usa a frase, a seus diálogos perdidos, mas também pode aludir a diálogos platônicos e outros, ou a colóquios realizados oralmente por ele mesmo com seus alunos, ou a debates orais sobre tópicos intelectuais entre outros homens de mente ativa. Quando Bernays se refere ao "discurso exotérico" como os diálogos aristotélicos perdidos, quando Madvig, Zeller, Torstrick, Forchhammer e outros se referem à dialética oral contemporânea – acho que nenhuma dessas explicações é inadmissível por si só. O contexto de cada passagem específica deve decidir qual das duas é a mais provável. Não podemos ir mais longe, ao explicar as sete passagens duvidosas em que Aristóteles alude aos "discursos exotéricos", do que entender o caráter geral e o escopo dos raciocínios que ele assim designa. A dialética extrafilosófica, de dupla face é, em geral, (segundo ele) insuficiente por si mesma, e valiosa apenas como preparação e auxiliar do processo didático. Mas há alguns pontos específicos nos quais essa dialética deixa um resultado suficiente e satisfatório, que pode ser aceito com segurança como a base de futuras deduções. Esses pontos ele indica nas passagens citadas, sem nos informar mais particularmente se a dialética foi escrita ou falada, e se foi feita por ele mesmo ou por outros.

Na época de Cícero foi feita uma distinção entre alguns livros de Aristóteles que eram exotéricos e outros que não eram, sendo esses últimos ocasionalmente designados como acromáticas [incapazes de serem reconhecidas]. Alguns críticos modernos tentaram indicar quais, entre as obras preservadas de Aristóteles, pertenciam a cada uma dessas categorias. Sem dúvida, na época de Cícero, Estrabão, Plutarco e Gélio, existiam livros de Aristóteles chamados propriamente de exotéricos, isto é, consistindo quase que inteiramente de discursos e debates exotéricos, embora eu duvide que o próprio Aristóteles tivesse falado de um livro exotérico. De tal caráter eram seus diálogos. Mas todas as obras designadas como acromáticas (ou não exotéricas) devem provavelmente ter contido uma certa mistura de "discurso exotérico", como a *Física* e a *Metafísica* são vistas como contendo agora. A distinção indicada por Cícero seria, portanto, realmente entre uma classe de obras, em que o "discurso exotérico" era exclusivo ou primordial – e outra, em que era parcialmente introduzido, subordinado a algum propósito didático específico. A essa última classe pertencem todas as obras de Aristóteles que possuímos atualmente. Cícero não teria encontrado nenhuma delas que correspondesse à sua noção de um livro exotérico.

Para entender plenamente a extensão compreendida pela palavra "exotérico" devemos nos lembrar de que seu significado direto e imediato é negativo – alheio à filosofia e adequado a um público não especialmente ensinado ou preparado para a filosofia. Agora, essa característica negativa pertence não apenas à dialética (como vemos no exemplo citado da física aristotélica), mas também à retórica ou ao argumento retórico. Sabemos que, na mente de Aristóteles, o tratamento retórico e o tratamento dialético são colocados ambos sob o mesmo título, como lidando com opiniões e não com a verdade. Tanto um quanto o outro estão separados da marcha didática ou demonstrativa que leva à verdade filosófica, embora a dialética tenha uma afinidade distante com essa marcha e esteja de fato disponível como um escaramuçador auxiliar. O termo "exotérico" compreenderá, portanto, tanto o argumento retórico quanto o argumento dialético. Do último, acabamos de ver um espécime extraído da *Física*; do primeiro, não conheço nenhum espécime remanescente, mas provavelmente havia muitos deles nos diálogos aristotélicos agora perdidos – aquele que foi chamado de "Eudemo" e outros. Cícero provavelmente estava mais familiarizado com esses diálogos do que com qualquer outra composição de Aristóteles. Acho altamente provável que Aristóteles faça alusão aos diálogos em algumas das passagens em que ele se refere a "discursos exotéricos". Até esse ponto, concordo com Bernays, mas não vejo razão para acreditar (como ele faz) que o caso seja o mesmo em todas as passagens, ou que o epíteto deva ser sempre entendido como implicando um desses diálogos aristotélicos perdidos.

Cresceu, nas mentes de alguns comentaristas, a suposição de que a "doutrina exotérica" denotava o que Aristóteles promulgava ao público, em contraste com outra doutrina secreta ou mística reservada a uns poucos especiais, e denotada pelo vocábulo "exotérico", embora esse termo não seja encontrado em uso antes dos dias de Luciano. Acredito que a suposição de uma doutrina dupla esteja equivocada em relação a Aristóteles, mas é verdadeira em relação aos pitagóricos, e não deixa de ter alguma cor de verdade mesmo em relação a Platão. O fato de Aristóteles ter empregado uma maneira de explicação e ilustração, quando discutia com alunos avançados, e outra, mais ou menos diferente, quando se dirigia a um público despreparado, podemos considerar certo e até inevitável, mas isso não equivale a uma doutrina dupla positiva. Falando corretamente, de fato, o termo "exotérico" (como acabei de explicá-lo com base no próprio Aristóteles) não designa, ou mesmo implica, qualquer doutrina positiva. Ele denota um debate controverso de muitos lados, no qual numerosos pontos são discutidos e poucos são resolvidos. O propósito expresso é trazer à plena luz do dia os aspectos desconcertantes de cada um deles. Há, de fato, alguns casos excepcionais, nos quais o "discurso exotérico" terá, por si só, apresentado um resultado toleravelmente confiável, uma vez que esses poucos (como mostrei) Aristóteles ocasionalmente destaca e apela. Mas, como regra geral, não há nenhuma doutrina que possa ser adequadamente chamada de exotérica: o "discurso exotérico" sugere muitos novos enigmas, mas termina sem nenhuma solução. A doutrina, quando comprovada, emerge do processo didático que se segue.

CATEGORIAS[23]

Do prodigioso total de obras compostas por Aristóteles, mencionei que o maior número delas pereceu. Mas ainda restam cerca de quarenta tratados, de autenticidade não passível de qualquer suspeita razoável, que atestam a grandeza de sua inteligência no que diz respeito à força especulativa, tanto positiva quanto negativa, à paciência sistematizadora, à curiosidade abrangente, bem como a questões de fato e a aplicações diversificadas de detalhes. Ao levar em conta esses tratados percebemos alguns em que a ordem de sequência é determinada por razões atribuíveis. Já com relação a outros não aparecem motivos semelhantes de preferência. As obras chamadas *Do céu*, *Da geração e corrupção*, e *Meteorologia* são marcadas como destinadas a serem estudadas em sucessão imediata, bem como os vários tratados zoológicos depois delas. O conjunto intitulado *Parva Naturalia* é complementar ao tratado *Da alma*. A *Física* [auscultação da natureza] é mencionada na *Metafísica* e discute muitas questões idênticas ou análogas, situando-se na relação de anterior a posterior, como indicam os títulos, embora o título *Metafísica* não seja afixado ou reconhecido pelo próprio Aristóteles, e o tratado assim chamado inclua muito do que vai além do alcance da *Física*. Com relação aos tratados sobre *Lógica*, *Retórica*, *Ética*, *Política*, *Poética*, *Mecânica*, entre outros, somos deixados a fixar para nós mesmos a ordem mais conveniente de estudo. Não podemos atribuir a data de composição ou publicação de nenhum deles. Há, de fato, na *Retórica*, na *Política* e na *Meteorologia*, várias alusões que devem ter sido escritas depois de alguns eventos de data conhecida, mas essas alusões podem ter sido acréscimos posteriores e não podem ser consideradas prova conclusiva, embora certamente levantem a presunção de que a obra inteira foi escrita depois desses eventos.

A ordem adequada em que as obras de Aristóteles devem ser estudadas (como a ordem adequada para o estudo dos diálogos platô-

---

23 Título original: *Categoriae*, autoria de George Grote. Tradução de Murilo Oliveira de Castro Coelho.

nicos)²⁴, foi assunto de debate desde a época de seus primeiros editores e comentaristas, no século imediatamente anterior à era cristã. Boécio, o sidônio (contemporâneo e colega de estudo de Estrabão), recomendou que as obras sobre filosofia natural e fisiologia fossem examinadas primeiro, alegando que essas eram as mais fáceis, as mais interessantes e, no geral, as mais bem-sucedidas entre todas as produções aristotélicas. Alguns platonistas aconselharam que os tratados éticos deveriam ser colocados na primeira posição, com base em sua importância superior para a correção de maus hábitos e caráter, ao passo que outros atribuíram o primeiro lugar à Matemática por exibir uma firmeza superior nas demonstrações. Mas o próprio Andrônico, o primeiro editor conhecido das obras de Aristóteles, organizou-as em uma ordem diferente, colocando os tratados lógicos no início de sua edição. Ele considerava esses tratados, tomados em conjunto, não tanto como uma parte da filosofia, mas como um *Órganon* ou instrumento, cujo uso deveria ser adquirido pelo leitor antes que ele se tornasse competente para apreender ou compreender a filosofia, como uma exposição de método e não de doutrina. A partir da época de Andrônico, os tratados lógicos sempre estiveram em primeiro lugar entre as obras escritas ou impressas de Aristóteles. Eles têm sido conhecidos sob o título coletivo de *Órganon* e, como tal, ainda será conveniente considerá-los.

Esses tratados são em número de seis: 1. *Categorias*; 2. *Da interpretação*, ou *Da enunciação*; 3. *Analíticos anteriores*; 4. *Analíticos posteriores*; 5. *Tópicos*; 6. *Elencos sofísticos*. Esse último tratado curto – *Elencos sofísticos* – pertence naturalmente ao tratado *Tópicos*, que o precede, e da qual deveria ser classificado como o nono ou último livro. Waitz o imprimiu como tal em sua edição do *Órganon*, mas como ele tem sido geralmente conhecido com um lugar e título separados, não me afastarei do entendimento recebido.

---

24 A ordem em que os quarenta e seis tratados aristotélicos foram impressos na edição de Berlim e em outras edições anteriores corresponde à divisão tripartite, estabelecida pelo próprio Aristóteles, das ciências ou cognições em geral: 1. teórica; 2. prática; 3. construtiva ou técnica.

O próprio Aristóteles não anuncia esses seis tratados como formando um agregado distinto, tampouco como pertencentes a um mesmo departamento, muito menos como tendo um nome abrangente. De fato, encontramos em *Tópicos* referências aos *Analíticos*, e nos *Analíticos* referências ao *Tópicos*. Em ambos, as dez categorias são assumidas e pressupostas, embora o tratado que as descreve não seja expressamente mencionado, pois para ambos também o conteúdo do tratado *Da interpretação*, embora não seja mencionado, é indispensável. A afinidade e a interdependência dos seis são evidentes e justificam a prática dos comentaristas de os tratar como pertencentes a um único e mesmo departamento. A esse departamento pertenciam também vários outros tratados de Aristóteles, não preservados agora, mas especificados no catálogo de suas obras perdidas, e seus discípulos Teofrasto, Eudemo e Fânias tinham antes deles. Como todos esses três discípulos compuseram os próprios tratados sobre os mesmos tópicos ou similares, ampliando, elucidando ou contestando os pontos de vista de seu mestre, os peripatéticos que os sucederam imediatamente devem ter possuído uma copiosa literatura lógica, na qual os seis tratados que agora constituem o *Órganon* apareciam como partes, mas não como um agregado especial em si mesmos.

Dos dois tratados que ocupam o primeiro lugar no *Órganon* aristotélico – o *Categorias* e o *Da interpretação* – cada obra forma, em certo sentido, o complemento da outra. O tratado *Da interpretação* lida com proposições (combinações de termos na forma de sujeito e predicado), com referência proeminente ao atributo específico de uma proposição, o fato de ser verdadeira ou falsa, o objeto de crença ou descrença. Já o tratado *Categorias* lida com esses mesmos termos (para usar a frase do próprio Aristóteles) pronunciados sem ou à parte de tal combinação. Em sua definição do termo simples, a proposição é, ao mesmo tempo, assumida como o correlato ou antítese dela.

A primeira distinção apontada por Aristóteles entre os termos simples e não combinados, ou as coisas denotadas por eles, inclui o homônimo, o sinônimo e o parônimo. Homônimos são aqueles termos chamados pelo mesmo nome, usado em um sentido diferente ou com uma definição ou explicação racional diferente. Sinônimos são aqueles chamados pelo mesmo nome no mesmo sentido. Parônimos são aqueles chamados por dois nomes, dos quais um é derivado do outro pela variação da inflexão ou terminação.

Dificilmente podemos duvidar que foi Aristóteles quem primeiro deu esse significado peculiar e distinto às palavras "homônimo" e "sinônimo", traduzidas na fraseologia moderna (por meio do latim) equívoco e unívoco. Antes de sua época, essa importante distinção entre termos diferentes não tinha um nome técnico para a designar. O serviço prestado à lógica com a introdução desse termo técnico e ao chamar a atenção para o modo frouxo de falar que ele indicava foi grande. Em todos os ramos de seus escritos, Aristóteles sempre volta a ele, aplicando-o a novos casos e, especialmente, àquelas palavras universais familiares pronunciadas com mais liberdade e frequência, sob a persuasão comum de que seu significado não é apenas completamente conhecido, mas também constante e uniforme. Como fato geral, os estudantes estão agora bem familiarizados com essa fonte de erro, embora a corrente de erros particulares que flui dela ainda seja abundante, sempre renovada e diversificada. Mas, na época de Aristóteles, a fonte em si ainda não havia sido apontada enfaticamente para ser notada, tampouco sinalizada por qualquer termo característico como um farol. A tendência natural que nos leva a supor que um termo sempre tem o mesmo significado não foi neutralizada por nenhum aviso sistemático ou expressão generalizada. Sócrates e Platão de fato expuseram muitos exemplos particulares de fraseologia indefinida e equívoca. Nenhuma parte dos escritos platônicos é mais valiosa do que os diálogos nos quais essa operação é realizada, forçando o entrevistado a sentir quão imperfeitamente ele entende as frases constantemente em uso. Mas raramente a prática de Platão é fornecer avisos positivos generalizados ou distinções sistemáticas. Ele não tem nenhum termo geral correspondente a homônimo ou equívoco, e há até passagens em que (sob o nome de Pródico) ele ridiculariza ou menospreza uma análise distintiva cuidadosa de diferentes significados do mesmo nome. Reconhecer uma classe de termos equívocos e atribuir a eles um nome de classe especial foi um passo importante no procedimento lógico, passo que, entre tantos outros, foi dado por Aristóteles[25].

Embora Aristóteles tenha declarado distinguir entre termos implicados na predicação e termos não implicados[26], ainda assim, quando ele explica as funções da última classe, ele os considera em referência às suas funções membros constituintes de proposições. Ele começa imediatamente distinguindo quatro tipos de assuntos (*ente*) – aquilo que é afirmável de um sujeito, mas não está em um sujeito; aquilo que está em um sujeito, mas não é afirmável de um sujeito; aquilo que está tanto em um sujeito quanto é afirmável de um sujeito; aquilo que não está nem em um sujeito, nem é afirmável de um sujeito.

Essa distinção quádrupla fundamental da palavra "ente", que serve como uma introdução às dez categorias ou predicamentos, pertence às palavras de acordo com seus lugares ou funções relativas na proposição, e os significados das palavras são classificados de acordo. Para que o aluno possa compreendê-la, ele deve dominar a primeira parte do tratado *Da interpretação*, em que os elementos constituintes de uma proposição são explicados, tão íntima é a conexão entre aquele tratado e este.

A classificação se aplica ao ente (coisas ou matérias) universalmente, e é, portanto, um primeiro passo na ontologia. Aqui ele analisa a ontologia em um de seus diversos aspectos – como ela entra na predicação e

---

25 No instrutivo comentário Déxipo explica a Seleuco sobre as *Categorias* (contido em um suposto diálogo entre Déxipo e seu aluno Seleuco, do qual tudo o que resta foi recentemente publicado por Spengel, Munique, 1859, p. 19-21), esse comentarista defende Aristóteles contra alguns críticos que se perguntaram por que ele começou com esses antipredicamentos, em vez de prosseguir imediatamente para os predicamentos ou categorias em si. Déxipo observa que, sem entender essa distinção entre equivoca e unívoca, as próprias categorias não poderiam ser adequadamente apreciadas, pois o termo "ente" (τὸ ὄν) é homônimo em referência a todas as categorias, e não um *summum genus* [a substância suprema], compreendendo as categorias como espécies distintas sob ele, ao passo que cada categoria é um gênero em referência aos seus particulares. Além disso, Déxipo observa que essa distinção de homônimos e sinônimos era totalmente desconhecida e nunca sugerida pela mente comum e, portanto, precisavam ser apresentados antes de tudo, no início, ao passo que os póspredicamentos (aos quais chegaremos mais tarde) foram adiados para o final, porque eram casos de termos familiares empregados de forma vaga.
26 Será visto que o significado e a função de uma única palavra só podem ser explicados em relação à proposição completa, que deve ser assumida como conhecida.

fornece o material para sujeitos e predicados, os membros constituintes de uma proposição.

A Ontologia, ou a Ciência do *Ens quatenus Ens* ["ente enquanto ente"], ocupa um lugar importante no programa científico de Aristóteles, geralmente com o título de Filosofia Primeira, às vezes Teologia, embora nunca (em suas obras) com o título mais moderno de *Metafísica*. Ele a descreve como a ciência universal e abrangente, à qual todas as outras ciências estão relacionadas como partes ou frações. A Ontologia lida com o *Ens* [ente] em seu sentido mais amplo, como algo "único", não genérico, mas analógico – distinguindo as variedades derivadas nas quais ele pode ser distribuído e estabelecendo os atributos e acompanhamentos da *essentia* [essência] universalmente, ao passo que outras ciências, como a Geometria, a Astronomia, entre outras, limitam-se a ramos distintos desse todo, cada uma com a própria classe separada de "entia" para estudo especial e exclusivo. Essa é a distinção característica da Ontologia, como Aristóteles a concebe. Ele não a coloca em antítese à fenomenologia, de acordo com a distinção que se tornou corrente entre os metafísicos modernos.

Agora, "ens" (ou "entia"), na doutrina de Aristóteles, não é uma palavra sinônima ou unívoca, mas uma palavra homônima ou equívoca, ou melhor, é algo entre as duas, sendo equívoca, com uma certa qualificação. Embora não seja um *summum genus*, ou seja, não manifeste em todas as suas particularidades uma unidade genérica, tampouco seja divisível em espécies pela adição de diferenciações essenciais bem marcadas, é um agregado analógico, ou um *summum analogon*, compreendendo sob ele muitos subordinados que levam o mesmo nome por estarem todos relacionados de uma forma ou de outra a uma raiz ou fundamento comum, sendo a relação tanto diversa em espécie quanto mais próxima ou mais distante em grau. A palavra "ens" é, portanto, homônima, mas em um sentido qualificado. Embora não seja unívoca, ao mesmo tempo, não é absolutamente equívoca. É multivocal (se é que podemos cunhar tal palavra), tendo muitos significados mantidos juntos por uma relação multifacetada e graduada com um fundamento comum. "Ens" (ou "entia"), nesse sentido mais amplo, é o tema da Ontologia ou Filosofia Primeira, e é analisado por Aristóteles em quatro aspectos principais diferentes.

Esses quatro são os principais aspectos sob os quais Aristóteles analisa o agregado compreendido pela palavra "equívoca" ou multivocal "entia". Em todos os quatro ramos, as variedades compreendidas não são espécies sob um gênero comum, correlacionando-se, seja como coordenadas ou subordinadas, umas às outras, elas são analógicas, todas tendo relação com um termo comum, mas não tendo nenhuma outra relação necessária entre si. Aristóteles não quer dizer que esses quatro modos de distribuir esse vasto agregado sejam os únicos possíveis, pois ele mesmo às vezes faz alusão a outros modos de distribuição. Ele também não sustentaria que as quatro distribuições fossem completamente distintas umas das outras, de modo que as mesmas frações subordinadas não estivessem compreendidas em nenhuma das duas, mas, pelo contrário, os ramos se sobrepõem uns aos outros e coincidem em grande medida, especialmente o primeiro e o quarto. Mas ele considera os quatro como discriminando certos aspectos distintos de "entia" ou "entitas" [entidade], mais importantes do que quaisquer outros aspectos que possam ser apontados, e como fornecendo, assim, a melhor base e início para a ciência chamada Ontologia.

Dessas quatro cabeças, no entanto, a primeira e a segunda são rapidamente descartadas por Aristóteles na *Metafísica*, sendo concebidas como tendo pouca referência à essência real e, portanto, pertencendo mais à Lógica do que à Ontologia, isto é, aos processos subjetivos de nomear, predicar, acreditar e inferir, em vez de ao mundo objetivo dos perceptíveis e cogitáveis. São a 62ª e a 4ª que são tratadas na *Metafísica*, ao passo que é apenas a 4ª ("ens", de acordo com as dez figuras das categorias) que é apresentada e elucidada no primeiro tratado do *Órganon*, em que Aristóteles parece misturar Lógica e Ontologia em uma só.

Desse caráter misto, parcialmente lógico, parcialmente ontológico, é a primeira distinção estabelecida na obra intitulada *Categorias* – a distinção entre assuntos predicados de um sujeito e assuntos que estão em um sujeito – o próprio sujeito sendo assumido como o fundamento correlativo a ambos. A definição dada daquilo que está em um sujeito é ontológica: "Em um sujeito, eu chamo aquilo que está em qualquer coisa, não como uma parte, mas de modo que não pode existir separadamente daquilo em que está". Por essas duas características negativas, sem qualquer marca positiva, Aristóteles define o que significa estar em um sujeito. Os lógicos modernos, e Hobbes entre eles, não conseguem encontrar uma definição melhor para um acidente, embora Hobbes observe verdadeiramente que o acidente não pode ser definido corretamente, mas deve ser elucidado por exemplos.

A distinção aqui feita por Aristóteles entre ser predicado de um sujeito e ser em um sujeito coincide com a distinção entre predicação essencial e não essencial, uma vez que todos os predicados (incluindo os diferenciais) que pertencem à essência se enquadram na primeira divisão. Todos aqueles que não pertencem à essência se enquadram na segunda. Os sujeitos – que Aristóteles chama de primeiras essências ou substâncias, aquelas que são essências ou substâncias no sentido mais completo e estrito da palavra – são coisas ou pessoas individuais concretas, como Sócrates, este homem, aquele cavalo ou árvore. Elas nunca são empregadas como predicados (exceto por uma estrutura distorcida e antinatural da proposição, que Aristóteles indica como possível, mas se recusa a levar em conta). Elas são sempre sujeitos de diferentes predicados, e são, em última análise, os sujeitos de todos os predicados. Mas, além dessas primeiras essências, há também as segundas essências – espécie e gênero, que se relacionam com a primeira essência na relação dos predicados com um sujeito, e com as outras categorias na relação dos sujeitos com os predicados. Essas segundas essências são menos essências do que a primeira, que é a única essência no sentido mais completo e apropriado. Entre as segundas essências, a espécie é mais uma essência do que o gênero, porque pertence mais próxima e especialmente à primeira essência, ao passo que o gênero está mais distante dela. Aristóteles reconhece, assim, uma gradação de mais ou menos na essência. O indivíduo é mais essência, ou mais completo como essência, do que a espécie, a espécie mais do que o gênero. Assim como ele reconhece uma primeira essência, ou seja, um objeto individual (como Sócrates, este cavalo etc.), ele também reconhece um acidente individual (esta cor branca em particular, aquele conhecimento gramatical em particular) que está em um sujeito, mas não é predicado de um sujeito. Esta cor branca em particular existe em algum corpo dado, mas não é predicável de nenhum corpo.

Com relação à distinção lógica, que Aristóteles coloca no início de seu tratado sobre as categorias – entre predicados que são afirmados de um sujeito, e predicados que estão em um sujeito – podemos observar que ela se baseia totalmente no nome pelo qual você descreve o predicado. Assim, ele nos diz que a espécie e o gênero (homem, animal), e a diferença (racional), podem ser predicados de Sócrates, mas não estão em Sócrates, ao passo que o conhecimento está em Sócrates, mas não pode ser predicado de Sócrates, e pode ser predicado da Gramática, mas não está na Gramática. Mas se olharmos para essa comparação, veremos que, no último exemplo mencionado, o predicado é descrito por uma palavra abstrata (conhecimento), ao passo que nos exemplos anteriores ele é descrito por uma palavra concreta (homem, animal, racional). Se, no lugar dessas três últimas palavras, substituirmos as palavras abstratas correspondentes a elas – humanidade, animalidade, racionalidade –, teremos de dizer que elas estão em Sócrates, embora não possam (em sua forma abstrata) ser predicadas de Sócrates, mas apenas na forma de seus parônimos concretos, que Aristóteles trata como uma predicação distinta. Assim, se, em vez da palavra abstrata "conhecimento", empregarmos a palavra concreta "saber" ou o termo "sábio", não poderemos mais dizer que isso está em Sócrates e que pode ser predicado da Gramática. Somente o abstrato pode ser predicado do abstrato, e somente o concreto pode ser predicado do concreto. Se descrevermos a relação entre o abstrato e o concreto, devemos dizer que o abstrato está no concreto – o concreto contém ou incorpora o abstrato. De fato, encontramos Aristóteles referindo o mesmo predicado, quando descrito pelo nome "abstrato", a uma categoria, e quando descrito pelo adjetivo parônimo "concreto", a outra e diferente categoria. Os nomes "concreto" e "abstrato" não faziam parte do vocabulário filosófico de sua época. Nessa passagem de *Categorias* ele estabelece uma distinção entre predicados essenciais e predicados não essenciais. Os últimos ele declara estar no sujeito, os primeiros não estar nele, mas serem coeficientes de sua essência. Mas veremos que ele não adere a essa distinção nem mesmo ao longo do presente tratado, muito menos em outras obras. Parece ser um ponto de diferença entre *Categorias*, de um lado, e os tratados *Física* e *Metafísica*, de outro, que nas *Categorias* ele está mais disposto a fundar supostas distinções reais na etiqueta verbal e na aderência precisa à estrutura sintática de uma proposição.

Por fim, Aristóteles faz aqui uma observação importante a respeito dos predicados que ele descreve como (não em um sujeito, mas) afirmados ou negados de um sujeito – ou seja, os predicados essenciais. Nesses (diz ele), qualquer predicado que possa ser verdadeiramente afirmado ou negado do predicado, o mesmo pode ser verdadeiramente afirmado ou negado do Sujeito. Essa observação merece ser notada, porque é, de fato, um anúncio breve, mas distinto, de sua principal teoria do silogismo, teoria segundo a qual ele posteriormente expande na *Analíticos anteriores* e traça suas variedades e ramificações.

Após essas preliminares, Aristóteles procede à enumeração de suas dez categorias ou predicamentos. Sob uma ou outra delas, todo sujeito ou predicado, considerado capaz de entrar em uma proposição, deve pertencer: 1. essência ou substância, por exemplo, homem, cavalo; 2. quantidade, por exemplo, dois côvados de comprimento, três côvados de comprimento; 3. tipo ou qualidade, por exemplo, branco, erudito; 4. *ad aliquid* – para algo ou relação, como, duplo, metade, maior do que; 5. lugar, por exemplo, na praça do mercado, no Liceu; 6. tempo, por exemplo, ontem, ano passado; 7. Postura, isto é, em que postura, por exemplo, ele se levanta, ele está sentado; 8. estado, por exemplo, estar descalço, estar armado; 9. ação ou atividade, por exemplo, ele está cortando, ele está virando; 10. paixão ou passividade, por exemplo, ele está sendo cortado, ele está sendo queimado.

O vocábulo "ens" "em seu estado completo – concreto, individual, determinado – inclui uma incorporação de todas essas dez categorias. O primeiro "ens" sendo o sujeito do qual os demais são predicados. Qualquer que seja a pergunta feita a respeito de qualquer sujeito individual, a informação dada na resposta deve se enquadrar, de acordo com Aristóteles, em uma ou mais dessas dez categorias gerais, ao passo que o conjunto completo do indivíduo compreenderá algum predicado em cada uma delas. Além disso, cada um dos dez é um generalíssimo, tendo mais ou menos espécies contidas nele, mas não estando ele próprio contido em nenhum gênero maior (o "ens" não é um gênero). Assim, Aristóteles não tenta definir ou descrever qualquer um dos dez, porque sua única maneira de explicar é citando dois ou três exemplos ilustrativos de cada um. Alguns dos dez são até de extensão mais ampla do que a *summa genera*. Assim, a qualidade não pode ser considerada um verdadeiro gênero, compreendendo genericamente todos os casos que se enquadram nele. É um *summum analogon*, que vai além da compreensão de um gênero, um nome análogo ou multivocal, aplicado a muitos casos vagamente e remotamente semelhantes entre si. E, novamente, o mesmo predicado particular pode ser classificado tanto em qualidade quanto em relação, ou seja, não precisa pertencer exclusivamente a nenhuma delas. Além disso, "bom", como "ens" ou "unum", é comum a todas as categorias, mas é representado de forma diferente em cada uma.

Aristóteles comenta longamente sobre as quatro primeiras das dez categorias: 1. essência ou substância; 2. quantidade; 3. qualidade; 4. relação. Quanto aos seis últimos tipos, ele fala pouco sobre qualquer um deles, e sobre alguns, nada.

Sua partição decupla de "entia" ou enunciado é baseada inteiramente em um princípio lógico. Ele os considera em sua relação com as proposições, e suas dez classes discriminam a relação que eles mantêm entre si como partes ou elementos constituintes de uma proposição. Aristóteles se baseia não em qualquer resultado de pesquisa científica, mas sim na fala comum e na dialética, frequente em sua época, que debatia assuntos da vida e da conversa comuns, sobre opiniões recebidas e correntes. Podemos presumir que ele estudou e comparou uma variedade de proposições correntes, de modo a descobrir quais eram as diferentes relações em que os sujeitos e predicados se posicionavam ou poderiam se posicionar uns com os outros, bem como as várias perguntas que poderiam ser feitas a respeito de qualquer assunto, com as respostas adequadas a serem retornadas.

Aristóteles classifica como sua primeira e fundamental categoria a SUBSTÂNCIA ou ESSÊNCIA – a palavra substantiva abstrata correspondente a "Tò ὄv", que é o vasto agregado, não genericamente um, mas apenas analogicamente um, destinado a ser distribuído entre as dez categorias como *summa genera*. O primeiro "ens" ou primeira essência – aquilo que é "ens" no sentido mais pleno – é a pessoa ou coisa concreta individual na natureza, isto é, Sócrates, Bucéfalo, este homem, aquele cavalo, aquele carvalho etc. Esse primeiro "ens" é indispensável como sujeito ou substrato para todas as outras categorias, e mesmo para a predicação em geral. Ele é apenas um sujeito, nunca aparece como um predicado de qualquer outra coisa. Como *hic aliquis* [alguém aqui] ou *hoc aliquid* [isso é algo], ele está na base (expressa ou implícita) de todo o trabalho de predicação. É "ens" ou essência acima de tudo, por excelência, e é tão absolutamente indispensável que, se toda a primeira essência fosse supostamente removida, tampouco a segunda essência nem qualquer uma das outras categorias poderia existir.

A espécie é reconhecida por Aristóteles como um segundo ente ou essência, no qual residem essas primeiras essências. Ela é menos (tem menos completamente o caráter) de essência do que a primeira, para a qual serve como predicado. O gênero é (estritamente falando) uma terceira essência, na qual tanto a primeira quanto a segunda essência estão incluídas, está mais distante do que a espécie da primeira essência e, portanto, tem ainda menos do caráter de essência. Ela é um predicado tanto para a primeira quanto para a segunda essência. Embora a primeira essência seja mais essência do que a segunda, e a segunda mais do que a terceira, todas as variedades da primeira essência estão, nesse aspecto, em pé de igualdade umas com as outras. Este homem, este cavalo, aquela árvore etc., são todos essência, igualmente e da mesma forma. A primeira essência admite muita variedade, mas não admite graduação ou graus de mais ou menos.

Nada mais, exceto os gêneros e as espécies, pode ser chamado de segunda essência ou pertencer à essência de categoria, pois somente eles declaram o que é a primeira essência. Se lhe perguntarem a respeito de Sócrates: "O que ele é?", e se você responder afirmando a espécie ou o gênero ao qual ele pertence – que ele é um homem ou um animal – sua resposta será adequada à pergunta, inclusive será mais bem compreendida se você afirmar a espécie do que se afirmar o gênero. Mas se você responder afirmando o que pertence a qualquer uma das outras categorias (por exemplo, que ele é branco, que ele está correndo), sua resposta será inadequada e estranha à pergunta, porque ela não declarará o que Sócrates é. Assim, nenhuma dessas outras categorias pode ser chamada de essência. Todas elas se classificam como predicados tanto da primeira quanto da segunda essência, assim como as segundas essências se classificam como predicados das primeiras essências.

A essência ou substância não está em um sujeito, tampouco a primeira nem a segunda essência. A primeira essência não está em um sujeito nem é predicada de um sujeito; as segundas essências não estão na primeira, mas são predicadas da primeira. Tanto a segunda essência quanto a definição da palavra que a descreve podem ser predicadas da primeira, isto é, a predicação é sinônima ou unívoca, ao passo que, daquilo que está em um sujeito, o nome pode ser predicado com frequência, mas nunca a definição do nome. O que é verdade para a segunda essência, também é verdade para o diferencial, que não está em um sujeito, mas que pode ser predicada univocamente de um sujeito – não apenas seu nome, mas também a definição de seu nome.

Toda essência ou substância parece significar *hoc aliquid unum numero* [a classificação de uma coisa]. A primeira essência realmente significa isso, mas a segunda essência não significa isso de fato, pois ela apenas parece significar isso, porque é enunciada por um nome substantivo, como a primeira. Ela significa realmente *tale aliquid* [algo semelhante], respondendo à pergunta *quale quid?* [que tipo de coisa], pois é dito não apenas de uma coisa numericamente, mas de muitas coisas, cada uma numericamente uma. Entretanto, uma distinção deve ser feita. A segunda essência não significa (como o acidente, como o branco) *tale aliquid* simples e absolutamente, ou isso e nada mais. Ela significa *talem aliquam essentiam* [alguns desses essenciais], ela declara o que é a essência, ou marca a característica de várias primeiras essências, cada uma específica. O gênero assinala um número maior de tais coisas do que a espécie.

Novamente, as essências não têm contrários. Mas isso não é peculiar às essências, pois as quantidades também não têm contrários. Não há nada contrário a dez, ou àquilo que tem dois cúbitos de comprimento.

Tampouco qualquer uma das variedades da primeira essência é mais ou menos essência do que qualquer outra variedade. Um homem individual é tão essência quanto um cavalo individual, nem mais, nem menos. Ele também não é mais homem em um determinado momento do que em outro, embora possa se tornar mais ou menos branco, mais ou menos bonito.

Mas o que é mais peculiar à essência é o fato de que, embora permaneça *unum et idem numero* [um e o mesmo número], ela é capaz, por mudança em si mesma, de receber alternadamente acidentes contrários. Isso não é verdade em nenhuma outra categoria. Por exemplo, essa cor em particular, sendo uma e a mesma em número, nunca será agora preta e, depois, branca, pois essa ação em particular, sendo uma e a mesma em número, não será em um momento virtuosa, e em outro momento, viciosa. O mesmo é verdadeiro com relação a todas as outras categorias. Mas um mesmo homem será agora branco, quente, virtuoso; em outro momento, ele será negro, frio, vicioso. Um opositor pode dizer que isso é verdade, não apenas da essência, mas também do discurso e da opinião, porque cada um dos quais (ele insistirá) permanece *unum numero*, mas é, no entanto, recipiente de atributos contrários, pois a proposição ou asserção "Sócrates está sentado" pode agora ser verdadeira e pode em breve tornar-se falsa. Mas esse caso é diferente, porque não há mudança na proposição em si, mas na pessoa ou coisa à qual a proposição se refere, ao passo que um e o mesmo homem, por novas afecções em si mesmo, é agora saudável, depois doente; agora quente, depois frio.

Aqui Aristóteles conclui sua primeira categoria ou predicamento – essência ou substância. Ele prossegue para as outras nove e classifica a QUANTIDADE em primeiro lugar entre elas. O *quantum* é contínuo ou discreto, consiste em partes que têm posição em relação umas às outras ou em partes que não têm posição em relação umas às outras. As quantidades discretas são o número e a fala; as quantidades contínuas são a linha, a superfície, o corpo e, além desses, o tempo e o lugar. As partes do número não têm posição em relação umas às outras; as partes da linha, superfície e corpo têm posição em relação umas às outras. Essas são chamadas de quantidade, primariamente; outras coisas são chamadas de quantidade de forma secundária. Assim, dizemos muito branco, quando a superfície do branco é grande; dizemos que a ação é longa, porque muito tempo e movimento foram consumidos nela. Se nos perguntarem qual é a duração da ação, devemos responder especificando sua duração no tempo – um ano ou um mês.

Não há nada contrário ao *quantum* (quanto à essência ou substância). Não há nada contrário a um comprimento de três cúbitos ou a uma área de quatro pés quadrados. Grande, pequeno, longo, curto são mais propriamente termos de relação do que termos de quantidade. Portanto, pertencem a outra categoria. O *quantum* também nunca é mais ou menos *quantum*, porque ele não admite grau. A quantidade uma jarda não é nem mais nem menos quantidade do que aquela chamada um pé. O que é peculiar à quantidade é ser igual ou desigual, uma vez que as relações de igualdade e desigualdade não são apropriadamente afirmadas de qualquer outra coisa, exceto da quantidade.

Da categoria da quantidade, Aristóteles passa à categoria da RELAÇÃO, que ele discute na sequência imediata após a quantidade e antes da qualidade, provavelmente porque, no decorrer de sua exposição sobre a quantidade, ele foi obrigado a salientar o quanto a quantidade estava intimamente envolvida com a relação e como era essencial que a distinção entre as duas fosse clara.

Relação envolve coisas tais que o que elas são diz-se que são de outras coisas, ou são ditas de alguma outra maneira em relação a outra coisa. Assim, diz-se que aquilo que é maior é maior do que outro; aquilo que é chamado de duplo é chamado também de duplo de outro. Hábito, disposição, percepção, cognição, posição etc., são todos relação. Hábito é o hábito de alguma coisa; percepção e cognição são sempre de alguma coisa; posição é a posição de alguma coisa. A categoria de relação admite contrariedade em alguns casos, mas nem sempre; também admite, em alguns casos, graduação, ou o mais ou menos em grau; as coisas são mais semelhantes ou menos semelhantes umas às outras. Todas as relações são assim designadas em virtude de sua relação com outras relações; o mestre é mestre de um servo – o servo é servo de um mestre. Às vezes, o correlato é mencionado não no caso genitivo, mas em algum outro caso. Assim, cognição é cognição do *cognitum*, mas *cognitum* é *cognitum* por cognição; percepção é percepção do *perceptum*, mas o *perceptum* é *perceptum* por percepção. A correlação, de fato, não aparecerá manifestamente, a menos que o correlato seja designado por seu termo apropriado. Por isso, se a asa for declarada como asa de um pássaro, não há correlação aparente, pois devemos dizer que a asa é asa do alado, e o alado é alado através ou pela asa, uma vez que a asa pertence ao pássaro, não como pássaro, mas como alado, já que há muitas coisas aladas que não são pássaros. Às vezes, não há um termo atual apropriado para o correlato, de modo que temos a necessidade de cunhar um para a ocasião.

O relatado e seu correlato parecem ser *simul naturâ* [da mesma natureza]. Se você suprimir um dos dois, o outro desaparecerá com ele. Aristóteles parece pensar, entretanto, que há muitos casos em que isso não é verdade. Ele diz que não pode haver aprendizagem sem algo que possa ser compreendido, tampouco qualquer percepção sem algo que possa ser perceptível; mas que pode haver aprendizagem sem qualquer compreensão, e percepção sem qualquer significação. Se qualquer essência ou substância pode ser um relato ou não, ele não sabe dizer; ele parece pensar que a segunda essência pode ser, mas que a primeira essência não pode ser. Ele conclui, entretanto, admitindo que a questão é de dúvida e dificuldade.

QUALIDADE é aquilo de acordo com o qual os sujeitos são chamados de tal e tal. No entanto, não se trata de um gênero verdadeiro, mas de uma palavra vaga, com muitos significados distintos, embora análogos, incluindo um conjunto de particularidades não unidas por nenhum laço genérico. As variedades mais familiares são: 1. hábitos ou dotes de caráter duradouro, por exemplo, sábio, justo, virtuoso; 2. condições mais ou menos transitórias, por exemplo, quente, frio, doente, saudável etc.; 3. poderes ou incapacidades naturais, tais como, duro, mole, apto para o boxe, apto para correr etc.; 4. capacidades de causar sensações, como o doce do mel, o quente e o frio do fogo e do gelo. Mas uma pessoa que ocasionalmente cora de vergonha, ou ocasionalmente fica pálida de medo, não recebe a designação de tal ou qual por causa desse fato, porque a emoção ocasional é uma paixão, não uma qualidade.

Uma quinta variedade de qualidade é a figura ou a forma circunscrita, a retidão ou a tortuosidade. Mas denso, raro, áspero, liso não são propriamente variedades de qualidade, pois os objetos não são denominados tais e tais com base nessas circunstâncias. Elas declaram, antes, a posição das partículas de um objeto em relação umas às outras, próximas ou distantes, dispostas de maneira uniforme ou desigual.

A qualidade admite, em alguns casos, mas não em todos, tanto a contrariedade quanto a graduação. O justo é contrário ao injusto, o preto ao branco, mas não há contrário ao vermelho ou ao pálido. Se um dos dois contrários pertencer à qualidade, o outro também pertencerá à qualidade. Com relação à graduação, dificilmente podemos dizer que a qualidade em abstrato é capaz de mais e menos, mas é indiscutível que objetos diferentes têm mais ou menos da mesma qualidade. Uma pessoa é mais justa, saudável e sábia do que outra, embora a justiça ou a saúde em si não possam ser chamadas de mais ou menos. Uma coisa não pode ser mais um triângulo, quadrado ou círculo do que outra, uma vez que o quadrado não é mais um círculo do que algo oblongo, isto é, algo que seja muito mais comprido do que largo.

O que acabou de ser dito não é peculiar à qualidade, mas há uma peculiaridade que precisa ser mencionada. A qualidade é a base da similaridade e da dissimilaridade. Os objetos são chamados de semelhantes ou diferentes em referência às qualidades.

Ao falar sobre qualidade, Aristóteles citou muitas ilustrações do que pode ser relatado. Os hábitos e as disposições, descritos por seus nomes genéricos, são relatados, ao passo que em suas variedades específicas são qualidades. Assim, a cognição é sempre cognição de algo e é, portanto, um relato, mas a *grammatiké* (cognição gramatical) não é *grammatiké* de qualquer coisa e é, portanto, uma qualidade. Já foi sugerido que a mesma variedade pode muito bem pertencer a duas categorias distintas.

Depois de ter se debruçado longamente sobre cada uma das quatro primeiras categorias, Aristóteles passa de leve sobre as seis restantes. No que diz respeito à ação e à paixão ele observa que elas admitem (como a qualidade) tanto a graduação quanto a contrariedade. Já no tocante a estado, ele nos diz que os predicados incluídos nessa categoria são derivados do fato das posições, posições essas que ele havia classificado anteriormente entre os relacionados. No que diz respeito à lugar, tempo e hábito, ele considera todos eles tão manifestos e inteligíveis que não dirá nada sobre eles; ele repete as ilustrações dadas anteriormente – hábito, como, ser calçado, ou ser armado (ter sapatos ou armas); lugar, como, no Liceu; tempo, como, ontem, no ano passado.

***

Nenhuma parte da doutrina aristotélica foi mais incorporada à tradição lógica ou suscitou uma quantidade maior de comentários e discussões do que essas dez categorias ou predicamentos. Esforcei-me para fazer a exposição o mais próximo possível das palavras e das ilustrações de Aristóteles, porque em muitos dos comentários são introduzidos novos pontos de vista, às vezes mais justos do que os de Aristóteles, mas não presentes em sua mente. Os lógicos modernos juntam as categorias lado a lado com os cinco predicamentos, que são explicados no *Isagoge*, de autoria do filósofo grego Porfírio, mais de cinco séculos após a morte de Aristóteles. Como expositores da *Lógica*, eles estão certos ao fazer isso, mas meu objetivo é ilustrar os pontos de vista de Aristóteles. A mente de Aristóteles não estava totalmente isenta daquele fascínio que determinados números exerciam sobre os pitagóricos e, depois deles, sobre Platão. Ao número dez, os pitagóricos atribuíam virtude e perfeição peculiares. As contrárias fundamentais, que eles estabeleceram como os princípios do Universo, eram em número de dez. Depois deles, também, Platão levou seus números ideais até o dekado, mas não mais longe. O fato de Aristóteles considerar dez o número adequado para uma lista completa de cabeças gerais – que ele estava satisfeito em fazer a lista de dez e não buscava nada além disso – pode ser inferido da maneira diferente como ele lida com os diferentes itens. Pelo menos, esse era seu ponto de vista quando compôs esse tratado. Embora ele reconheça todas as dez categorias como coordenadas, na medida em que (exceto qualidade) cada uma é um gênero distinto, não redutível a nenhuma das outras, ele dedica toda a sua atenção às quatro primeiras e dá explicações (copiosas para ele) a respeito delas. Sobre o quinto e o sexto (ação e paixão) ele fala um pouco, embora muito menos do que deveríamos esperar, considerando sua extensão e importância. Sobre os quatro últimos, quase nada aparece. Há até passagens em seus escritos em que ele parece abandonar qualquer menção aos dois últimos (estado e hábito) e reconhecer não mais do que oito predicamentos. No tratado *Categorias*, em que sua atenção está voltada para os termos e o significado deles, e para a maneira apropriada de combinar esses termos em proposições, ele recita os dez seriamente, mas em outros tratados, em que suas observações se referem mais à matéria e menos aos termos pelos quais ela é significada, ele se considera autorizado a deixar de fora os dois ou três cujas aplicações estão mais confinadas a assuntos especiais. Se ele tivesse pensado em elevar o número total de predicamentos para doze ou quinze, em vez de dez, provavelmente teria tido pouca dificuldade em encontrar algumas outras cabeças gerais que não tivessem menos direito à admissão do que estado e hábito; ao contrário, como ele mesmo permite, mesmo em relação às categorias principais, que os particulares compreendidos em uma delas também podem ser compreendidos em outra, e que não há necessidade de supor que cada particular seja restrito a uma categoria exclusivamente.

Essas observações servem, em parte, para responder às dificuldades apontadas pelos comentaristas com relação às dez categorias. Desde o século imediatamente posterior ao de Aristóteles até os tempos mais recentes, a seguinte pergunta sempre foi feita: por que Aristóteles fixou dez categorias em vez de qualquer outro número? E por que essas dez em vez de outras? E os comentaristas antigos, assim como os modernos, têm insistido que a classificação é, ao mesmo tempo, defeituosa e redundante, deixando de fora algumas particularidades, enquanto enumera outras duas ou mais de duas vezes. (Essa última acusação é, no entanto, admitida pelo próprio Aristóteles, que não considera motivo de objeção o fato de que a mesma particularidade possa, às vezes, ser classificada sob duas cabeças distintas). As respostas às perguntas e as tentativas de mostrar a causa para a seleção dessas dez classes não foram satisfatórias, embora seja certo que o próprio Aristóteles trata a classificação como se fosse real e exaustiva, obtida pela comparação de muitas proposições e extraindo delas uma indução. Ele tenta determinar, em relação a algumas perguntas particulares, em qual dos dez gêneros da *summa* o assunto da pergunta deve ser classificado; ele indica alguns predicados de extrema generalidade (*unum, bonum* etc.), que se estendem por todas ou várias categorias, como equívocos ou análogos, não representando verdadeiros gêneros. Mas, embora Aristóteles tenha essa visão da completude de sua classificação, ele nunca atribui os fundamentos dela, e somos deixados para deduzi-los da melhor maneira que pudermos.

Não podemos presumir com segurança, creio eu, que ele tenha seguido algum princípio ou sistema dedutivo, pois, se o tivesse feito, provavelmente o teria indicado. A indicação decupla de títulos gerais surgiu antes da comparação de proposições e da indução baseada nelas. Em cada um desses dez cabeçalhos, um predicado ou outro pode sempre ser aplicado a cada objeto individual concreto, como um homem ou um animal. Aristóteles procedeu comparando uma variedade de proposições, como as que eram empregadas no discurso comum ou na dialética, e dividindo os diferentes predicados em gêneros, de acordo com sua relação lógica diferente com o sujeito. A análise aplicada não é metafísica, mas lógica; ela não resolve o indivíduo real em princípios metafísicos, como forma e matéria, ela aceita o indivíduo como ele é, com toda a sua complexa gama de predicados incorporados em uma proposição, e analisa essa proposição em seus constituintes lógicos. Os predicados derivam sua existência do fato de estarem ligados ao primeiro sujeito, e têm um modo diferente de existência de acordo com a diferença de sua relação com o primeiro sujeito. O que é esse indivíduo, Sócrates? Ele é um animal. Qual é a espécie dele? O homem. O que é a diferença, que limita o gênero e constitui a espécie? Racionalidade, a postura de bipedestação. Qual é sua altura e volume? Ele tem um metro e oitenta de altura e pesa 90 quilos. Que tipo de homem ele é? Tem o nariz achatado, é virtuoso, paciente e corajoso. Em que relação ele se encontra com os outros? Ele é pai, proprietário, cidadão, general. O que ele está fazendo? Está cavando seu jardim, arando seu campo. O que está sendo feito com ele? Ele está sendo esfregado com óleo, está tendo seu cabelo cortado. Onde ele está? Na cidade, em casa, na cama. Quando você fala dele? Como ele está, neste momento, como ele estava, ontem, no ano passado. Em que postura ele está? Ele está deitado, sentado, em pé, ajoelhado, equilibrando-se em uma perna só. O que ele está vestindo? Ele tem uma túnica, uma armadura, sapatos e luvas.

Limitando-nos (como já observei que Aristóteles faz no tratado intitulado *Categorias*) àqueles assuntos perceptíveis ou físicos que todos admitem, e mantendo-nos afastados de entidades metafísicas, veremos que, com relação a qualquer um desses assuntos, as nove questões aqui colocadas podem ser todas colocadas e respondidas; que as duas últimas são mais prováveis de serem colocadas com relação a algum ser vivo; e que a última raramente pode ser colocada com relação a qualquer outro assunto, exceto uma pessoa (incluindo homem, mulher ou criança). Toda pessoa individual se enquadra necessariamente em cada uma das dez categorias, isto é, pertence ao gênero animal, espécie homem; tem certa altura e volume; tem certas qualidades; está em certas relações com outras pessoas ou coisas; está fazendo algo e sofrendo algo; está em um determinado lugar; deve ser descrita com referência a um determinado momento; está em uma determinada atitude ou postura; está vestida ou equipada de uma determinada maneira. Informações de algum tipo sempre podem ser fornecidas a respeito dele sob cada um desses aspectos, uma vez que ele é sempre necessariamente quantidade, mas nem sempre de uma quantidade específica. Até que essa informação seja fornecida, o indivíduo concreto não é conhecido sob condições completamente determinadas. Além disso, cada cabeça é separada e independente, não podendo ser resolvida em nenhuma das demais, com uma reserva, que será notada em breve, de relação em seu significado mais abrangente. Quando eu digo de um homem que ele está em casa, deitado, vestido com uma túnica etc., eu não atribuo a ele qualquer qualidade, ação ou paixão. A informação que forneço pertence a três outras categorias distintas dessas últimas, e distintas também entre si. Se você suprimir as duas últimas das dez categorias e deixar apenas as oito anteriores, sob quais dessas oito você deve classificar os predicados, Sócrates está deitado, Sócrates está vestido com uma túnica etc.? A necessidade de admitir a nona e a décima categorias (estado e hábito) como cabeças gerais separadas na lista é tão grande quanto a necessidade de admitir a maioria das categorias que as precedem. A nona e a décima são de abrangência mais restrita e incluem um número menor de variedades distinguíveis do que as anteriores, mas nem por isso são menos cabeças separadas de informação. Assim, entre os elementos químicos enumerados pela ciência moderna, alguns são muito raramente encontrados, mas nem por isso têm menos direito a um lugar na lista.

    Se buscarmos não apreciar o valor das dez categorias como uma classificação filosófica, mas entender o que estava na mente de Aristóteles quando ele a elaborou, devemos prestar atenção não tanto às características maiores que ela apresenta em comum com qualquer outro esquema de classificação quanto às características menores que constituem sua peculiaridade. Nesse ponto de vista, as duas últimas categorias são mais significativas do que as quatro primeiras, e a décima é a mais significativa de todas, pois todos ficam surpresos quando encontram o hábito inscrito como um décimo gênero supremo, coordenado com quantidade e qualidade. Agora, o que é notável sobre a nona e a décima categorias é que pessoas individuais ou animais são os únicos sujeitos a respeito dos quais eles são sempre predicados, e são, ao mesmo tempo, sujeitos a respeito dos quais eles são constantemente (ou pelo menos frequentemente) predicados. Uma pessoa individual está habitualmente vestida de alguma forma particular em todo ou parte de seu corpo; ela (e talvez seu cavalo também) são os únicos sujeitos que estão sempre vestidos dessa forma. Além disso, os animais são os únicos sujeitos e, entre eles, o homem é o principal sujeito, cujas mudanças de postura são frequentes, variadas, determinadas por impulsos internos e, ao mesmo tempo, interessantes para os outros conhecerem. Por isso, podemos inferir que, quando Aristóteles estabelece as dez categorias, como gênero supremo para todas as predicações que podem ser feitas sobre qualquer assunto, o assunto que ele tem totalmente, ou pelo menos principalmente, em sua mente é um homem individual. Entendemos, então, como é que ele declara que hábito e estado são tão claros que não precisam de mais explicações. Qual é a postura de um homem? Quais são suas roupas ou equipamentos? São questões compreendidas por todos. Mas quando Aristóteles trata de hábito em outro lugar, ele está longe de reconhecê-lo como estreito e simples. Mesmo nos pós-predicamentos (um apêndice anexado ao *Categorias*, seja por ele mesmo depois ou por algum seguidor), ele declara que hábito é um predicado de significado vago e equívoco, incluindo partes de qualidade, quantidade e relação. E ele especifica o equipamento pessoal de um indivíduo como apenas uma entre essas muitas variedades de significação. Ele adota o mesmo ponto de vista no quarto livro da *Metafísica*, cujo livro é uma espécie de léxico de termos filosóficos. Essa ampliação do significado da palavra "hábito" parece indicar uma alteração do ponto de vista de Aristóteles, deixando de lado aquela referência especial a um homem individual como sujeito, que estava presente para ele quando elaborou a lista das dez categorias. A alteração semelhante o levou ainda mais longe, de modo a omitir a nona e a décima quase inteiramente, quando ele discute os tópicos mais extensos da filosofia. Alguns de seus seguidores, ao contrário, em vez de omitir hábito da lista de categorias, tentaram obter reconhecimento para ele no sentido mais amplo que ele tem na Metafísica. Arquitas classificou-o em quinto lugar na série, imediatamente após relação.

A maneira restrita como Aristóteles concebe o predicamento hábito no tratado *Categorias*, e o sentido ampliado dado a esse termo tanto no Pós-predicamentos quanto no *Metafísica*, levam a uma suspeita de que o *Categorias,* é comparativamente mais antigo, em termos de data, entre suas composições. Parece mais provável que ele tenha começado com a visão mais restrita e passado daí para a mais ampla, em vez de vice-versa. Provavelmente, os predicados especialmente aplicáveis ao homem estariam entre suas primeiras concepções, mas seriam tacitamente abandonados pelo pensamento posterior, de modo a reter apenas aqueles que tivessem uma aplicação filosófica mais ampla.

Já observei que Aristóteles, enquanto inscrevia todos os dez predicamentos como cabeças independentes, cada um deles o generalíssimo de uma linha descendente separada de predicados, admitia ao mesmo tempo que vários predicados não pertenciam necessariamente a uma dessas linhas exclusivamente, mas poderiam ter posição em mais de uma linha. Há alguns que ele enumera sob todos os diferentes títulos de qualidade, relação, ação, paixão. A classificação é evidentemente reconhecida como aquela à qual podemos aplicar uma observação que ele faz especialmente em relação à qualidade e à relação, sob ambas as cabeças (diz ele) os mesmos predicados podem às vezes, ser contados. E a observação é muito mais extensivamente verdadeira do que ele estava ciente, pois ele tanto concebe como define a categoria de relação ou relatividade de uma forma muito mais estreita do que realmente pertence a ela. Se ele tivesse atribuído a essa categoria sua compreensão plena e verdadeira, ele a teria encontrado envolvida com todas as outras nove. Nenhuma delas pode ser isolada dela em sua predicação.

O fato de ação e paixão (com as ilustrações que ele mesmo dá) poderem ser classificados como variedades sob a categoria genérica de relação ou relatividade dificilmente pode ser ignorado. O mesmo é visto como verdadeiro em relação a lugar e tempo, quando nos referimos a qualquer um dos predicados pertencentes a qualquer um deles, por exemplo, no mercado, ontem. Além disso, não apenas as últimas seis das dez categorias, mas também a segunda e a quarta (quantidade e qualidade) estão implicadas e subordinadas à relação. Se olharmos para a quantidade, descobriremos que o exemplo que Aristóteles dá dessa categoria é tricubital, ou três cúbitos de comprimento; um termo tão claramente relativo quanto o termo "duplo", que ele depois produz como exemplo da categoria relação. Quando nos fazem a pergunta "quanto é a altura?" não podemos dar a informação requerida a não ser por um predicado relativo – são três pés, são quatro acres; assim, levamos a mente do questionador de volta a alguma unidade de comprimento ou superfície já conhecida por ele, e transmitimos nosso significado por comparação com essa unidade. Novamente, se passarmos da quantidade para a qualidade, encontraremos a mesma relatividade implícita em todos os predicados pelos quais a resposta é dada à "Que tipo de homem é ele?". Ele é como A, B, C – pessoas que vimos, ouvimos ou lemos.

Assim, vemos que todos os predicados, não apenas sob a categoria que Aristóteles denomina relação, mas também sob todas as últimas nove categorias, são relativos. De fato, o trabalho de predicação é sempre relativo. O propósito expresso, bem como a utilidade prática, de um predicado significativo é levar a mente do ouvinte a uma comparação ou a uma noção geral que é o resultado de comparações passadas. Embora cada predicado conote uma relação, cada um conota um certo fundamento, além disso, que dá à relação seu caráter peculiar. As relações de quantidade não são as mesmas que as relações de qualidade; os predicados da primeira conotam um fundamento diferente dos predicados da segunda, embora em ambas o significado transmitido seja relativo. De fato, todo predicado ou nome geral concreto é relativo, ou conota uma relação com outra coisa, real ou potencial, além da coisa nomeada. O único nome que não é relativo é o nome próprio, que não conota nenhum atributo e não pode ser usado adequadamente como um predicado (como observa Aristóteles), mas apenas como um sujeito. Sócrates, Cálias, Bucéfalo, denota o *hoc aliquid* [algo determinado] ou algo específico, que, quando pronunciado sozinho, indica algum agregado concreto (ainda desconhecido) que pode se manifestar aos meus sentidos, mas não envolve, no que diz respeito ao nome, referência necessária a qualquer coisa, além disso; embora até esses nomes, quando um e o mesmo nome continua a ser aplicado ao mesmo objeto, possam ser considerados conotação de uma continuidade real ou suposta de existência passada ou futura, e tornam-se, assim, até certo ponto, relativos.

Devemos observar que aquilo que o nome próprio denota é um indivíduo concreto, com seus atributos essenciais e não essenciais, sejam eles quais forem, embora ainda não declarados, e com sua capacidade de receber outros atributos diferentes e até opostos. Isso é o que Aristóteles indica como a característica mais especial da substância ou essência, que, embora seja *unum et idem numero* [tudo é o mesmo], é capaz de receber contrários. Essa potencialidade de contrários, descrita como caracterizando o *unum et idem numero*, é relativa a algo que está por vir, porque a primeira essência é, sem dúvida, logicamente a primeira, mas é tão relativa à segunda quanto a segunda à primeira. Nós a conhecemos apenas por duas negações e uma afirmação, todas elas relativas a predicações no futuro. Ele não está em um sujeito, tampouco é predicável de um sujeito. Ele é o próprio sujeito final de todas as predicações e todas as heranças. Claramente, portanto, nós o conhecemos apenas em relação a essas predicações e inerências. Aristóteles diz, de fato, que se você tirar as primeiras essências, tudo o mais, tanto as segundas essências quanto os acidentes, desaparecem com elas. Mas ele poderia ter acrescentado, com a mesma verdade, que se você retirar todas as segundas essências e todos os acidentes, as primeiras essências desaparecerão igualmente.

A correlação e a interdependência são recíprocas. Pode ser adequado, com vistas a uma explicação filosófica clara, declarar o sujeito primeiro e os predicados depois, de modo que o sujeito possa ser considerado logicamente primeiro ou original. Mas, na verdade, o sujeito é apenas um substrato para os predicados, tanto quanto os predicados são superestratos sobre o sujeito. O termo "substrato" designa não um absoluto ou um *per se*, mas um correlato para certos superestratos, determinados ou indeterminados. Agora, o correlato é um dos pares implicados direta ou indiretamente em toda relação; e é de fato especificado por Aristóteles como uma variedade da categoria relação (*ad aliquid*). Vemos, portanto, que a ideia de relatividade se liga à primeira das dez categorias, bem como às outras nove. A inferência com base nessas observações é que a relação ou relatividade, entendida no sentido amplo que realmente lhe pertence, deve ser considerada antes como um universal, compreendendo e permeando todas as categorias, do que como uma categoria separada em si mesma, coordenada com as outras nove. É a condição e a característica do trabalho de predicação em geral, cuja última análise é em sujeito e predicado, em implicação recíproca um com o outro. Observo que essa foi a visão adotada por alguns comentaristas peripatéticos bem conhecidos da Antiguidade, por Andrônico, por exemplo, e por Amônio depois dele. Platão, embora não faça nenhuma tentativa de elaborar uma lista de categorias, tem uma passagem incidental a respeito da relatividade, concebendo-a em um sentido muito amplo, aparentemente como pertencente mais ou menos a todos os predicados. Aristóteles, embora seu tratado *Categorias* dê uma explicação mais restrita dela, baseada em considerações gramaticais e não reais, ainda assim insinua em outros lugares que os predicados classificados sob os títulos de qualidade, ação, paixão, estado etc., também podem ser vistos como pertencentes ao título de relação. Esse último, além disso, ele mesmo declara em outro lugar ser ente no mais baixo grau, mais distante da essência original do que qualquer uma das outras categorias; ser mais na natureza de um apêndice para algumas delas, especialmente para quantidade e qualidade, e pressupor, não apenas a essência original (que todas as nove categorias posteriores pressupõem), mas também uma ou mais das outras, indicando o modo particular de comparação ou relatividade em cada caso afirmado. Assim, sob um aspecto, pode-se dizer que a relação ou relatividade está natureza primordial, e vem em primeiro lugar na ordem antes de todas as categorias, na medida em que está implicada com todo o negócio da predicação (que essas categorias pretendem resolver em seus elementos), e pertence não menos ao modo de conceber o que chamamos de sujeito, do que ao modo de conceber o que chamamos de seus predicados, cada um e todos. Sob outro aspecto, pode-se dizer que a relatividade está em último lugar na ordem entre as categorias – mesmo depois das categorias adverbiais lugar e tempo, porque sua legitimidade é obscura e duvidosa, e porque cada um dos predicados subordinados pertencentes a ela pode ser visto como pertencente a uma ou outra das categorias restantes também. Aristóteles observa que a categoria relação não tem um modo peculiar e definido de geração correspondente a ela, da mesma forma que o aumento e a diminuição pertencem à categoria quantidade, a mudança à qualidade, a geração, simples e absoluta, à essência ou substância. Novas relações podem se tornar predicáveis de uma coisa, sem qualquer mudança na própria coisa, mas simplesmente por mudanças em outras coisas.

Aqueles entre os comentaristas aristotélicos que negaram o título de relação para um lugar entre as categorias ou gênero supremo de predicados, poderiam apoiar seus pontos de vista com base em passagens onde Aristóteles classifica o gênero como um relacionado, embora ele, ao mesmo tempo, declare que as espécies sob ele não são relativas. Assim, ciência é declarada por ele como um relativo, porque deve ser de algo – conhecimento genérico, ao passo que o algo assim implícito não é especificado. Mas música, gramática, medicina etc. são declaradas como não sendo relativos; o algo indeterminado sendo determinado, e ligado em uma palavra com a predicação de relatividade. Agora, a verdade é que ambos são igualmente relativos, embora ambos também pertençam à categoria de qualidade. Um homem é chamado Talis por ser da ciência, bem como por ser linguista. Novamente, ele dá como exemplos ilustrativos da categoria relação os adjetivos "duplo", "triplo". Mas ele classifica em uma categoria diferente (a de quantidade) os adjetivos "bicubital", "tricubital". É evidente que os dois últimos predicados são espécies sob os dois primeiros, e que todos os quatro predicados são igualmente relativos, sob qualquer definição real que possa ser dada de relatividade, embora todos os quatro pertençam também à categoria quantidade. No entanto, Aristóteles não reconhece nenhum predicado como pertencente à relação, exceto aqueles que são lógica e gramaticalmente elípticos, isto é, aqueles que não incluem em si mesmos a especificação do correlato, mas precisam ser suplementados por uma palavra adicional no caso genitivo ou dativo, especificando o último. Como vimos, ele estabelece, em geral, que todos os relativos implicam um correlativo; e ele prescreve que, quando o correlativo for indicado, é preciso tomar cuidado para designá-lo por um termo preciso e específico, não de importância mais ampla do que o relativo, mas especialmente recíproco a ele. Assim, ele considera ala (uma asa) como relação, mas quando você especifica seu correlato para falar com propriedade, você deve descrevê-lo como ala *alati* (não como ala *avis*), para que o correlato possa ser estritamente coextensivo e recíproco com o relativo. Asa, cabeça, mão etc. são, portanto, pertencentes à categoria relação, embora possa não haver nenhuma palavra recebida na língua para expressar seu correlato exato, apesar de você achar necessário cunhar uma nova palavra expressamente para o propósito. Ao especificar o correlato do servo, você deve dizer, servo de um mestre, não servo de um homem ou de um bípede, porque ambos são, nesse caso, acompanhamentos ou acidentes do mestre, sendo ainda acidentes, embora possam estar de fato constantemente unidos. A menos que você diga mestre, os termos não serão recíprocos, mas tire o mestre e o servo não será mais encontrado, embora o homem que foi chamado de servo ainda esteja lá. Se tirar o homem ou o bípede, o servo ainda poderá continuar. Não se pode conhecer o relativo de forma determinada ou precisa, a menos que se conheça também o correlativo. Sem o conhecimento do último, só se pode conhecer o primeiro de forma vaga e indefinida. Aristóteles levanta, também, a questão de se alguma essência ou substância puder ser descrita como relação. Ele se inclina para a negativa, embora não se pronuncie de forma decisiva. Ele parece pensar que Juca e Davus, quando chamados de homens, são essências ou substâncias, mas se eles forem chamados de mestre e escravo, eles não o são, e isso, no entanto, é surpreendente, quando ele tinha acabado de falar da conotação de homem como acidentes pertencentes à conotação de mestre. Ele fala dos membros de um corpo organizado (asa, cabeça, pé) como exemplos de relação, ao passo que em outros tratados ele determina muito claramente que esses membros pressupõem, como uma natureza originária, o organismo completo do qual eles são partes, e que o nome de cada membro conota o desempenho ou a aptidão para desempenhar uma certa função especial. Agora, tal aptidão não pode existir a menos que todo o organismo seja mantido junto em uma situação cooperativa, de modo que se essa última condição estiver faltando os nomes "cabeça", "olho" e "pé" não podem mais ser aplicados aos membros separados, ou pelo menos só podem ser aplicados de forma equivocada, ou metafórica. Parece, portanto, que o funcionamento de algo é aqui a essência, e que todas as suas propriedades materiais são acidentes.

No quarto livro da *Metafísica* Aristóteles dá uma explicação de relação diferente e superior àquela que lemos em *Categorias*, tratando-a não como uma entre muitas categorias distintas, mas como implicada em todas as categorias, e assumindo um caráter diferente de acordo com sua mistura com uma ou outra. Ele também enumera como uma das variedades de relação das categorias, o que parece ir além do limite, ou pelo menos além da denotação direta, pois, tendo especificado, como uma variedade, relação com uma, e, como outra, relação de acordo com a ação e paixão, ele prossegue para uma terceira variedade, como o mensurável com referência à mensura, o conhecível com referência à ciência, o pensável com referência à pensamento; e em relação a essa terceira variedade, ele faz uma bela distinção. Ele diz que mensurar e pensar são relacionados não porque estejam relacionadas a mensurar e a cogitar, mas porque mensurável e cogitável estão relacionadas a elas. Não se pode dizer (ele pensa) que mensura é referível ao mensurável, ou pensamento a cogitar, porque isso seria repetir a mesma palavra duas vezes – *mensura est illius cujus est mensura* – é a medida daquele a quem a medida pertence, ou *cogitatio est illius cujus est cogitatio* – o pensamento é daquele que pensa. Assim, ele considera correlativos mensurar e pensar, e não relacionados, ao passo que mensurável e cogitável são relacionados. Mas, de fato, a distinção não é importante, porque do par relativo pode haver um que seja mais propriamente chamado de correlato; no entanto, ambos são igualmente relativos.

Se compararmos as várias passagens em que Aristóteles cita e aplica as dez categorias (não apenas no tratado sob análise, mas também na *Metafísica*, na *Física* e em outros lugares), veremos que ele não consegue mantê-las separadas de forma constante e constante, e que o mesmo predicado é referido a uma cabeça em um lugar e a outra cabeça em outro. O que aqui é mencionado como pertencente à categoria ação ou paixão será tratado em outro lugar como uma instância de qualidade ou relação. Mesmo o substantivo derivado "hábito" não pertence à categoria hábito, mas às vezes à qualidade, às vezes à relação. Isso é inevitável, pois os predicados assim diferentemente referidos têm, na verdade, vários aspectos diferentes, e podem ser classificados de uma forma ou de outra, de acordo com o aspecto que se toma. Além disso, essa mesma dificuldade de encontrar linhas intransponíveis de demarcação ainda seria sentida, mesmo se as categorias, em vez da lista completa de dez, fossem reduzidas à lista menor das quatro categorias principais – substância, quantidade, qualidade e relação –, uma redução que tem sido recomendada por comentaristas de Aristóteles, bem como por lógicos dos tempos modernos. Mesmo essas quatro não podem ser mantidas claramente separadas, uma vez que os predicados que declaram quantidade ou qualidade devem, ao mesmo tempo, declarar ou implicar relação, ao passo que os predicados que declaram relação devem também implicar o fundamento da quantidade ou da qualidade.

A distinção mais importante, entretanto, que pode ser encontrada entre as categorias é a de essência ou substância de todas as outras. Isso às vezes é anunciado como tendo uma posição *per se*, como não apenas logicamente distinguível, mas também realmente separável das outras nove, se preservarmos a lista aristotélica de dez, ou das outras três, se preferirmos a lista reduzida de quatro. Essa separação real não pode ser mantida. A essência primordial (nos é dito) é indispensável como um sujeito, mas não pode aparecer como predicado, enquanto todo o resto pode e aparece assim. Agora vemos que essa definição é baseada na função desempenhada por cada um deles na predicação e, portanto, pressupõe o fato da predicação, que é em si uma relação. A categoria de relação está assim implícita, ao declarar o que é a primeira essência, juntamente a alguns previsíveis como correlatos, embora ainda não esteja especificado quais são esses previsíveis. Mas, além disso, a distinção feita por Aristóteles entre primeira e segunda essência ou substância abole a linha marcante de separação entre substância e qualidade, fazendo que a primeira se torne a segunda. A distinção reconhece um mais ou menos na substância, cuja graduação Aristóteles aponta expressamente, afirmando que a espécie é mais substância ou essência, e que o gênero é menos. Vemos, assim, que ele não concebeu a substância (além dos atributos) de acordo com a visão moderna, como aquilo que existe sem a mente (excluindo dentro da mente ou em relação à mente), pois nisso não pode haver graduação. Aquilo que está fora da mente também deve estar dentro, e aquilo que está dentro também deve estar fora. O sujeito e o objeto se correlacionam. Essa implicação de dentro e fora compreendida, há então espaço para graduação, de acordo com o fato de um ou outro aspecto poder ser mais ou menos proeminente. Aristóteles, de fato, limita-se ao trabalho mental ou lógico da predicação às suas condições e aos termos componentes por meio dos quais a mente realiza esse ato. Quando ele fala da primeira essência ou substância, sem a segunda, tudo o que ele pode dizer sobre ela positivamente é chamá-la de única e indivisível, e mesmo assim ele é obrigado a introduzir unidade, medida e número, todos pertencentes às duas categorias de quantidade e relação, e ainda assim a primeira essência ou substância permanece indeterminada. Só começamos a determiná-la quando a chamamos pelo nome de segunda substância ou essência. Esse nome conota certos atributos, sendo que os atributos assim conotados são da essência da espécie, isto é, a menos que estivessem presentes, nenhum indivíduo seria considerado pertencente à espécie, ou seria chamado pelo nome específico. Quando, no entanto, introduzimos atributos, nos encontramos não apenas na categoria da substância, mas também na da qualidade. A fronteira entre substância e qualidade desaparece, porque a última está parcialmente contida na primeira. A segunda substância ou essência inclui atributos ou qualidades pertencentes à essência. De fato, a segunda substância ou essência, quando distinguida da primeira, é aqui e em outro lugar caracterizada por Aristóteles como não sendo substância de forma alguma, mas sim qualidade, embora ao ser relacionada à primeira ela assuma a natureza de substância e se torne qualidade substancial ou essencial. A diferença pertence, portanto, tanto à substância quanto à qualidade, compondo como complemento aquilo que é designado pelo nome específico.

Vemos, portanto, que nem a linha de demarcação entre a categoria da substância ou essência e as outras categorias é tão intransponível, tampouco a separabilidade dela das outras é tão marcada como alguns pensadores afirmam. A substância é representada por Aristóteles como admitindo mais e menos, e como se graduando por degraus sucessivos até as outras categorias. Além disso, nem em sua manifestação completa (como primeira substância) nem em sua manifestação incompleta (como segunda substância), ela pode ser explicada ou compreendida sem recorrer às outras categorias de quantidade, qualidade e relação. Ela não corresponde à definição de substância dada por Spinoza – *"quod in se est et per se concipitur"* [aquilo que está em si e é concebido por si mesmo]. Ela não pode ser concebida ou descrita sem algumas das outras categorias, assim como elas não podem ser concebidas ou descritas sem ela. Aristóteles a define por quatro características, duas negativas e duas positivas. Ela não pode ser predicada de um sujeito, uma vez que ela não pode ser inerente a um sujeito. Ela é, na verdade, o sujeito de todos os predicados. Ela é exclusiva e indivisível. Nenhuma dessas quatro determinações pode ser concebida ou compreendida, a menos que tenhamos em nossas mentes a ideia de outras categorias e sua relação com elas. A substância é conhecida apenas como o sujeito dos predicados, ou seja, relativamente a eles; como eles também são conhecidos relativamente a ela. Sem a categoria de relação não podemos entender mais o que significa um sujeito do que o que significa um predicado. A categoria de substância, conforme estabelecida por Aristóteles, não existe por si mesma, tampouco pode ser concebida por si mesma sem a de relação e a noção genérica de predicado. Todas as três se encontram juntas na base do processo analítico, como as últimas descobertas e o restante.

Aristóteles, tomando como base uma análise da sentença completa ou do ato de predicação, parece ter considerado o sujeito como tendo uma prioridade natural sobre o predicado. O substantivo-substantivo (que, para ele, representa o sujeito), mesmo quando pronunciado sozinho, transmite ao ouvinte uma concepção mais completa do que o adjetivo ou o verbo quando pronunciados sozinhos, esses se fazem sentir muito mais como adjuntos elípticos e que necessitam de complemento. Mas isso só é verdade à medida que a concepção, levantada pelo substantivo nomeado sozinho, inclui por antecipação o que seria incluído, se acrescentássemos a ele alguns ou todos os seus predicados. Se pudéssemos deduzir dessa concepção o significado de todos os predicados aplicáveis, ela pareceria essencialmente estéril ou incompleta, aguardando algo que está por vir, um mero ponto de início ou partida, conhecido apenas pelas várias linhas que podem ser traçadas com base nele, um substrato para que vários atributos se assentem sobre ele ou nele se insiram. Aquilo que é conhecido apenas como um substrato, é conhecido apenas relativamente a uma superestrutura que está por vir, pois um é relação, o outro correlação, e a menção de um envolve uma suposição implícita do outro. Pode haver uma prioridade lógica, baseada na conveniência expositiva, pertencente ao substrato, porque ele permanece numericamente único e o mesmo, ao passo que a superestrutura é variável. Mas a prioridade não é nada mais do que lógica e nocional, porque ela não equivale a uma capacidade de existência prévia independente. Pelo contrário, há simultaneidade por natureza (de acordo com a própria definição de Aristóteles da frase) entre sujeito, relação e predicado, uma vez que todos eles implicam uns aos outros como correlatos recíprocos, ao passo que nenhum deles é a causa dos outros.

Quando Aristóteles diz, muito verdadeiramente, que se as primeiras substâncias não existissem, nenhum dos outros predicamentos poderia existir, devemos entender o que ele quer dizer com o termo "primeiro". Esse termo tem, no tratado sob análise, um sentido diferente do que tem em outros lugares. Aqui significa o extremo concreto e individual, ao passo que em outros lugares significa o extremo abstrato e universal. A primeira substância ou primeira essência, em *Categorias*, é algo determinado, ilustrado pelos exemplos certo homem, certo animal. Agora, como assim explicado e ilustrado, inclui não apenas a segunda substância, mas também vários atributos acidentais. Quando falamos de certo homem, Sócrates, Cálias etc., o ouvinte concebe não apenas os atributos pelos quais ele é chamado de homem, mas também vários atributos acidentais, classificados em um ou mais dos outros predicamentos. A primeira substância, portanto (como explicado por Aristóteles), não é concebida como um mero substrato sem a segunda substância e sem quaisquer acidentes, mas como já incluindo ambos, embora ainda indeterminadamente. Ela espera por palavras especializadas para determinar qual é sua substância ou essência e quais são os acidentes que a acompanham. Sendo um indivíduo (exclusivo), ele une em si mesmo tanto os atributos essenciais de sua espécie quanto os atributos não essenciais peculiares a si mesmo. Ele já é entendido como incluindo atributos de ambos os tipos, mas esperamos por predicados para declarar quais são esses atributos. O primeiro ou completo ente incorpora em si todos os predicamentos, embora ainda potenciais e indeterminados, até que os adjuntos predicantes sejam especificados. Não há prioridade, na ordem de existência, pertencente à substância sobre a relação ou a qualidade. Retire qualquer um dos três, e o primeiro ente desaparece. Mas em relação à ordem de exposição, há uma prioridade natural, fundada na conveniência e facilidade de compreensão. O determinado ou específico, que indica, em linhas gerais, uma certa concreção ou coexistência de atributos, embora ainda não saibamos quais sejam – como se fosse um esqueleto – vem naturalmente como sujeito antes dos predicados, cuja função é declaratória e especificadora quanto a esses atributos. Além disso, os atributos essenciais, que são declarados e conotados quando concedemos um nome específico ao sujeito pela primeira vez, vêm naturalmente antes dos atributos não essenciais, que são predicados do sujeito já chamado por um nome específico conotando outros atributos. Os caracteres essenciais são nativos e caseiros, ao passo que os atributos acidentais são estrangeiros domiciliados.

 Foi assim que Aristóteles tratou da Ontologia, em um dos quatro aspectos distintos que ele distingue entre si, ou seja, na distribuição de entidade de acordo com sua ordem lógica e a interdependência recíproca na predicação. Ente é uma palavra multivocal, nem estritamente unívoca, nem totalmente equívoca. Denota (como dito) não um agregado genérico, divisível em espécies, mas um agregado analógico, tomando como base um terminal comum e se ramificando em muitos derivados, não tendo nenhuma outra comunidade, exceto a de relação com o mesmo terminal. Os diferentes modos de entes são distinguidos pelo grau ou variedade de tal relação. O ente primário, próprio, completo, é (na visão de Aristóteles) o indivíduo concreto, com uma essência definida ou atributos constituintes essenciais, e com acessórios não essenciais ou acidentes também – todos incorporados e implicados no exclusivo. Em *Categorias* Aristóteles analisa esse ente completo (não metafisicamente, em forma e matéria, como o veremos fazendo em outro lugar), mas logicamente em sujeito e predicados. Nessa análise lógica, o sujeito, que nunca pode ser um predicado, está em primeiro lugar; em seguida, vêm os parentes próximos, gênero e espécie (expressos por nomes substantivos, como é a primeira substância), que às vezes são predicados – como aplicados à substância primeira, às vezes sujeitos – em relação aos acompanhamentos extrínsecos ou acidentes. Em terceiro lugar, vêm os parentes mais remotos, predicados puros e simples. Esses são os fatores ou constituintes lógicos nos quais o ente completo pode ser analisado e que, juntos, o compõem como uma soma lógica. Mas nenhum desses constituintes lógicos tem uma legitimidade absoluta ou independente, além dos outros. Cada um é relativo aos outros; o sujeito a seus predicados, assim como os predicados a seu sujeito. É um erro descrever o sujeito como tendo uma posição real separada e isolada, e os predicados como algo que foi acrescentado posteriormente a ele. O sujeito *per se* não é nada além de uma potencialidade ou receptividade geral para os predicados que virão; uma concepção geral relativa, na qual os dois, predicado e sujeito, estão implicados conjuntamente como relação e correlação.

O aspecto lógico da Ontologia, analisando o ente em um sujeito comum com suas várias classes de predicados, parece ter começado com Aristóteles. Ele foi, até onde podemos ver, original ao tomar como ponto de partida de sua teoria o homem, o cavalo ou outro objeto perceptível, ao estabelecer esse particular concreto, com toda a sua variedade de detalhes, como o tipo de ente propriamente dito, completo e primário, ao organizar em classes os vários modos secundários de entes, de acordo com suas diferentes relações com o tipo primário e com o modo pelo qual contribuíam para torná-lo completo. Assim, ele se opôs aos pitagóricos e platônicos, que partiam do universal como o tipo de entidade plena e verdadeira, também discordando de Demócrito, que não reconhecia nenhum ente verdadeiro, exceto os átomos e vácuo subjacentes, imperceptíveis e eternos. Além disso, Aristóteles parece ter sido o primeiro a elaborar uma análise lógica da entidade em seu sentido mais amplo, diferentemente daquela análise metafísica que lemos em suas outras obras, pois as duas não são contraditórias, mas distintas e tendem a propósitos diferentes. Tanto na primeira quanto na outra, sua principal controvérsia parece ter sido com os platonistas, que desconsideravam tanto os objetos individuais quanto os atributos acidentais, concentrando-se nos universais, nos gêneros e nas espécies, como os únicos entes reais capazes de serem conhecidos. Com os sofistas, Aristóteles argumenta em uma base diferente, acusando-os de negligenciar completamente os atributos essenciais e de se limitarem à região dos acidentes, na qual nenhuma certeza poderia ser encontrada. Em Platão, ele aponta o erro oposto, de se limitar aos essenciais e atribuir importância indevida ao processo de subdivisão genérica e específica. A análise lógica de Aristóteles leva em conta tanto o essencial quanto o acidental, e os coloca no que ele pensa ser sua relação adequada. O acidental (concomitante, ou seja, da essência) não é por si só conhecível de forma alguma (ele argumenta), tampouco é jamais o objeto de estudo perseguido em qualquer ciência, mas sim é pouco melhor do que um nome, designando o grau mais baixo de ente, beirando o não ente. É um termo que compreende tudo o que ele inclui em suas nove últimas categorias; no entanto, não é um termo que conota nem comunhão genérica, nem uma relação analógica. No tratado sob análise ele não reconhece esse ou qualquer outro termo geral como comum a todas essas nove categorias, pois cada uma das nove é aqui tratada como um gênero, tendo o próprio modo de relacionamento e agarrando-se por seu fio separado ao sujeito. Ele reconhece os acidentes em sua classificação, não como uma classe em si, mas como subordinados à essência, e, como muitos fios de acompanhamentos distintos, variáveis e irregulares, que se ligam a essa raiz constante, sem uniformidade ou firmeza.

Ao discriminar e organizar as dez categorias, Trendelenburg[27] supõe que Aristóteles tenha sido guiado, consciente ou inconscientemente, por considerações gramaticais ou por uma distinção entre as partes do discurso. Deve-se lembrar que o que hoje é familiarmente conhecido como as oito partes do discurso ainda não havia sido distinguido ou nomeado na época de Aristóteles, tampouco a distinção entrou em voga antes da época dos gramáticos estoicos e alexandrinos, mais de um século depois dele. Essência ou substância, a primeira categoria, responde (segundo Trendelenburg) ao substantivo; quantidade e qualidade representam o adjetivo; relação, o adjetivo comparativo, do qual quantidade e qualidade são o grau positivo; tempo e lugar, o advérbio; estado, hábito, ação e paixão, o verbo. Dos quatro últimos, ação e paixão correspondem às vozes ativa e passiva do verbo; estado ao verbo neutro ou intransitivo; e hábito ao significado peculiar do perfeito grego – o resultado presente de uma ação passada.

Essa visão geral, que o próprio Trendelenburg concebe como tendo sido apenas orientadora, e não decisiva ou peremptória na mente de Aristóteles, parece-me provável e plausível, embora Hermann Bonitz e outros tenham se oposto fortemente a ela. Vemos, pela própria linguagem de Aristóteles, que o ponto de vista gramatical teve grande efeito sobre sua mente; que a forma (por exemplo) de um substantivo implicava, em sua opinião, um modo de significação pertencente a ele mesmo, que deveria ser levado em conta ao organizar e explicar as categorias. Acredito que Aristóteles foi induzido a distinguir e a estabelecer suas categorias analisando várias sentenças completas, que naturalmente incluiriam substantivos, adjetivos, verbos e advérbios. Também é notável que Aristóteles tenha designado suas quatro últimas categorias pela indicação de verbos, as duas imediatamente anteriores por advérbios, a segunda e a terceira por adjetivos e a primeira por um substantivo. Resta a importante categoria relação, que não tem uma parte do discurso que lhe corresponda especialmente. Mesmo essa categoria, embora não seja

---

27   Refere-se a Friedrich Adolf Trendelenburg (1802-1872), filósofo alemão que propôs uma filosofia intitulada por ele de "visão de mundo orgânica", a qual foi baseada na filosofia de Aristóteles.

representada por nenhuma classe gramatical, é, no entanto, concebida e definida por Aristóteles de uma maneira muito restrita, com referência próxima à forma de expressão e à exigência de um substantivo imediatamente após, no caso genitivo ou dativo. E assim, onde não há uma parte especial do discurso, a mente de Aristóteles ainda parece receber sua orientação de formas gramaticais e sintáticas.

Podemos ilustrar as dez categorias de Aristóteles comparando-as com as quatro categorias dos estoicos. Durante o século que sucedeu a morte de Aristóteles, os estoicos Zenão e Crísipo (principalmente o último), tendo diante de si o que ele havia feito, propuseram um novo arranjo para a distribuição completa do sujeito e dos predicados. Sua distribuição era quádrupla em vez de decupla. Sua primeira categoria foi substância ou essência, o substrato ou sujeito; a segunda foi quantidade ou qualidade; a terceira foi estado, a quarta foi relação.

Não temos a vantagem (que temos no caso de Aristóteles) de conhecer esse esquema quádruplo conforme declarado e aplicado por seus autores. Nós o conhecemos apenas por meio do resumo de Diógenes Laércio, juntamente às observações incidentais e críticas, principalmente adversas, feitas por Plutarco, Sexto Empírico, Plotino e alguns comentaristas aristotélicos. Tanto quanto podemos deduzir com base nessas evidências, parece que a primeira categoria estoica correspondia à primeira essência ou substância de Aristóteles. Era exclusivamente sujeito, e nunca poderia se tornar predicado, mas era indispensável como sujeito para os três outros predicados. Seu significado era concreto e particular, pois nos é dito que todas as noções ou concepções gerais eram excluídas pelos estoicos dessa categoria e eram designadas não individuais ou não particulares. Homo foi contado por eles, não sob a categoria relação, mas sim sob a categoria qualidade; em seu caráter de predicado determinando o sujeito. A categoria estoica da qualidade, portanto, incluía as segundas essências ou substâncias aristotélicas e também os diferenciais aristotélicos. Qualidade era uma categoria criadora de espécies. Ela declarava o que era a essência do sujeito – as qualidades ou atributos essenciais, bem como as manifestações derivadas, coincidindo com o que é chamado de próprio no *Isagoge*, de Porfírio. Portanto, ele veio em seguida na ordem, imediatamente após sujeito, uma vez que a essência do sujeito deve ser declarada antes de se proceder à declaração de seus acidentes.

A terceira categoria estoica (estado) compreendia uma parte do que Aristóteles classificou em qualidade, e tudo o que ele classificou em quantidade, lugar, tempo, ação, paixão, hábito. A quarta categoria estoica coincidia com a aristotélica relação. A terceira, portanto, pretendia abranger o que se entendia como acidentes absolutos ou não relativos, ao passo que a quarta incluía o que se entendia como acidentes relativos.

A ordem de arranjo entre os quatro foi considerada fixa e peremptória. Eles não eram espécies coordenadas sob um mesmo gênero, mas superordenadas e subordinadas, a segunda pressupondo e anexando a primeira; a terceira, pressupondo e anexando a primeira, mais a segunda; a quarta, pressupondo e anexando a primeira, mais a segunda e a terceira. A primeira proposição a ser feita é, em resposta à pergunta "que tipo de coisa"? Você responde algo semelhante, declarando os atributos essenciais. Com base nisso, a próxima pergunta é feita: "que tipo de coisa há"? Você responde com um termo da terceira categoria, declarando que um ou mais dos atributos acidentais não são relativos: "Tal coisa, tal modo existe". Com base nisso, segue-se a quarta e última pergunta: "Como isso se relaciona a outros"? A resposta é dada pelo predicado da quarta categoria, ou seja, um relativo.

Ao comparar as dez categorias aristotélicas com as quatro categorias estoicas, vemos que a primeira grande diferença está na extensão e na compreensão da qualidade, que Aristóteles restringe de um lado (distinguindo dela a segunda essência) e amplia de outro (incluindo nela muitos atributos acidentais e estranhos à essência). A segunda diferença é que os estoicos não subdividiram sua terceira categoria, mas incluíram nela toda a matéria das seis categorias aristotélicas e grande parte da matéria da qualidade aristotélico. Ambos os esquemas concordam em dois pontos: 1. em tomar como ponto de partida a substância concreta, particular, individual. 2. na concepção estreita, restrita e inadequada formada pelo relativo – relação.

O próprio Plotino reconhece cinco primeiras substâncias (ele não as chama de categorias) ente, movimento, descanso, o mesmo, diferente, os quais também são enumerados nos sofistas platônicos. Ele não admite que quantidade, qualidade e relação, sejam gêneros primários, muito menos as outras categorias Aristotélicas. Além disso, ele insiste enfaticamente na distinção entre o mundo inteligível e o sensível, distinção que ele censura Aristóteles por negligenciar. Seus cinco gêneros ele aplica direta e principalmente ao mundo inteligível. Para o mundo sensível, ele admite, em última instância, cinco categorias: substância ou essência (embora ele a conceba como flutuante entre forma, matéria e o composto das duas), relação, quantidade, qualidade, movimento. Mas ele duvida que quantidade, qualidade e movimento não estejam compreendidos em relação. Ele considera, além disso, que a substância sensível não é substância, propriamente dita, mas apenas uma imitação dela, um conglomerado de elementos não substanciais, qualidades e matéria. Déxipo, ao responder às objeções de Plotino, insiste muito na diferença entre o ponto de vista de Aristóteles em *Categorias*, nos tratados *Física* e no *Metafísica*. Em *Categorias* Aristóteles se debruça principalmente sobre as substâncias sensíveis (como as que os vulgares entendem) e os modos de nomeá-las e descrevê-las.

ÉTICA[28]

I

A ética, para Aristóteles, pressupõe certas condições para as pessoas a quem são dirigidas, sem as quais não podem ser lidas com proveito. Elas pressupõem um certo treinamento, tanto moral quanto intelectual, no aluno.

Em primeiro lugar, a razão do aluno deve estar tão desenvolvida que ele seja capaz de conceber a ideia de um esquema de vida e ação e de regular seus impulsos momentâneos mais ou menos por uma referência a esse padrão. Ele não deve viver pela paixão, obedecendo sem reflexão ao apetite do momento e pensando apenas em obter essa satisfação imediata. Ele deve ter formado o hábito de relacionar cada desejo separado a alguma medida racional e de agir ou deixar de agir de acordo com o que essa comparação ditar. Em seguida, uma certa experiência deve ter sido adquirida no que diz respeito aos assuntos da humanidade e às ações dos seres humanos com suas causas e consequências. Sobre esses tópicos, todos os raciocínios e todas as ilustrações contidas em toda teoria da ética devem necessariamente se voltar, de modo que uma pessoa completamente inexperiente seria incompetente para entendê-los.

Por essas duas razões, nenhuma pessoa jovem, tampouco qualquer pessoa de idade madura cuja mente ainda esteja contaminada pelos defeitos da juventude, pode ser um aprendiz competente nem de ética, nem de política. Tal aluno não apreciará os raciocínios, nem obedecerá aos preceitos.

Mais uma vez, uma pessoa não pode receber instrução ética vantajosa, a menos que tenha sido submetida a uma boa disciplina prática,

---

28   Capítulo XIII da obra "Aristóteles", de George Grote. Tradução de Murilo Oliveira de Castro Coelho. Em razão de o presente livro se tratar apenas de uma organização de trechos com a finalidade de oferecer noções da filosofia aristotélica, foram retirados os termos em grego, bem como foram suprimidas as referências às obras de Aristóteles intituladas *Ética a Eudemo* e *Ética a Nicômaco*, das quais George Grote retirou os principais conceitos.

de modo a ter adquirido hábitos de ação virtuosa e ter sido ensinada a sentir prazer e dor em ocasiões de mudança e em referência a objetos de mudança. A menos que as circunstâncias pelas quais ele foi cercado e o tratamento que recebeu tenham sido tais que implantem nele uma certa veia de sentimento e deem uma certa direção a seus prazeres e dores com parcialidade – a menos que a obediência aos preceitos corretos tenha se tornado habitual para ele até certo ponto – ele não será capaz de absorver, e muito menos de se apegar sequer aos princípios do raciocínio ético. Uma pessoa bem treinada, que já adquiriu hábitos virtuosos, tem dentro de si o princípio do qual a felicidade procede, isto é, ele pode se sair muito bem, mesmo que a razão pela qual esses hábitos foram formados nunca venha a ser conhecida por ele. Pelo menos, ele apreenderá e entenderá prontamente a razão quando ela for anunciada. O início para o qual a filosofia ética aponta e do qual a conduta que ela ordena é derivada é obtido apenas por habituação, não por indução ou por percepção, como outros princípios, e nós devemos em todas as nossas investigações cuidar do princípio da maneira que a natureza especial do assunto requer, e ser muito cuidadosos para defini-lo bem.

Ao considerar a doutrina de Aristóteles a respeito do início das ciências ética e política, e a maneira pela qual elas devem ser descobertas e disponibilizadas, devemos ter em mente que ele anuncia o fim e o objeto dessas ciências como sendo não meramente a ampliação do conhecimento humano, mas sim a determinação da conduta humana em relação a certos objetos, isto é, não a teoria, mas a prática, não para nos ensinar o que é a virtude, mas para nos induzir a praticá-la. Segundo Aristóteles, "desde então, a presente ciência não está preocupada com a especulação, como as outras, pois aqui nós perguntamos, não para que possamos saber o que é a virtude, mas para que possamos nos tornar bons, caso contrário não haveria nenhuma vantagem na investigação".

Além disso, Aristóteles se esforça muito, no início de seu tratado a respeito da ética, para expor a complexidade e a obscuridade inerentes ao assunto, e para induzir o leitor a se satisfazer com conclusões não absolutamente demonstrativas. Ele repete essa observação várias vezes - uma prova suficiente de que a evidência de suas opiniões não parecia totalmente satisfatória para ele mesmo. A completude da prova (diz ele) deve ser determinada pelo assunto em questão: uma pessoa culta não pedirá uma prova melhor do que a natureza do caso admite, e a ação humana, com a qual toda teoria ética se relaciona, é essencialmente flutuante e incerta em suas consequências, de modo que toda proposição geral que possa ser afirmada ou negada a respeito dela estará sujeita a mais ou menos exceções. Se esse grau de incerteza se liga até a raciocínios gerais sobre assuntos éticos, as aplicações particulares desses raciocínios estão ainda mais abertas a erros, uma vez que o agente deve sempre determinar por si mesmo no momento, de acordo com as circunstâncias do caso, sem a possibilidade de se proteger sob regras técnicas de aplicação universal, assim como o médico ou o piloto é obrigado a fazer no curso de sua profissão. "Ora, as ações e os interesses dos homens não apresentam nenhuma regra fixa, assim como as condições de saúde. E se esse é o caso da teoria universal, ainda mais a teoria que se refere a atos particulares não apresenta nada que possa ser fixado com precisão; pois não se enquadra em nenhuma arte ou sistema, mas os próprios atores devem sempre considerar o que se adequa à ocasião, assim como acontece na arte do médico e do piloto. Mas, embora esse seja o caso da teoria atual, devemos tentar lhe dar alguma ajuda" (segundo *Ética a Nicômaco*).

As últimas palavras citadas são notáveis. Elas parecem indicar que Aristóteles considerava o prosseguimento bem-sucedido das investigações éticas como algo desesperado. Ele afirma, em *Ética a Nicômaco*: "Há tanta diferença de opinião e tanto erro a respeito do que é honroso e justo, do qual trata a ciência política, que essas propriedades da ação humana parecem existir meramente por nomeação legal positiva, e não por natureza. E há o mesmo tipo de erro em relação às coisas que são boas, porque muitas pessoas sofreram danos com elas, algumas já foram levadas à destruição por sua riqueza, outras por sua coragem".

Não se pode deixar de observar como isso está totalmente em desacordo com a noção de um senso ou instinto moral, ou um conhecimento intuitivo do que é certo e errado. Aristóteles observa com muita verdade que os detalhes de nosso comportamento diário estão sujeitos a uma variedade tão infinita de modificações que nenhuma regra preestabelecida pode ser fornecida para guiá-los, pois devemos agir de acordo com a ocasião e as circunstâncias. Algumas poucas regras podem, de fato, ser estabelecidas, admitindo pouquíssimas exceções, mas a grande maioria de nossos procedimentos não pode ser submetida a nenhuma regra, exceto à regra grandiosa e abrangente, se é que podemos chamá-la assim, de conformidade com o padrão final de moralidade.

Supondo que as condições indicadas sejam satisfeitas – supondo que um certo grau de experiência em assuntos humanos, de autogoverno racional e de obediência habitual a boas regras de ação esteja estabelecido na mente do aluno, a teoria da ética pode então ser revelada a ele com grande vantagem. Não se quer dizer que uma pessoa deva ter adquirido previamente a perfeição da razão prática e da virtude antes de se familiarizar com a teoria ética, mas sim que ela deve ter procedido de uma certa maneira em direção à aquisição.

A ética, como Aristóteles a concebe, é uma ciência intimamente análoga, se não um ramo subordinado, da política. No entanto, não creio que ele empregue a palavra "moralidade" no mesmo significado distinto e substantivo que "política" (ciência), embora mencione várias vezes ética significa razões morais. A ciência ética é para o indivíduo o que a ciência política é para a comunidade.

Em toda variedade de ação humana, em cada arte e ciência separada, os agentes, individuais ou coletivos, propõem a si mesmos a obtenção de algum bem como o fim e o objeto de seus procedimentos. Os fins são multifacetados, e as coisas boas são multifacetadas, mas o bem, sob uma forma ou outra, é sempre a coisa desejada por cada um, e a causa determinante da ação humana.

Às vezes, a ação em si, ou o exercício dos poderes implícitos na ação, é o fim buscado, sem nada além disso. Às vezes, há um fim ulterior, ou um negócio substancial, a ser realizado por meio da ação e que está além dela. Nessa última classe de casos, o fim ulterior é o bem real, melhor do que o curso de ação usado para alcançá-lo – "os resultados externos são naturalmente melhores do que o curso de ação".

Novamente, alguns fins são abrangentes e supremos, ao passo que outros são parciais e subordinados. Os fins subordinados são considerados com referência ao supremo e perseguidos como meios para sua realização. Assim, o fim do fabricante de freios é subserviente ao do cavaleiro, e as várias operações de guerra ao esquema geral do comandante. Os fins supremos, ou bem elaborados, são superiores em elegibilidade aos subordinados, ou ministeriais, que, na verdade, são perseguidos apenas para o bem dos primeiros.

Um fim (ou um bem), como subordinado, é, portanto, incluído em outro fim (ou outro bem) como supremo. O mesmo fim pode ser supremo em relação a um fim diferente de si mesmo e subordinado em relação a outro. O fim do general é supremo em relação ao do soldado ou do fabricante de armas, subordinado em relação ao do estadista. Nessa escala de abrangência de fins, não há limite definido, porque podemos supor fins cada vez mais abrangentes, conforme nos aprouver, e daí chegamos à ideia de um único fim mais abrangente e soberano, que inclui todos os outros, sem exceção, em relação ao qual todos os outros fins estão em relação de partes ou de meios, e que nunca é perseguido em nenhum caso em prol de qualquer outro fim independente. O fim assim concebido é o soberano bem da humanidade, ou o bem.

Compreender, definir e prescrever meios para realizar o bem soberano é o objetivo da Ciência Política, a ciência suprema e mais bem elaborada de todas, em relação à qual todas as outras ciências são simplesmente ministeriais. Cabe ao governante político regular a aplicação de todas as outras ciências com referência à produção desse fim – determinar até a que ponto cada uma delas deve ser aprendida e de que maneira cada uma deve ser posta em prática – impor ou proibir qualquer sistema de ação humana de acordo com a tendência de promover a realização de seu propósito supremo, a saber, o bem soberano da comunidade. As ciências estratégicas, retóricas, econômicas e científicas devem ser aplicadas à medida que contribuam para esse propósito e não mais do que isso, pois todas são simplesmente ministeriais, ao passo que a Ciência Política é suprema e autodeterminante.

O que a Ciência Política é para a comunidade, a ciência ética é para o cidadão individual. Com isso não se quer dizer que o indivíduo deva ser abstraído da sociedade ou considerado como se vivesse à parte da sociedade, mas simplesmente que a ação e o sentimento humanos devem ser observados do ponto de vista do indivíduo, principal e primordialmente – e do ponto de vista da sociedade, apenas de forma secundária, ao passo que na Ciência Política o caso é o inverso – nosso ponto de vista é, em primeiro lugar, no que diz respeito à sociedade, em seguida, e subordinado a isso, no que diz respeito ao cidadão individual.

O objeto da ciência ética é o bem supremo do cidadão individual – o fim de todos os fins, com referência a seus desejos, suas ações e seus sentimentos – o fim que ele busca por si mesmo e sem qualquer objetivo ulterior – o fim que compreende todos os seus outros fins como meramente parciais ou instrumentais e determina seu valor comparativo em sua estimativa.

É evidente que essa concepção de um fim de todos os fins é o que Kant chamaria de uma ideia – nada que seja precisamente conforme a ela, em toda a sua extensão, pode existir na realidade. Nenhum indivíduo jamais foi encontrado, ou jamais será encontrado, com uma mente tão treinada a ponto de tornar cada desejo separado e particular subserviente a algum fim geral preconcebido, por mais abrangente que seja. Mas é igualmente certo que essa subordinação dos fins uns aos outros é um processo realizado em maior ou menor grau na mente de todos, mesmo na do mais rude selvagem. Nenhuma pessoa pode seguir cega e indistintamente todos os impulsos imediatos, pois o impulso, seja ele qual for, quando surge, deve ser considerado mais ou menos à medida que incide sobre outras buscas e outros objetos de desejo. Essa é uma condição indispensável até para a forma mais imperfeita de existência social. Na sociedade civilizada, encontramos o processo levado muito longe, de fato, nas mentes do maior número de indivíduos. Todo indivíduo tem em vista certos fins principais, como a manutenção de sua posição adequada na sociedade, a aquisição de sucesso profissional, a construção de sua fortuna, o prosseguimento de seus estudos, entre outros, cada um dos quais é essencialmente primordial e bem elaborado, e em relação ao qual milhares de outros fins são simplesmente subordinados e ministeriais.

Suponha que esse processo seja levado mais longe e você chegará à ideia de um fim ainda mais abrangente, englobando todos os outros fins aos quais o indivíduo pode aspirar, e formando o ponto central de um esquema de vida totalmente abrangente. Esse máximo, nunca de fato alcançável, mas constantemente acessível, na realidade, forma o objeto da ciência ética.

O que é o bem supremo – o fim de todos os fins? Como podemos determinar em que ele consiste, ou por quais meios ele deve ser alcançado – pelo menos, o mais próximo possível do que as limitações da condição humana permitem? Os preceitos éticos são sugestões para chegar o mais próximo possível desse fim. Mesmo entender o que é o fim é uma aquisição considerável, pois assim sabemos o ponto exato a ser visado, mesmo que não consigamos atingi-lo.

As abordagens que diferentes pessoas fazem para formar essa ideia, de um fim dos fins ou de um bem supremo, diferem essencialmente, embora pareça haver um acordo verbal entre eles. Todo ser humano fala da felicidade como seu fim dos fins, porque deseja viver bem ou fazer bem, o que considera ser o mesmo que ser feliz. Mas as pessoas discordam muito em suas opiniões sobre o que constitui a felicidade, uma vez que o mesmo homem ou a mesma mulher às vezes a coloca em uma coisa, às vezes em outra – na saúde ou na riqueza, de acordo com o fato de estar doente ou pobre.

No entanto, há três grandes divisões, em uma ou outra das quais as opiniões da grande maioria da humanidade podem ser distribuídas. Alguns pensam que a felicidade consiste em uma vida de prazeres corporais, ao passo que outros imaginam que esteja em uma vida de ação política bem-sucedida ou acumulação de bens materiais. Outros ainda, em uma vida de estudo especulativo e aquisição de conhecimento. Entretanto, não consentirão em contar a vida de quem acumula dinheiro entre eles, porque ele alcança seu fim à custa de outras pessoas e por uma força sobre suas inclinações (pelo menos esse parece ser o sentido das palavras "o capitalista é um homem violento), e porque a riqueza nunca pode ser o bem, visto que é meramente útil para o bem de objetos posteriores.

(A razão que Aristóteles dá para descartar de seu catálogo a vida de quem busca dinheiro, embora admita a de quem busca prazer e a de quem busca honra, parece muito inconclusiva. Ele acreditava que todos estavam igualmente equivocados em relação à felicidade real: os dois últimos tanto quanto o primeiro, e certamente, se considerarmos a prevalência no mundo e o número de adeptos, o credo do primeiro é pelo menos igual ao dos dois últimos).

A primeira das três é a opinião da massa, apoiada por muitos soberanos, como Sardanápalo[29] – ela é mais adequada aos animais do que aos homens, na opinião de Aristóteles.

Honra e glória – a recompensa da ambição política, não pode ser o bem soberano, porque é uma posse que a pessoa honrada nunca pode ter certeza de manter, uma vez que depende mais das pessoas por quem é honrada do que de si mesma, ao passo que as ideias que formamos do bem soberano supõem que seja algo intimamente pertencente a nós e difícil de ser retirado. Além disso, aqueles que aspiram à honra a desejam não tanto por conta própria, mas para que possam ter confiança em sua virtude, de modo que parece até em sua estimativa como se a virtude fosse o objetivo mais elevado dos dois. Mesmo a virtude em si (significando, assim, a simples posse da virtude, distinta do exercício habitual ativo dela) não pode ser o bem soberano, pois uma pessoa virtuosa pode passar sua vida dormindo ou em inação – ou pode encontrar sofrimento e calamidade intoleráveis.

A felicidade, tal como a concebemos, é um fim perfeito, final, abrangente e todo-suficiente – um fim que sempre buscamos por conta própria e nunca com vistas a algo posterior. Mas nem a honra, nem o prazer, tampouco a inteligência ou a virtude merecem esses epítetos, já que cada um é um fim especial, insuficiente e não final – pois cada um é buscado

---

29 O autor grego Ctésias (século V a.C.) faz referência a Sardanápalo como sendo o último rei da Assíria em sua obra intitulada "Persica", um soberano que se tornou célebre em razão de viver em ociosidade e luxúria.

em parte, de fato, por conta própria, mas em parte também por conta de sua tendência a promover o que supomos ser nossa felicidade. Esse último é o único fim sempre buscado exclusivamente por si mesmo, incluindo, como sempre faz e deve fazer, a felicidade dos parentes de uma pessoa, seus filhos e seus compatriotas, ou de todos com quem ela simpatiza; de modo que, se alcançado, tornaria sua vida desejável e não lhe faltaria nada.

A observação que Aristóteles faz aqui com relação ao objetivo final ou à felicidade de um indivíduo, isto é, que inclui a felicidade de sua família, de seus compatriotas e daqueles com quem ele simpatiza, merece atenção cuidadosa. Isso mostra, ao mesmo tempo, a amplitude e a benevolência de suas concepções. Assim, chegamos ao mesmo fim proposto pela Ciência Política – a felicidade da comunidade –, mas o alcançamos por um caminho diferente, tomando como base o ponto de vista do cidadão individual.

Tendo mostrado que essa felicidade, que é "o fim e o objetivo de nosso ser", não consiste em nenhuma aquisição especial, como prazer, glória, inteligência ou virtude, Aristóteles adota um método diferente para mostrar em que ela consiste. Todo artista e todo profissional, o pintor, o músico etc., tem seu trabalho peculiar a fazer, e o bem de cada artista consiste em fazer seu trabalho bem e apropriadamente. Cada porção separada do ser humano, o olho, a mão e o pé, tem sua função peculiar. E, em analogia com ambos, uma pessoa como tal tem seu negócio e função, no desempenho completo de que consiste o bem-estar humano. Qual é a tarefa e a função peculiar do ser humano, como ser humano? Não é simplesmente a vida, pois isso ele tem em comum com todo o mundo vegetal e animal, tampouco uma mera vida sensível, pois isso ele tem em comum com todos os animais. Deve ser algo que ele tem, além das plantas e dos animais, uma vida ativa em conformidade com a razão, ou o exercício da razão como uma força diretora e supervisora, e o exercício dos apetites, paixões e capacidades, de uma maneira conforme à razão. Essa é a tarefa especial e peculiar do ser humano. É o que todo ser humano realiza, seja bem ou mal, e a virtude de uma pessoa é aquela pela qual ela é capaz de realizá-la bem. O bem supremo da humanidade, portanto, que consiste no devido desempenho desse negócio especial do ser humano, deve ser encontrado na atividade virtuosa de nossa alma racional e orientada a um objeto que lhe agrada, assumindo sempre uma vida de duração comum, sem a qual nenhum grau de perfeição mental seria suficiente para atingir o objetivo. A posição completa será então a seguinte: "A felicidade, ou o bem mais elevado de um ser humano, consiste no trabalho da alma e em um curso de ação, de acordo com a razão e em conformidade com a virtude, durante toda a continuidade da vida".

(O argumento a respeito do negócio próprio de um ser humano e da virtude parece ter sido emprestado de Platão, de sua obra *República*, i. c. 23, p. 352; c. 24, p. 353. Compare também Xenofonte, em sua obra *Memorabilia*, iv. 2, 14).

Essa explicação é apresentada por Aristóteles como um mero esboço, que ele parece pensar que qualquer um pode facilmente preencher. E ele nos adverte para não exigirmos um grau de precisão maior do que o permitido para o assunto, uma vez que devemos nos contentar com uma aproximação grosseira da verdade e com conclusões que não são universalmente verdadeiras, mas apenas verdadeiras na maioria dos casos, sendo essa a natureza das premissas com as quais lidamos.

Tendo determinado dessa maneira em que consiste a felicidade ou o bem supremo, Aristóteles mostra, em seguida, que a explicação que ele dá dela está de acordo, em grande medida, com as opiniões anteriormente emitidas por filósofos eminentes, e preenche, pelo menos, todas as condições necessárias que sempre se supôs pertencerem à felicidade. Todos os filósofos têm concordado, desde muito cedo, em distribuir as coisas boas em três classes, mental, corpórea e externa. Ora, a primeira dessas classes é incomparavelmente a mais elevada e mais essencialmente boa das três, e a explicação que Aristóteles dá da felicidade a coloca na primeira classe.

Além disso, várias definições de felicidade foram dadas por autoridades eminentes mais ou menos antigas. Eudoxo [filósofo grego que viveu em Cnido, entre 408 e 355 a.C.] estabeleceu o princípio de que a felicidade consiste no prazer. Outros sustentaram a opinião de que ela é totalmente independente tanto do prazer quanto da dor – que o primeiro não é um bem, e o segundo não é um mal. Alguns colocaram a felicidade na virtude, ao passo que outros na prudência, outros ainda em um certo tipo de sabedoria, outros acrescentaram à definição a condição de que o prazer ou a prosperidade externa devem estar associados aos objetos mencionados. As doutrinas morais propostas por Zenão e Epicuro não eram, portanto, de forma alguma novas, porque até a que ponto os raciocínios pelos quais esses filósofos as sustentavam eram novos não podemos julgar com precisão em razão da perda dos tratados de Eudoxo e outros aos quais Aristóteles faz referência.

Agora, a virtude é introduzida, as explicações de felicidade dadas por Aristóteles coincidem com esses filósofos, e mesmo as aprimora ao substituir o exercício ativo de hábitos virtuosos no lugar da mera posse da virtude. E com relação ao prazer, o indivíduo que uma vez adquiriu hábitos de ação virtuosa não precisa de prazer de fora, como um acessório externo, porque ele encontra prazer no próprio comportamento, e não seria denominado virtuoso se não o fizesse. "Agora (diz ele) sua vida não precisa de prazer, como um apêndice estranho, mas tem prazer em si mesma". Novamente, Aristóteles diz que "o sintoma de um hábito perfeito é o prazer ou a dor que se segue à realização dos atos nos quais o hábito consiste, uma vez que o ser humano que se abstém dos prazeres corporais e se alegra em fazê-lo é temperante, ao passo que aquele que o faz com relutância e dor é intemperante. E o indivíduo que enfrenta os perigos com prazer, ou pelo menos sem dor, é corajoso; se o faz com dor, é covarde, pois a virtude ética tem referência aos nossos prazeres e dores. É por causa do prazer que cometemos atos viciosos, e por causa da dor que nos esquivamos de ações virtuosas. Portanto, como Platão orienta, devemos ser treinados desde a infância, de uma forma ou de outra, para sentir prazer e dor das fontes adequadas, pois essa é a educação correta".

Além disso, a pessoa que está no exercício ativo da virtude obtém seu prazer do desempenho daquilo que é o negócio apropriado da humanidade, de modo que todos os seus prazeres são conformes aos prazeres naturais do ser humano e, portanto, consistentes entre si, ao passo que os prazeres da maioria das pessoas são contraditórios e inconsistentes entre si, porque não estão em conformidade com à nossa natureza.

Não é fácil entender perfeitamente o que Aristóteles quer dizer ao afirmar que as coisas agradáveis para a maioria da humanidade não são coisas agradáveis por natureza. A interpretação colocada sobre essa expressão parece ser a única plausível – que aqueles prazeres inerentes ao desempenho de atividades comuns ao ser humano devem ser considerados nossos prazeres naturais, e aqueles que não são inerentes, como prazeres não naturais, uma vez que surgem de circunstâncias estranhas ao desempenho de atividades comuns ao ser humano.

No entanto, isso dificilmente está de acordo com a explicação que Aristóteles dá de natureza, em outro lugar e com referência a outro assunto. Na *Magna moralia*, ao distinguir entre a justiça natural e a justiça convencional, ele nos diz que o naturalmente justo é o que mais comumente permanece justo. Aquilo que existe por natureza pode ser mudado pela arte e pela prática, ou seja, a mão esquerda pode, por esses meios, tornar-se tão forte quanto a direita em casos particulares, mas se, no maior número de casos e durante a maior parte do tempo, a esquerda permanecer esquerda e a direita permanecer direita, isso deve ser considerado existente por natureza.

Se considerarmos natural aquele arranjo que prevalece no maior número de casos e durante o maior período de tempo, então, sem dúvida, os prazeres decorrentes do comportamento ativo virtuoso devem ser considerados menos naturais do que aqueles outros prazeres que Aristóteles admite serem o prazer da maioria da humanidade.

Mas, novamente, há uma terceira passagem, respeitando a natureza e os arranjos naturais, que parece dificilmente reconciliável com qualquer uma das duas opiniões que acabamos de notar. Em *Ética a Nicômaco*, "a virtude ética é um resultado do hábito, e por isso é evidente que nenhuma das virtudes éticas existe em nós por natureza, pois nenhuma das coisas que existem por natureza é alterada pelo hábito. Por exemplo, a pedra que se move naturalmente para baixo não pode ser habituada a se mover para cima, nem mesmo se uma pessoa se esforçar para habituá-la, jogando-a para cima dez mil vezes, tampouco, da mesma forma, o fogo para baixo ou qualquer outra coisa formada pela natureza pode ser alterada pelo hábito para qualquer outra que não seja essa maneira natural. As virtudes, portanto, não são geradas em nós nem pela natureza, nem contrariamente à natureza, mas somos formados pela natureza de modo a sermos capazes de recebê-las, e somos aperfeiçoados nelas por meio da influência do hábito".

Se for verdade que nada que exista naturalmente pode ser mudado pelo hábito para existir de outra maneira, não vejo como a afirmação contida na passagem citada da *Magna moralia* pode ser reconciliada com ela, onde nos é dito: "Pois mesmo as coisas que existem por natureza participam da mudança. Assim, se todos nós praticássemos o arremesso com a mão esquerda nos tornaríamos ambidestros, mas ainda assim é a mão esquerda por natureza, e a mão direita não é inferior por natureza do que a esquerda, embora devêssemos fazer tudo com a esquerda como fazemos com a direita". Em um caso, ele ilustra o significado das propriedades naturais pelas aptidões comparativas das mãos direita e esquerda; no outro, pela tendência de queda da pedra. A ideia é claramente diferente em um caso e no outro.

Por outro lado, parece não haver menos variação entre uma passagem citada da *Ética a Nicômaco* e a outra da *Magna moralia*. Na última passagem citada nos é dito que nenhuma das virtudes éticas é gerada em nós pela natureza – nem pela natureza, nem contrária à natureza, porque a natureza nos torna aptos a recebê-las, o hábito as introduz e cria – uma observação perfeitamente verdadeira e precisa. Mas se esse era o sentimento de Aristóteles, como ele poderia também acreditar que os prazeres decorrentes da manifestação ativa da virtude ética eram os prazeres naturais do ser humano? Se a virtude ética não vem por natureza, os prazeres pertencentes a ela também não podem vir por natureza.

De modo geral, essas três passagens apresentam uma variação que não consigo conciliar no significado que Aristóteles atribui à palavra muito equívoca "natureza".

Embora Aristóteles nos diga que o exercício ativo das funções da alma de acordo com a virtude confere felicidade, ele admite que uma certa medida de conforto e vantagens externas deve ser acrescentada como um auxiliar e instrumento indispensável. A feiura repugnante, a saúde ruim, o nascimento pobre, a perda de amigos e parentes ou a conduta viciosa de amigos e parentes, juntamente a muitos outros infortúnios, são suficientes para manchar a condição abençoada da pessoa mais virtuosa, razão pela qual algumas pessoas classificaram tanto a virtude quanto a boa fortuna como ingredientes coordenados e igualmente essenciais para a felicidade. E duvidaram também que ela possa ser adquirida por ensino, treinamento ou qualquer outro método, exceto o acaso ou a inspiração divina. Supor que uma dádiva tão magnífica seja conferida por acaso, seria um absurdo, pois é uma dádiva que não é indigna de ser conferida pela natureza divina, mas ainda assim a magnificência dela parecerá igualmente grande e inegável, se supormos que seja adquirida por ensino ou treinamento. Esse é realmente o relato adequado a ser dado sobre a maneira pela qual a felicidade é adquirida, pois o elemento principal e grandioso nela é a ação virtuosa da alma, que é indubitavelmente adquirida por treinamento, ao passo que as vantagens externas, embora indispensáveis até um certo limite, são adquiridas apenas como ajudas e instrumentos secundários. A criação desses hábitos virtuosos entre os cidadãos é um dos principais objetivos da Ciência Política e da legislação, porque, quando adquiridos, eles são os mais duradouros e inefáveis de todos os bens humanos, e como são criados por treinamento especial, então podem ser transmitidos a todos as pessoas não desqualificadas por algum defeito natural de organização, e podem, assim, ser amplamente difundidos por toda a comunidade.

Essa é uma propriedade importante. Se a felicidade for supostamente derivada da posse de riqueza, honra ou poder, ela só poderá ser possuída por um pequeno número de pessoas. Esses três aspectos, considerados como objetos de desejo humano, são essencialmente comparativos. Uma pessoa não se considera rica, honrada ou poderosa a menos que se torne assim em um grau acima da multidão de seus companheiros e vizinhos.

Aristóteles insiste com veemência que a única maneira de adquirir o caráter adequado para a felicidade é por meio de um curso, de treinamento precoce e incessante em ações virtuosas. O ensino moral, diz ele, pouco ou nada adiantará, a menos que seja precedido por um treinamento de prática moral ou, pelo menos, associado a ele. Os motivos devem ser aplicados o suficiente para garantir a realização do que é virtuoso e a abstinência do que é vicioso, até que esse curso de conduta se torne habitual e até que se crie uma disposição para perseverar nele. Cabe ao político e ao legislador empregar seus meios de trabalho sobre os cidadãos com o objetivo de impor esse treinamento. Não é com a virtude (diz ele) como é com aquelas faculdades que recebemos prontas da natureza, por exemplo, os sentidos externos. Não adquirimos a faculdade da visão por vermos com frequência, mas a temos da natureza e, depois, a exercitamos, ao passo que no que diz respeito à virtude nós as obtemos por meio de um curso anterior de ação virtuosa, assim como aprendemos outras artes. Para as coisas que precisamos aprender a fazer, aprendemos fazendo. Assim, ao construir, nos tornamos construtores, e ao tocar harpa, nos tornamos tocadores de harpa; ao praticar ações justas, temperantes e corajosas, nos tornamos justos, temperantes e corajosos. Todos os legisladores tentam, alguns de uma maneira melhor e outros de uma maneira pior, promover a ética – criar hábitos – entre os cidadãos com o propósito de torná-los bons. "Em suma, os hábitos são criados pela ação repetida, portanto, nossas ações devem ser determinadas de maneira adequada, pois, de acordo com a diferença entre elas, nossos hábitos também serão diferentes. Tampouco é pequena a diferença se somos educados de uma forma ou de outra, desde nossa juventude, uma vez que a diferença é muito grande, ou melhor, é tudo".

Nem um boi, nem um cavalo podem adquirir tais hábitos e, portanto, nenhum deles pode ser chamado de feliz, muito menos uma criança pode ser chamada assim, exceto pela esperança e antecipação do que ela se tornará nos anos futuros.

Pode parecer um tanto singular o fato de Aristóteles caracterizar uma criança como incapaz de ser feliz, uma vez que, na linguagem comum, uma criança saudável e bem tratada é descrita como peculiarmente feliz.

Mas a felicidade, como Aristóteles a entende, é algo medido mais pela estimativa do espectador criterioso do que pelo sentimento da pessoa em cujo seio ela reside. Nenhuma pessoa tem o direito de ser chamada de feliz, a quem o observador inteligente e reflexivo não veja dessa maneira, ou cuja condição ele não desejaria mais ou menos fazer sua. Agora, a vida de uma criança, mesmo que repleta de todos os prazeres pertencentes à infância, não é tal que qualquer pessoa no estado de espírito de um cidadão maduro possa aceitar. O teste ao qual Aristóteles apela, tácita ou abertamente, parece ser sempre o julgamento da pessoa séria. Não é prova suficiente de felicidade que a pessoa que a sente esteja completamente satisfeita com sua condição e não deseje nada além disso. Essa autossatisfação é de fato necessária, mas não é por si só suficiente, uma vez que ela deve ser confirmada pelo julgamento de pessoas de fora – não da multidão, que é capaz de julgar por um padrão errado – nem dos príncipes, que são igualmente incompetentes, e que nunca provaram o sabor dos prazeres puros e liberais – mas dos virtuosos e dignos, que chegaram à condição mais perfeita alcançável pelos seres humanos.

O padrão diferente adotado pelos muitos e pelos poucos mais perspicazes, ao estimar a felicidade humana, é novamente abordado em *Politica*. Em alguns aspectos, o assunto é tratado de forma mais clara e simples nessa passagem do que nos tratados sobre ética. Tanto os muitos quanto os poucos (diz Aristóteles) concordam que, para obter a felicidade deve haver uma coincidência dos três tipos distintos de coisas boas – o mental, o corpóreo, e o externo. Mas, com relação às proporções em que os três devem ser misturados, surge uma diferença de opinião. A maioria das pessoas se satisfaz com uma porção muito moderada de excelência mental, ao passo que são imoderadas em seu desejo de riqueza e poder ("Pois de virtude eles pensam que têm uma suficiência, qualquer que seja a quantidade que tenham; mas de riqueza e posses eles buscam o excesso sem limites"). Por outro lado, a opinião sancionada pelos poucos de uma ordem mental mais elevada, e adotada por Aristóteles, era de que a felicidade era possuída em um grau mais elevado por aqueles que eram ricamente dotados de excelência moral e intelectual, e apenas moderadamente providos de vantagens externas, do que por aqueles em relação aos quais a proporção era inversa. A mesma diferença de estimativa, entre os poucos e os muitos, é abordada no tratado intitulado *Política*, em que ele diz que os seres humanos, em geral, estimam as vantagens externas como sendo as causas da felicidade, o que é como se eles dissessem que a causa pela qual um músico tocava bem era sua lira, e não sua proficiência na arte.

Nesse capítulo da *Política*, Aristóteles se refere aos seus tratados sobre ética de uma maneira singular. Tendo afirmado que o ponto de primeira importância é determinar em que consiste a felicidade, ele prossegue dizendo: "Nós também dissemos na *Ética*, se há algo de bom naquele tratado, que ela [a felicidade] é o esforço ativo e o hábito aperfeiçoado da virtude". Essa é uma expressão singular – "se houver algum bem na ética" – que parece se encaixar com as várias passagens desse tratado em que ele insiste na confusão e obscuridade inerentes ao assunto.

A definição do que realmente é a felicidade parece ser um dos pontos fracos do tratado de Aristóteles. Em uma obra dirigida ao público, é impossível evitar que o público se torne juiz do prazer e da dor, da felicidade e da infelicidade dos indivíduos. Uma certa medida de autoestima por parte do indivíduo e uma certa medida de estima em relação a ele por parte de outras pessoas devem, portanto, ser consideradas absolutamente essenciais para a existência. Sem isso, a vida pareceria intolerável para qualquer espectador externo, embora o próprio indivíduo pudesse ser degradado o suficiente para se apegar a ela. Mas isso é garantido pela moralidade comum da época e da localidade. Surge a pergunta sobre os graus de virtude além do nível comum: "Temos certeza de que essa excelência superior contribui para a felicidade do indivíduo que a possui?". Supondo que contribua, temos certeza de que o acréscimo de felicidade que ele adquire com isso é maior do que o que ele teria adquirido com o aumento de sua riqueza e poder, permanecendo sua virtude ainda no nível comum? Esses são pontos que Aristóteles não estabelece de forma satisfatória, embora afirme tê-lo feito, e não acho que sejam capazes de ser estabelecidos. A única base sobre a qual um moralista pode inculcar aspirações aos graus mais elevados de virtude é o ganho que isso traz para a felicidade dos outros, e não para a do próprio indivíduo.

Aristóteles apela a Deus como prova da superioridade de uma fonte interna de felicidade em relação a uma fonte externa, "usando Deus como testemunha que é feliz e abençoado não por meio de qualquer bem externo, mas por meio de si mesmo e da própria natureza". E prossegue, ao afirmar que: "Pois no lazer Deus seria feliz, e todo o Universo, que não têm ações externas, exceto aquelas que são próprias a si mesmos" – em prova da superioridade de uma vida de estudo e especulação para uma vida de ambição e atividade política. O mesmo argumento é insistido em *Ética a Nicômaco*. Deve-se observar que o termo "universo", assim como o vocábulo "deus" é aqui citado como experimentando a felicidade.

A analogia à qual Aristóteles apela aqui é, sem dúvida, até certo ponto, uma analogia justa. A felicidade mais perfeita que podemos conceber – nossa ideia, para usar a frase de Kant, de felicidade perfeita – é a de um ser que é feliz em e pela própria natureza, com a menor ajuda possível de circunstâncias externas – um ser cuja natureza ou hábitos o dispõem apenas a atos, cuja simples execução confere felicidade. Mas isso é verdade para a natureza e os hábitos perfeitamente virtuosos? A simples realização dos atos aos quais eles nos dispõem sempre confere felicidade? A existência de um padrão muito elevado de exigência virtuosa na mente de um ser humano não é uma fonte constante de autossatisfação por causa da dificuldade de agir de acordo com as próprias ideias do que é digno e louvável?

Que a natureza mais virtuosa seja em si mesma e essencialmente a natureza mais feliz é um ponto altamente questionável, para dizer o mínimo, e mesmo que admitamos o fato, devemos, ao mesmo tempo, acrescentar que não pode parecer ser assim para as pessoas comuns. Os prazeres internos de um indivíduo bastante virtuoso não podem ser devidamente apreciados por qualquer pessoa que não tenha um caráter semelhante. Portanto, a menos que uma pessoa esteja disposta a acreditar nisso, você não encontrará meios de provar isso a ela. Para uma pessoa que ainda não é virtuosa, não é possível apresentar esse argumento de forma persuasiva com o propósito de induzi-la a se tornar virtuosa.

Com relação à prudência e à temperança, de fato, qualidades que, em primeira instância, são benéficas para qualquer pessoa, é claro que quanto mais perfeitamente ela as possuir, maior e mais garantida será sua felicidade. Mas, no que diz respeito às qualidades virtuosas, benéficas em primeira instância para os outros e não para o próprio indivíduo, não se pode de forma alguma afirmar que a pessoa que possui essas qualidades no mais alto grau é mais feliz do que aquela que as possui em um grau mais moderado e comum.

Aristóteles, de fato, diz que o ser justo inclui necessariamente o ter prazer em tal comportamento, pois não dizemos que uma pessoa seja justa ou liberal a menos que ela tenha prazer na justiça ou na liberalidade. Mas isso não refuta a suposição de que outro indivíduo, menos justo ou liberal do que ela, possa desfrutar de maior felicidade decorrente de outros gostos e outras condutas.

A fim de sustentar a conclusão de Aristóteles a respeito da felicidade superior do ser humano virtuoso, é necessário assumir que os prazeres da autoestima e da autoadmiração são genericamente distintos de outros prazeres e têm direito a uma preferência aos olhos de toda pessoa que julga corretamente. E Aristóteles parece de fato assumir algo dessa natureza, quando afirma que: "Ou que os prazeres diferem em espécie? Pois os prazeres decorrentes do honroso são diferentes daqueles decorrentes do vil; e não é o caso de o homem injusto experimentar o prazer do justo, ou aquele que não é musical, o do músico". A diferença inerente entre os vários prazeres é novamente abordada: "E como as funções diferem em bondade e maldade – algumas delas são objetos de desejo, ao passo que outras devem ser evitadas, e outras ainda nem uma coisa, nem outra – o mesmo acontece com os prazeres, pois cada função tem os próprios prazeres. O prazer, portanto, que é próprio da função do bem é bom, e o que é próprio da função do mal é ruim, uma vez que os desejos das coisas honradas são louváveis, ao passo que os das coisas vulgares são censuráveis. E os prazeres ligados a eles são mais próprios das funções do que os próprios apetites". No capítulo seguinte de *Ética a Nicômaco*, naquela passagem notável em que ele aborda as predileções das pessoas no poder pela sociedade como bobos e companheiros divertidos ("Os muitos recorrem aos divertimentos daqueles que são considerados felizes"), ele diz: "Pois não é no poder real que se encontram a virtude ou o intelecto, dos quais dependem as funções mais elevadas do ser humano. Não. Nem mesmo se os príncipes, que nunca provaram o sabor do prazer puro e liberal, recorrerem aos prazeres do corpo, que, por essa razão, devem ser considerados os mais desejáveis. Pois as crianças consideram melhores as coisas que são tidas em honra entre si".

Aqui temos uma distinção marcante entre as diferentes classes de prazeres – alguns são caracterizados como bons, outros como ruins, outros como indiferentes. Os melhores de todos são aqueles que o indivíduo virtuoso desfruta e que ele considera os melhores, os prazeres inseparavelmente ligados à ação virtuosa. Assim, supõe-se que esses prazeres sejam de um caráter mais puro e mais elevado, e que mereçam uma preferência decidida sobre qualquer outra classe de prazeres. E, se isso for assumido, a felicidade superior da pessoa virtuosa é uma questão natural.

Eu deveria observar que Aristóteles considera que a felicidade consiste no exercício das faculdades de acordo com a virtude – o prazer é algo diferente do exercício – inseparavelmente presente, de fato, mas não o mesmo – "conjugado às funções, e os dois são tão inseparáveis a ponto de levantar uma questão se a função não é idêntica ao prazer". E ele afirma ainda que: "Nós pensamos que o prazer deve ser misturado com a felicidade".

Parece ser no sentido de autoestima, que constitui a marca distintiva da ação virtuosa, que Aristóteles supõe que a felicidade consiste, pois o prazer ele supõe ser um concomitante inseparável, mas ainda não o mesmo. A autoestima é, sem dúvida, sentida com frequência nos casos em que uma pessoa esteja cumprindo um dever doloroso – em que a soma total dos sentimentos que acompanham a execução do ato é o contrário de prazerosa. Mas ainda assim a autoestima, ou o testemunho de uma consciência que aprova, é sempre prazerosa e é, de fato, o prazer essencial inerente ao comportamento virtuoso. Não vejo a propriedade da distinção feita aqui por Aristóteles. Ele coloca a questão de forma um pouco diferente em *Política*: "Viver feliz consiste ou em alegria ou em virtude para os seres humanos, ou em ambos, pois a felicidade é um composto de ambos (honra e prazer)".

CAFÉ COM ARISTÓTELES

A felicidade (Aristóteles continua a explicar em *Política*) consiste no emprego perfeito e no exercício ativo da virtude, e isso absolutamente (ou sob as condições externas mais favoráveis) – não sob limitação ou sujeito a circunstâncias muito difíceis e penosas, porque uma pessoa de virtude pode estar em uma situação tão desconfortável que não tenha outro caminho a seguir, exceto uma escolha de males, e não pode fazer nada além de tirar o melhor proveito de uma posição ruim. Tal pessoa se comportará sob a pressão da carência ou do infortúnio tão bem quanto seu caso permitir, mas a felicidade está fora de seu alcance. Para ser feliz, é necessário que ela esteja em uma posição tal que seja capaz de aspirar à realização de bens e vantagens positivas – deve ser admitida a disputar os grandes prêmios e a empreender ações que levem a novas honras e a benefícios anteriormente não desfrutados, bem como deve ser liberada da necessidade de lutar contra calamidades esmagadoras.

Aristóteles nos diz no início da *Ética a Nicômaco*, que: "Há tanta diferença de opinião e tanto erro a respeito do que é honroso e justo, do qual trata a ciência política, que essas propriedades da ação humana parecem existir meramente por nomeação legal positiva, e não por natureza. E há o mesmo tipo de erro com relação ao que é bom". Ora, se há esse erro generalizado e dissensão entre a humanidade acerca da determinação do que é bom e justo, que padrão Aristóteles estabeleceu com o propósito de corrigi-lo? Não acho que ele tenha estabelecido qualquer padrão, tampouco que tenha achado necessário fazer essa tentativa. Há, de fato, um grande número de observações, e muitas das mais admiráveis observações em seu tratado, sobre os vários ramos da virtude e do vício, pois muitas que tendem a conduzir a mente do leitor inconscientemente para o padrão adequado, mas nenhum anúncio distinto de qualquer princípio geral, por meio do qual uma disputa entre dois moralistas dissidentes possa ser resolvida.

Quando ele coloca a virtude em uma certa mediocridade entre o excesso de um lado e o defeito do outro, esse ponto médio não é de forma alguma marcado ou detectável, mas sim um ponto não fixo, mas variável de acordo com a posição do agente individual, e deve ser determinado em todos os casos pela razão correta e de acordo com o julgamento do indivíduo prudente – "no meio com referência a nós mesmos, como foi determinado pela razão, e como o indivíduo prudente o determinaria". Embora a decisão seja assim conferida a uma pessoa prudente, nenhuma menção é feita ao princípio segundo o qual o árbitro nomeado seguiria ao proferir seu julgamento, supondo que uma disputa surgisse.

Em uma parte anterior, ele define "o meio-termo com referência a nós mesmos" como sendo "aquilo que não excede nem fica aquém da regra da propriedade. Mas isso não é uma coisa só, nem é a mesma coisa para todos".

Para tornar essa definição suficiente e satisfatória, Aristóteles deveria ter nos indicado como devemos encontrar aquela regra de propriedade que marca e constitui o ponto médio, de ações e afeições, em relação a nós mesmos – esse ponto médio sendo, em sua opinião, a virtude. Explicar o que significa um meio em relação a nós mesmos, pois aparentemente a palavras "a regra da propriedade" significam apenas uma mudança de linguagem, sem qualquer informação adicional.

Assim, o principal problema da filosofia moral ainda permanece sem solução.

É notável que Aristóteles, em algumas partes de seu tratado, declare muito distintamente qual é esse problema e quais são os pontos essenciais para sua solução. Ele fala como se estivesse plenamente consciente do que estava faltando em seu tratado e como se estivesse se preparando para suprir o defeito, mas ainda assim a promessa nunca é cumprida, por exemplo, no início do Livro VI de *Ética a Nicômaco*:

"Uma vez que já foi estabelecido que devemos escolher o ponto médio e não o excesso ou o defeito – e uma vez que o ponto médio é aquele que a razão correta determina – vamos distinguir o que é isso. Pois em todos os hábitos mentais que foram descritos, bem como em todos os outros, há um certo objetivo, em relação ao qual o ser racional é guiado, seja para relaxar ou para restringir. E há um certo limite definido desses pontos médios, que afirmamos existir entre o excesso e o defeito, determinável de acordo com a razão correta. Falar assim, no entanto, é de fato correto o suficiente, mas não dá nenhuma informação distinta, pois em todos os outros modos de proceder que são governados por princípios científicos é bastante justo dizer que não se deve trabalhar nem descansar mais do que o suficiente, nem menos do que o suficiente, mas em um grau intermediário entre os dois e de acordo com a razão correta. No entanto, um ser humano que tivesse apenas essa informação não seria mais sábio do que era antes dela, assim como não saberia o que deveria aplicar em seu corpo se lhe dissessem simplesmente que deveria aplicar as coisas que a ciência médica e o médico indicassem. Portanto, no que diz respeito também aos hábitos da alma, não devemos nos contentar em simplesmente dar uma declaração geral em linguagem correta, mas devemos discriminar melhor o que é a razão correta e qual é a sua definição".

Essa é uma declaração muito clara e sincera do grande e fundamental defeito da teoria da ética de Aristóteles. Ele diz muito verdadeiramente que "há um certo fim e objetivo, ao qual um ser racional se refere quando restringe ou relaxa qualquer disposição". Cabia a Aristóteles explicar o que era esse objetivo, mas ele nunca faz isso, embora pareça ter sentido claramente a falta dele. Poderíamos supor que, depois de ter apontado o que era necessário para dar um significado específico a generalidades corretas, mas vagas, ele teria procedido imediatamente para preencher a lacuna reconhecida em sua teoria; mas, em vez disso, ele entra em uma análise do intelecto, especulativo e prático, e explica as variedades de excelência intelectual, ao contrário da moral. Essa parte de sua obra é altamente valiosa e instrutiva, mas não consigo perceber que ele tenha abordado novamente o objetivo, que foi admitido como ainda indeterminado. Em certo sentido, é de fato verdade que ele se esforça "para discriminar o que é a razão correta e qual é a sua definição", pois ele classifica as funções intelectuais em intelecto, ciência, sabedoria, arte, prudência, ele declara a natureza geral de cada um desses atributos e a gama de assuntos aos quais se aplica. Ele nos diz que o intelecto e a prudência se referem à conduta humana – que a prudência está "preocupada com as coisas justas, honrosas e boas para a humanidade [...] com as coisas do ser humano, e aquelas coisas sobre as quais deliberamos [...] a prudência deve ser um verdadeiro hábito de acordo com a razão, preocupada com o bem do ser humano". Ao explicar o que é a prudência, ele nos diz que ela está de acordo com a razão, e ao explicar o que é a razão correta, ele nos diz que ela está de acordo com a prudência. Assim, ele parece fazer uso de cada uma delas como parte da definição da outra. Mas, por mais que isso possa ser, é certo que ele nunca cumpre a expectativa apresentada no início do Sexto Livro, nem esclarece o que é que está claro ali reconhecido.

Há uma frase no início, que parece transmitir informações adicionais sobre a dificuldade em questão: "Agora parece pertencer ao indivíduo prudente ser capaz de deliberar corretamente sobre as coisas que são boas e proveitosas para si mesmo – não em parte, como em relação às coisas que têm uma referência à saúde ou força –, mas em relação às coisas que se referem ao todo de viver bem". Mas isso, de fato, não explica nada, pois viver bem é o mesmo que felicidade, uma vez que a felicidade é o exercício ativo da alma de acordo com a virtude. Portanto, a virtude deve ser conhecida, antes que possamos saber o que é viver bem.

Penso que esse objetivo ou fim, ao qual Aristóteles faz alusão no início do Sexto Livro como ainda não tendo sido esclarecido, parece ter sido mais distintamente evidenciado em uma passagem anterior do que em qualquer parte do tratado após o início do Sexto Livro. No Livro IV, Aristóteles trata das virtudes e dos defeitos relacionados ao comportamento no convívio social: o obsequioso em um extremo; o rabugento ou briguento no outro; e o meio-termo, embora não tenha um nome especial, que fica entre eles. Falando sobre a pessoa que adota esse meio-termo, ele diz: "Dissemos, então, de modo geral, que ela se associará com as pessoas como deve; e tendo, além disso, uma referência constante ao que é honroso e ao que é conveniente, ela terá como objetivo não causar dor ou contribuir para o prazer".

Novamente, com relação à temperança, ele declara o objetivo da pessoa temperante ao afirmar que: "As coisas que se referem à saúde ou ao vigor, e que são agradáveis, essas ele deseja na medida e como deve; bem como as outras coisas agradáveis que não são opostas a essas, seja por serem contrárias ao que é honroso, seja por estarem além de sua fortuna. Pois aquele que deseja coisas agradáveis, mas que são contrárias ao que é honroso ou estão além de sua fortuna, ama esses prazeres mais do que eles valem. Mas não é assim com o indivíduo temperante que vive de acordo com a reta razão".

Essas passagens não são muito distintas, como uma explicação do próprio objetivo, mas não consigo encontrar nenhuma passagem após o início do Sexto Livro que seja mais distinta do que elas, ou talvez igualmente distinta.

Em uma passagem do Sétimo Livro, Aristóteles se refere, embora de forma um tanto obscura, ao grau médio de virtude exibido pela massa da humanidade como o padrão a ser consultado quando nos pronunciamos sobre excesso ou defeito.

Em algumas passagens, Aristóteles parece indicar o prazer e a dor como o fim com referência ao qual as ações ou disposições são denominadas boas e más. Ele diz: "Teorizar a respeito do prazer e da dor é o trabalho do filósofo político, pois ele é o arquiteto daquele fim com referência ao qual chamamos cada matéria de absolutamente boa ou absolutamente má. Além disso, é indispensável instituir uma investigação a respeito deles, pois explicamos a virtude e o vício éticos como se referindo a prazeres e dores, e a maioria das pessoas afirma que a felicidade está associada ao prazer, razão pela qual eles chamaram de a benção da felicidade".

No Livro VIII (9-10), o objetivo é de fato declarado muito claramente, mas não como tal – não como se Aristóteles pretendesse fazê-lo servir como tal, ou pensasse que deveria formar a base sobre a qual nossa estimativa do que é o ponto médio adequado deveria ser encontrada. Aristóteles explica que é a comunhão política – que o fim e o objeto da comunhão política, tanto para o qual ela foi originalmente criada quanto para o qual ela subsiste e continua, é a vantagem comum e duradoura – que todas as outras comunhões, de relações, amigos, companheiros de guerra, vizinhos etc., são uma consequência e um incidente da comunhão estabelecida entre os seres humanos – que a grande comunhão de todos, que compreende todas as outras, é a comunhão política –, são partes da comunhão política abrangente e têm como objetivo a realização de alguma vantagem parcial para os membros constituintes. Esses capítulos são muito claros e muito importantes, e anunciam com bastante clareza o interesse comum e duradouro como o fundamento e a medida da justiça, bem como da benevolência. Mas eles não aplicam a mesma medida às qualidades que foram enumeradas nos livros anteriores ao sexto, como um meio de determinar onde se encontra o ponto médio que supostamente constitui a virtude. No entanto, Aristóteles nos diz que é extremamente difícil encontrar o ponto médio que constitui a virtude.

À primeira vista, pode parecer difícil para Aristóteles, de forma consistente com o plano de seu tratado, apontar qualquer padrão ou medida. Pois nenhum pode ser mencionado, com qualquer pretensão tolerável de admissibilidade, exceto o da tendência a promover a felicidade – a felicidade tanto do agente individual quanto da sociedade à qual ele pertence. Mas como ele havia começado introduzindo as ideias de razão e virtude como meios para explicar o que era a felicidade, teria havido pelo menos uma aparente incongruência em voltar a elas como um meio de esclarecer o que estava obscuro na primeira. Digo – pelo menos uma incongruência aparente –, porque, afinal, a incongruência é mais aparente do que real. Se preservarmos cuidadosamente a distinção entre a felicidade do agente individual e a felicidade da sociedade à qual ele pertence, parecerá que Aristóteles poderia, sem qualquer inconsistência, ter especificado a última como sendo o objeto ao qual a razão tem consideração, ao regular e controlar as várias afeições de cada indivíduo.

Em que consiste a felicidade de um indivíduo? Em um curso de esforço ativo da alma em conformidade com a virtude, a virtude sendo entendida como consistindo em uma certa mediocridade de nossas várias afeições, conforme determinado pela razão correta.

Quando perguntamos, em seguida, para qual padrão a razão correta olha ao fazer essa determinação, ela pode ser respondida sem inconsistência – a razão correta determina o ponto adequado de mediocridade por uma referência à felicidade em geral – isto é, à felicidade da sociedade em geral, incluindo a do agente individual em questão, em outras palavras, à vantagem comum e duradoura, que Aristóteles descreve como o grande objetivo do estadista. Não há inconsistência em voltar à felicidade, assim explicada, como o padrão pelo qual a razão correta julga o controle de nossos diferentes afetos.

Em todas as investigações morais é da maior importância manter em vista a felicidade do indivíduo e a felicidade da sociedade como um todo, como dois objetos distintos e separados, que coincidem de fato, na maioria dos casos e com relação à maioria dos indivíduos, mas que não coincidem necessária e universalmente, tampouco no que diz respeito a cada indivíduo. Uma pessoa em particular pode ser colocada em tal posição, ou animada com tais sentimentos, que sua felicidade pode ser promovida ao fazer o que é contrário à felicidade da sociedade. Nessas circunstâncias, ela fará o que é bom para si mesma, mas ruim para os outros, fará o que é moralmente errado e incorrerá na culpa da sociedade. Ao falar sobre o bem e o mal, é sempre necessário ter em mente que o que é bom para um indivíduo pode ser ruim para a sociedade. Quero dizer, entendendo as palavras "bom para um indivíduo" no sentido mais abrangente, como incluindo tudo o que ele tem de sofrer com os sentimentos desfavoráveis da sociedade. Muita confusão surgiu do fato de os moralistas falarem sobre o bem e o mal de forma absoluta, sem especificar se eles se referiam ao bem para o indivíduo ou para a sociedade, mais particularmente nos escritos dos filósofos antigos.

Pela maneira como Aristóteles chega à sua definição do que constitui a felicidade, quase poderíamos supor que ele teria sido levado a indicar a felicidade da sociedade em geral como o padrão para o qual a razão correta deve apelar. Pois, ao examinar qual é a atividade adequada do indivíduo em geral, ele recorre à analogia das várias artes e profissões específicas – o flautista, o estatuário, o carpinteiro, o carregador etc. –, cada uma com sua atividade e seu modo de vida particular. Cada um tem seu negócio e modo de agir específicos, e no desempenho desse negócio consiste o bem e o bom em seu caso. Assim, da mesma forma, há um negócio especial para o ser humano em geral, em cujo desempenho devemos buscar o bem de toda a humanidade.

Agora, essa analogia de artistas e profissionais específicos poderia ter conduzido Aristóteles à ideia da felicidade geral da sociedade como um padrão, pois o negócio de todo artista ou artesão consiste em conduzir ao conforto, à proteção ou à gratificação do público, cada um em seu trabalho particular. A excelência profissional para eles consiste em realizar esse objetivo perfeitamente. Portanto, para cada profissão especial, a felicidade da sociedade em geral, de uma forma ou de outra, é introduzida como o padrão pelo qual o bem e a excelência devem ser medidos.

Aplique essa analogia ao ser humano em geral, separado de qualquer ofício ou profissão em particular. Se cada indivíduo, considerado simplesmente como tal, tem seu negócio apropriado, no bom desempenho do qual consiste a felicidade para ele, o padrão de excelência em relação a esse desempenho deve ser encontrado em sua contribuição para a felicidade da sociedade em geral. Ele não pode ser encontrado em nenhum outro lugar, se formos julgar de acordo com a analogia de artes e profissões especiais.

Até que essa falta de um padrão ou medida seja suprida, fica claro que o tratado de Aristóteles é defeituoso em um ponto essencial – um defeito que é admitido por ele mesmo no primeiro capítulo do Sexto Livro. Tampouco há outra maneira de suprir o que está faltando, exceto por referência à felicidade geral da sociedade, o fim e o objetivo (como ele mesmo nos diz) do estadista.

"O que, então", questiona Aristóteles, "impede que chamemos de feliz aquele que está no exercício ativo de sua alma de acordo com a virtude perfeita, e está suficientemente bem provido de bens externos, não por um período casual, mas por toda a vida?". Ele se vê obrigado a acrescentar, no entanto, que isso não é suficiente, pois, após a morte, um ser humano ainda será afetado com simpatia pelas boas ou más fortunas e pela conduta de seus parentes sobreviventes, afetados, no entanto, de forma tênue e leve, de modo a não o privar do título de ser chamado de feliz, se, por outros motivos, ele o merecer. A pessoa falecida vê os infortúnios de seus amigos sobreviventes com algo do mesmo tipo de interesse simpático, embora em menor grau, que é sentido por uma pessoa viva ao acompanhar a representação de uma tragédia. A diferença entre um infortúnio que acontece durante a vida de uma pessoa ou depois de sua morte é muito maior do que a diferença entre a representação cênica de calamidades passadas e a realidade real.

Parece que Aristóteles foi relutantemente obrigado a fazer essa admissão – de que as pessoas falecidas estariam de alguma forma envolvidas nas calamidades dos vivos – mais em deferência às opiniões dos outros do que em consequência de qualquer convicção própria. Sua linguagem nos dois capítulos em que trata do assunto é mais do que normalmente hesitante e indecisa. No início do Capítulo XI, ele diz: "Não ter interesse algum na sorte de seus descendentes e amigos parece extremamente insensível e contrário ao que deveríamos esperar". Mais adiante, ele afirma ser uma grande questão de dúvida se os mortos experimentam o bem ou o mal, mas se alguma coisa desse tipo penetrar neles, deve ser fraca e insignificante, de modo a não fazer nenhuma diferença sensível para eles.

II

Aristóteles distribui as coisas boas em três classes: as admiráveis ou adoráveis; as louváveis; e as potenciais.

1. Bom – como um fim: aquilo que é digno de ser honrado e venerado em si mesmo e pela própria natureza, sem levar em conta qualquer coisa posterior: aquilo que se aproxima de nossa ideia de perfeição.

2. Bem – como meio: aquilo que é bom, não por si mesmo ou em sua natureza, mas por causa de certas consequências posteriores que fluem dele.

3. Bom – como um meio, mas não um meio certo e constante: aquilo que produz geralmente, mas nem sempre, consequências posteriores finalmente boas; aquilo que, para produzir consequências em si mesmas boas, precisa estar associado a certas condições concomitantes.

1. A felicidade pertence à primeira dessas classes: ela é colocada junto ao divino, o melhor, a alma, o intelecto, o mais antigo, o princípio, a causa etc. Objetos como esses nós contemplamos com temor e reverência.

2. A virtude pertence à segunda das classes: ela é boa pelos atos aos quais dá origem e pelo fim (felicidade) que esses atos, quando continuados por tempo suficiente, tendem a produzir.

3. Riqueza, poder, beleza, força etc., pertencem à terceira classe: são geralmente bons porque, na maioria das circunstâncias, tendem a pro-

duzir felicidade, mas podem ser completamente diferentes, se a mente de uma pessoa for treinada de forma tão defeituosa a ponto de levá-la a abusar deles.

É notável o fato de que essa classificação não é formalmente estabelecida e explicada, mas é assumida como já bem conhecida e familiar, na *Ética a Nicômaco*, ao passo que a classificação é feita de acordo com a lei. *Ética a Nicômaco*, ao passo que é formalmente declarada e explicada na *Magna moralia*.

O elogio, de acordo com Aristóteles, "não pertence às melhores coisas, mas apenas às segundas melhores. Os deuses devem ser abençoados, não louvados". O louvor dos deuses deve ter referência a nós mesmos, e deve ser tomado em comparação conosco e com nossos atos e capacidades, e isso é ridiculamente degradante, quando o aplicamos à majestade dos deuses. Da mesma forma, os homens mais divinos e perfeitos merecem ser abençoados em vez de elogiados. "Nenhum homem elogia a felicidade como elogia a justiça, mas a abençoa como algo mais divino e melhor".

A felicidade deve ser contada entre os objetos perfeitos e adoráveis – é o princípio pelo qual todos nós fazemos tudo, e consideramos o princípio e a causa de todas as coisas boas como algo divino e venerável.

Uma vez que a felicidade é a ação da alma em conformidade com a virtude perfeita, é necessário examinar o que é a virtude humana, e essa é a marca mais essencial para a qual o verdadeiro político dirigirá sua atenção.

Há duas partes da alma, a racional e a irracional. Se essas duas são divisíveis de fato, como as partes do corpo, ou se são inseparáveis de fato, e meramente suscetíveis de serem tratadas separadamente no raciocínio, como a concavidade e a convexidade de um círculo, é uma questão que não precisa ser examinada no presente tratado. Aristóteles fala como se considerasse esse um ponto realmente duvidoso.

Da alma irracional, um ramo é a faculdade nutritiva e vegetativa, comum ao ser humano, aos animais e às plantas. A virtude dessa faculdade não é especial ao ser humano, mas comum ao mundo vegetal e animal, uma vez que ela é, de fato, mais enérgica durante o sono, no período em que toda virtude especial ao ser humano está adormecida.

Mas a alma irracional também tem outro ramo, os apetites, desejos e paixões, que são completamente distintos da razão, e podem tanto resistir à razão quanto obedecê-la, conforme o caso. Assim, em certo sentido, pode-se dizer que ela participa da razão, o que a faculdade vegetativa e nutritiva não faz de forma alguma. A virtude desse departamento da alma consiste em sua devida obediência à razão, como à voz de um pai.

A virtude humana, então, se distribui em duas grandes divisões: 1. a virtude da alma racional, ou virtude intelectual; 2. virtude da alma semirracional, ou virtude ética.

Talvez a palavra "excelência" corresponda mais exatamente à expressão "virtude racional" do que à "virtude ética".

A excelência intelectual é gerada e ampliada pelo ensino e pela experiência. A excelência ética é gerada pelo treinamento prático. A excelência não é natural para nós, mas podemos ser treinados, e o treinamento a cria. Pelo treinamento, conforme seja bom ou ruim, toda excelência é criada ou destruída, assim como uma pessoa se torna um músico bom ou ruim, conforme tenha sido submetido a um modo de prática bom ou ruim.

É fazendo a mesma coisa muitas vezes que finalmente adquirimos o hábito de fazê-la, "porque as coisas que temos de aprender a fazer, a aprendemos fazendo". Conforme as coisas que somos treinados a fazer são boas ou ruins, adquirimos bons ou maus hábitos. Ao construir, nos tornamos construtores; ao tocar harpa, nos tornamos harpistas – bons ou indiferentes, de acordo com a maneira como praticamos. Todos os legisladores desejam e tentam tornar seus cidadãos bons, por meio de certos hábitos. Alguns têm sucesso na tentativa, outros fracassam, e essa é a diferença entre um governo bom e um ruim. É ao sermos treinados para praticar atos de justiça e coragem que nos tornamos finalmente justos e corajosos. "Em suma, os hábitos são gerados por (uma sucessão de) operações semelhantes, razão pela qual é ao caráter das operações realizadas que devemos prestar atenção principalmente, pois de acordo com a diferença entre elas estarão os hábitos que se seguirão. Portanto, não é uma questão de pouca diferença se, desde nossos primeiros anos, formos educados de uma forma ou de outra, isso faz uma diferença prodigiosa, ou melhor, faz toda a diferença".

A perseverança uniforme na ação, portanto, cria um hábito. Mas, de que natureza deve ser a ação exigida? Em todos os departamentos de nossa natureza, onde qualquer bom resultado deve ser produzido, podemos ficar desapontados com nosso resultado por dois tipos de erro: ou por excesso ou por defeito. Trabalhar ou comer demais, ou muito pouco, impede os bons efeitos do treinamento sobre a saúde e a força. Da mesma forma, com relação à temperança, à coragem e às outras virtudes, a pessoa treinada para temer tudo e a que é treinada para não temer nada, igualmente falharão na aquisição do hábito genuíno da coragem. A aquisição do hábito facilita a realização da ação, uma vez que é por meio de uma série de atos de abstinência que adquirimos o hábito da temperança e, tendo adquirido esse hábito, podemos realizar com maior facilidade o ato de abstinência.

O sintoma que indica que o hábito foi perfeitamente adquirido é a facilidade ou satisfação como o ato passa a ser realizado. O indivíduo que se abstém dos prazeres corporais, e que o faz com satisfação, é o ser humano que adquiriu temperança. Já o indivíduo que faz a mesma coisa, mas com relutância e com vexação, é intemperante. O mesmo acontece com a coragem. A excelência ética, ou maldade ética, tem referência a nossos prazeres e dores, uma vez que sempre que fazemos qualquer coisa má, ou nos esquivamos de qualquer coisa honrosa, é algum prazer ou alguma dor que determina nossa conduta. Por essa razão, Platão corretamente prescreve que os jovens devem ser educados desde o primeiro momento de modo a dar uma direção adequada a seus prazeres e dores. Ao buscarmos frequentemente o prazer e a dor em circunstâncias em que não deveríamos fazê-lo, contraímos maus hábitos, por uma lei semelhante àquela que, sob uma boa educação, teria nos transmitido bons hábitos. A virtude ética, portanto, consiste em uma disposição de nossos prazeres e dores que nos leve a realizar as melhores ações. Algumas pessoas a definiram como consistindo em apatia e imperturbabilidade da mente, mas essa definição é errônea, porque a mente deve ser afetada em circunstâncias apropriadas (essa parece ser a mesma doutrina que foi posteriormente pregada pela escola estoica).

Há três ingredientes que determinam nossa escolha: o honroso – o conveniente –, o agradável, e outros tantos que ocasionam nossa rejeição; o vil – o inconveniente –, doloroso ou vexatório. Com relação a todos esses três aspectos, uma pessoa boa julga corretamente, ao passo que a pessoa perversa julga erroneamente, especialmente com relação ao último. O prazer e a dor nos são familiares desde a mais tenra infância e são inefáveis na natureza humana, pois todos os seres humanos medem e classificam as ações pelo prazer e pela dor, alguns em maior grau, outros em menor grau.

Toda a excelência ética e toda a ciência política giram em torno do prazer e da dor.

Uma pessoa se torna justa e temperante ao praticar ações justas e temperantes, adquirindo, assim, gradualmente, o hábito. Mas como (pergunta-se) isso pode ser verdade, porque se uma pessoa praticar ações justas e temperantes, ele já deve começar sendo justo e temperante?

A objeção não é bem fundamentada. Um indivíduo pode praticar ações justas e moderadas e, ainda assim, não ser justo e moderado. Se ele as pratica, sabendo o que faz, intencionando o que faz, e intencionando praticar os atos por causa deles mesmos, então, de fato, ele é justo e temperante, mas não de outra forma. As produções artísticas carregam consigo o próprio mérito, pois uma obra de arte é excelente ou defeituosa, qualquer que seja o estado de espírito da pessoa que a executou. Mas não se pode dizer que os atos de um ser humano sejam feitos de forma justa ou moderada, a menos que haja um certo estado de espírito acompanhando sua execução pelo executor, porque eles podem, de fato, ser chamados de atos justos e moderados, significando, assim, que são tais como um indivíduo justo e moderado faria, mas a pessoa que os faz não merece necessariamente essas qualificações. É somente por meio da prática frequente de atos dessa classe que uma pessoa pode adquirir o hábito de realizá-los intencionalmente e por si mesma, no que consiste o caráter justo e temperante. Saber quais são esses atos é pouco ou nada, porque você deve obedecer aos preceitos, assim como segue as prescrições de um médico. Muitas pessoas pensam erroneamente que a filosofia as ensinará a serem virtuosas, sem qualquer curso de ação adotado por elas mesmas.

Aristóteles classifica os fenômenos da alma (a alma não racional) em três: paixões; capacidades ou faculdades; estados. Os primeiros são os afetos ocasionais – raiva, medo, inveja, alegria, aversão – "em suma, tudo o que é acompanhado de prazer ou dor". A segunda é a capacidade de ser movido por tais afeições – as faculdades afetivas, se é que podemos chamá-las assim. Os terceiros são aqueles hábitos de acordo com os quais se diz que estamos bem ou mal dispostos em relação a um ou outro afeto em particular: estar disposto à raiva violenta ou ao medo violento é um mau hábito. As virtudes e os vícios não são afeições nem faculdades, mas hábitos, bons ou ruins. Esse é o gênero ao qual as virtudes pertencem. Virtude é aquele hábito cuja posse faz que um ser humano seja chamado de bom, e pelo qual ele desempenha bem sua função apropriada. Ela consiste em um certo meio-termo entre dois extremos, um de excesso e outro de defeito – um meio-termo não positivo e absoluto, mas variável e com referência a cada pessoa e a cada caso particular – nem excedendo, nem ficando aquém do que é adequado. Toda virtude ética tem como objetivo alcançar esse ponto médio em relação às nossas afeições e ações – exibir cada uma delas nas ocasiões apropriadas, no grau apropriado, em relação às pessoas apropriadas etc. Esse ponto médio é apenas um, mas os erros em ambos os lados dele são inúmeros, pois ele deve ser determinado pela razão e pelo julgamento do indivíduo prudente.

A virtude, portanto, de acordo com sua essência e definição genérica, é uma certa mediocridade.

Mas há algumas ações e alguns afetos que não admitem mediocridade, e que resultam imediatamente em seus nomes maldade e culpabilidade – tais como impudência, inveja, roubo etc. Cada um desses nomes carrega em seu significado um certo excesso e defeito, e não admite mediocridade, assim como temperança e coragem carregam em seu significado a ideia de mediocridade, e excluem tanto o excesso quanto o defeito.

Aristóteles passa, então, a aplicar sua doutrina geral de que a virtude ou excelência consiste em um meio-termo entre dois extremos, ambos defeitos a várias virtudes diferentes. Mais uma vez, ele insiste na extrema dificuldade de determinar onde está esse meio-termo necessário em cada caso individual, pois o excesso ou o defeito é o caminho fácil e natural. Encontrar e aderir ao ponto médio consiste no bem, no raro, no louvável, no honroso. Os extremos, embora ambos sejam errados, nem sempre são igualmente errados, porque o que é mais errado deve, de qualquer forma, ser evitado, e devemos estar especialmente atentos às seduções do prazer, uma vez que nossas inclinações naturais nos levam nessa direção.

Aristóteles fala com tanta frequência da propriedade de seguir a natureza, e produz a natureza tão constantemente como uma autoridade e um árbitro, que parece surpreendente encontrá-lo dizendo: "Devemos estar atentos às coisas às quais nós mesmos somos propensos. Pois alguns de nós são, por natureza, inclinados a algumas coisas, outros a outras [...] Mas devemos nos arrastar na direção oposta".

Há uma passagem singular no mesmo capítulo com relação a nossos julgamentos morais. Depois de ter insistido forçosamente na extrema dificuldade de atingir o ponto médio adequado da virtude, ele diz que um ser humano que comete apenas pequenos erros de um lado ou do outro lado desse ponto não é censurado, mas apenas aquele que se desvia muito dele – ele, então, prossegue, ao afirmar que: "Mas não é fácil definir em linguagem geral em que ponto um ser humano se torna merecedor de censura, tampouco de fato é fácil fazer isso com relação a qualquer outra questão de percepção. Questões desse tipo dependem das circunstâncias do caso particular, e o julgamento de cada um reside em nossa percepção".

Os primeiros cinco capítulos do tratado sobre ética são dedicados a um exame de várias noções envolvidas em nossas ideias de virtude e vício: voluntário e involuntário; ignorância; escolha ou resolução, consequente de deliberação prévia.

Essas ações são involuntárias e são realizadas por compulsão ou por ignorância. Uma ação é feita por compulsão quando a causa próxima dela (ou início) é algo alheio à vontade do agente, porque o próprio agente não concorre nem contribui. As ações realizadas por medo de males maiores são de caráter misto, como quando um navegador em uma tempestade joga seus bens ao mar para preservar o navio. Ações como essa, consideradas uma classe e à parte de circunstâncias particulares, são o que ninguém faria voluntariamente, mas nas circunstâncias particulares do suposto caso a ação é feita voluntariamente. Toda ação é voluntária em que o início do movimento orgânico seja a vontade do agente.

As pessoas são louvadas se, sob tais circunstâncias dolorosas, fizerem uma escolha correta, se voluntariamente se submeterem ao que é doloroso ou desonroso com o propósito de realizar algum resultado grande e glorioso. Pessoas são censurados no caso de se esquivarem desse curso, ou caso se submetam ao mal sem algum fim suficiente. Se um ser humano for induzido a fazer o que é impróprio pela ameaça de males que ultrapassam a resistência humana, fala-se dele com tolerância, embora existam alguns crimes de tal magnitude que não podem ser desculpados nem mesmo pela maior apreensão possível do mal, como a morte e a tortura. Em circunstâncias tão difíceis, é difícil fazer uma escolha correta, e ainda mais difícil aderir à escolha quando ela é feita.

Nunca se pode dizer que o que é feito por ignorância foi feito voluntariamente se o agente se arrepender depois do que fez, se for involuntário. Se ele não se arrepender, embora não se possa dizer que tenha praticado o ato voluntariamente, tampouco deve ser chamado de involuntário.

Entretanto, uma distinção deve ser feita no tocante à ignorância, considerada um motivo para chamar a ação de involuntária e para desculpar o agente. Um bêbado ou pessoa em uma paixão violenta se comporta mal, ignorantemente, mas não por ignorância, isto é, a ignorância não é a causa de seu mau comportamento, mas sim a embriaguez ou a raiva. Da mesma forma, toda pessoa depravada pode ser ignorante de seu verdadeiro interesse ou da regra que deve seguir, mas esse tipo de ignorância não torna seu comportamento involuntário nem lhe dá direito a qualquer indulgência. Deve ser ignorância em relação a alguma circunstância particular ligada à ação especial que ele estiver cometendo – ignorância da pessoa com quem, ou do instrumento com o qual, ou do assunto com o qual ele estiver lidando. A ignorância desse tipo especial, se for acompanhada de tristeza e arrependimento subsequentes, constitui uma ação involuntária e forma uma base razoável para a indulgência.

Uma ação voluntária, portanto, é aquela cujo início está no agente – ele conhece as circunstâncias particulares sob as quais está agindo. Algumas pessoas tratam as ações realizadas por paixão ou por desejo como involuntárias, mas isso é um erro. Se isso fosse verdade nem as crianças ,nem os animais seriam capazes de ações voluntárias. Além disso, é apropriado, em algumas ocasiões, seguir os ditames tanto da raiva quanto do desejo, e não se pode dizer que agimos involuntariamente nesses casos, quando fazemos exatamente o que deveríamos fazer. Além disso, os pecados das paixões e os pecados do mau raciocínio são igualmente voluntários ou igualmente involuntários, e ambos devem ser evitados, porque os afetos não racionais são tão parte da natureza humana quanto a razão.

Tendo explicado o significado adequado de voluntário e involuntário aplicado às ações, Aristóteles passa a definir escolha deliberada, que está intimamente ligada à excelência e que, de fato, proporciona um melhor teste de disposição do que as próprias ações podem fazer.

Toda escolha premeditada é voluntária, mas nem toda ação voluntária é pré-concebida. Crianças e animais são capazes de ação voluntária, mas não de ação pré-concebida, e atos repentinos também são voluntários, mas não pré-concebidos. A escolha premeditada é diferente do desejo, da paixão, da vontade e da opinião. O desejo e a paixão são comuns aos animais, que, no entanto, são incapazes de preferência deliberada. O indivíduo incontinente age por desejo, mas não por preferência deliberada, ao passo que o continente age por preferência deliberada, mas não por desejo. A escolha premeditada tampouco é o mesmo que o desejo, pois muitas vezes desejamos o que é notoriamente impraticável ou inatingível, mas não preferimos deliberadamente nada disso; além disso, desejamos o fim, mas escolhemos deliberadamente os meios que conduzem ao fim. Desejamos ser felizes, mas não se pode dizer, com propriedade, que escolhemos deliberadamente ser felizes. A escolha deliberada se refere ao que está ou parece estar em nosso próprio poder para alcançar.

Novamente, a escolha deliberada não deve ser considerada uma simples modificação de opinião. As opiniões se estendem a tudo, pois a escolha deliberada pertence exclusivamente a assuntos que estão ao nosso alcance. A opinião é verdadeira ou falsa, uma vez que a escolha deliberada é boa ou má. Somos bons ou maus, de acordo com o rumo que nossa escolha deliberada toma, e não de acordo com nossas opiniões. Escolhemos deliberadamente buscar algo ou evitar algo, e nossa escolha é elogiada quando recai sobre o que é adequado, pois os pontos sobre os quais formamos uma opinião são o que é tal ou tal coisa, a quem ela beneficiará e como, e nossa opinião é elogiada quando é verdadeira. Também ocorre com frequência que as pessoas que formam as opiniões mais verdadeiras não são as melhores em suas preferências deliberadas. A opinião pode preceder ou acompanhar toda escolha deliberada, mas ainda assim essa última é algo distinto em si mesma. Ela é, de fato, uma determinação da vontade, precedida por um conselho deliberado e, portanto, incluindo ou pressupondo o emprego da razão. É uma apetência, determinada por um conselho prévio, de alguma matéria dentro de nossos meios, seja real ou aparentemente.

Com base na linguagem de Aristóteles, parece que as várias explicações de preferência deliberada, que ele analisou e mostrou serem inadmissíveis, foram todas apresentadas por vários filósofos contemporâneos.

Escolhas, ou preferência deliberada, inclui a ideia de deliberação. Um homem sensato não delibera sobre todos os assuntos – ele não delibera a respeito de verdades matemáticas ou físicas, ou a respeito de eventos naturais totalmente fora de seu alcance, ou a respeito de assuntos de puro acidente, ou mesmo a respeito de assuntos de projeto humano realizados por nações estrangeiras distantes. Ele só delibera a respeito de assuntos que estão mais ou menos dentro de seu arbítrio e controle, ou seja, a respeito de assuntos que não são certos, mas de questão duvidosa. Ele não delibera sobre o fim, mas sobre os meios para atingir o fim, pois o fim em si é comumente assumido, assim como o médico assume a necessidade de estabelecer uma boa saúde e o orador a de persuadir seus ouvintes. Se houver mais de uma maneira de atingir o fim, ele delibera por qual desses vários meios ele pode atingi-lo melhor e mais facilmente, tomando como base o próprio fim primeiro para a causa próxima desse fim, depois para a causa imediatamente anterior a essa causa, e assim sucessivamente até chegar à causa primária, que é ou uma ação própria, dentro dos próprios meios, ou algo que requer implementos e assistência além de seu poder de obtenção. Esse é um processo de análise semelhante ao adotado pelos geômetras na busca da solução de um problema: eles supõem que a figura com as condições exigidas seja construída; em seguida, eles a desmontam, seguindo as consequências de cada condição separada que se supõe que ela possua. Se, por essa maneira de proceder, chegarem a alguma verdade conhecida, o problema estará resolvido; se chegarem a alguma inverdade conhecida, o problema será insolúvel. O último passo a que se chega na análise é o primeiro na ordem de produção. Quando um indivíduo, ao realizar mentalmente essa análise deliberativa, chega a algo manifestamente impraticável, ele desiste de prosseguir com a deliberação, mas se ele chegar a algo que esteja em seu poder realizar, ele começará a agir de acordo. O assunto da deliberação e o assunto da preferência deliberada são os mesmos, mas o último representa o processo como concluído e o resultado da deliberação decidido.

Tomamos conselho e deliberamos (como dito), não sobre o fim, mas sobre os meios ou os melhores meios para o fim assumido. Nós desejamos o fim. Nosso desejo é pelo bem, real ou aparente. Se por um ou por outro, é uma questão controversa. Falando de modo geral, e sem referência a idiossincrasias peculiares, o bem real ou o bem é o objeto dos desejos humanos; falando com referência a qualquer indivíduo em particular, é o próprio bem suposto ou aparente. Sobre esse assunto, o indivíduo virtuoso é o juiz adequado e o padrão de referência, porque o que é realmente bom parece bom para ele. Cada disposição particular tem seu sentimento peculiar, tanto do que é honroso quanto do que é agradável, porque a principal excelência do indivíduo virtuoso é que ele, em toda variedade de circunstâncias, percebe o que é verdadeira e genuinamente bom, ao passo que para a maioria das pessoas o prazer é um engano e parece ser bom, mas não o é na realidade.

Tanto a virtude quanto o vício consistem na preferência deliberada por um ou outro curso de ação. Portanto, ambos são voluntários e estão em nosso poder, ambos são igualmente assim. Não é possível atribuir uma conduta virtuosa ou uma conduta viciosa a qualquer outro princípio, exceto a nós mesmos, porque o ser humano é a causa das próprias ações, assim como é o pai de seus filhos. É sobre essa suposição que se baseiam todas as recompensas e punições legais. Elas têm o propósito de encorajar e prevenir, mas seria absurdo pensar em encorajar ou prevenir o que é involuntário, como o apetite da fome e da sede. Um ser humano é punido por ignorância quando ele mesmo é a causa de sua ignorância ou quando, com esforços razoáveis, poderia ter adquirido o conhecimento necessário. Todo indivíduo acima do limite da presunção absoluta deve saber que qualquer repetição constante de atos tende a formar um hábito. Se, então, pela repetição de atos, ele se permitir formar um mau hábito, a culpa é dele. Quando o mau hábito é formado, é verdade que o indivíduo não pode se livrar dele imediatamente, mas a formação de tal hábito originalmente não era menos imputável a ele mesmo. Os defeitos do corpo que provocamos em nós mesmos por nossa negligência ou intemperança também nos causam censura, porque se são constitucionais e inevitáveis, somos lamentados por eles. Algumas pessoas parecem ter argumentado, naquela época, que nenhum ser humano poderia ser responsabilizado por sua má conduta, porque (diziam) o fim que ele propunha a si mesmo era bom ou ruim de acordo com sua disposição natural, não de acordo com qualquer seleção própria. Aristóteles parece estar um pouco perplexo com esse argumento; no entanto, ele sustenta que qualquer que seja a influência que possamos permitir à natureza original e incontrolável, ainda assim a formação de nossos hábitos está mais ou menos sob nosso controle concomitante. Portanto, o fim que propomos a nós mesmos, sendo dependente desses hábitos, também é, pelo menos em parte, dependente de nós mesmos, isto é, nossas virtudes e nossos vícios são ambos voluntários.

Os primeiros cinco capítulos do terceiro livro (nos quais Aristóteles examina a natureza das virtudes) talvez devessem constituir um livro à parte. Elas estão entre as partes mais valiosas da ética. Ele agora estabeleceu certos pontos com relação às nossas virtudes em geral.

1. Elas são mediocridades.

2. São hábitos gerados por ações particulares repetidas com frequência.

Quando gerados eles têm uma influência específica própria para facilitar a realização de ações da mesma classe.

4. Estão originalmente em nosso poder e são voluntários.

5. Estão sob a direção da razão correta.

Deve-se observar que nossas ações são voluntárias do início ao fim – a última de uma série de ações repetidas não é menos voluntária do que a primeira. Mas nossos hábitos são voluntários apenas no início, porque eles deixam de ser voluntários depois de um certo tempo, mas o efeito permanente deixado por cada repetição separada da ação é inapreciável.

Aristóteles passa, então, a uma análise das virtudes separadas – coragem, temperança, liberalidade, magnificência, magnanimidade, gentileza, franqueza, simplicidade, elegância, justiça, equidade etc. Ele se esforça para mostrar que cada uma delas é uma certa mediocridade, o excesso de um lado, e o defeito do outro.

Há várias passagens de Aristóteles que parecem quase idênticas à doutrina moral mantida posteriormente pela escola estoica, por exemplo, "da mesma forma, ele não deve temer a penúria, nem a doença, nem de forma alguma coisas que não surjam da baixeza moral, nem dependam de si mesmo".

O indivíduo corajoso tem medo das coisas que convém a um humano temer, mas de nenhuma outra, e mesmo essas ele enfrentará em ocasiões apropriadas, quando a razão mandar e por causa da honra, que é o fim da virtude. Não temer nada, ou temer muito pouco, é imprudência ou insanidade; temer demais é timidez; o indivíduo corajoso é o meio-termo entre os dois, que teme o que deve, quando deve, como deve, e com os pontos de vista e propósitos corretos. O adúltero se expõe frequentemente a grandes perigos com o propósito de satisfazer sua paixão, mas Aristóteles não considera isso coragem. Ele tampouco denomina assim as pessoas que afrontam o perigo por paixão, sede de vingança ou temperamento sanguíneo – deve haver preferência deliberada e um motivo adequado para constituir coragem – o motivo da honra.

O fim da coragem (diz Aristóteles) é, em si mesmo, agradável, mas é perdido de vista pelas circunstâncias que o cercam, assim como o prêmio pelo qual o pugilista luta é, em si mesmo, prazeroso, mas, por ser de pouca importância e estar envolto em situações dolorosas, parece não trazer nenhum prazer. A fadiga, os ferimentos e a morte são dolorosos para o indivíduo corajoso – a morte é, de fato, mais dolorosa para ele, na medida em que sua vida é de maior valor, mas ainda assim ele afronta voluntária e conscientemente essas dores por causa da honra.

Isso é doloroso: "mas o prazer não deve ser antecipado no exercício de todas as diferentes virtudes, exceto no que diz respeito à obtenção do fim".

(Isso é perfeitamente verdadeiro, mas contradiz decididamente a observação que Aristóteles havia feito em seu primeiro livro a respeito do prazer inerente à ação virtuosa).

Coragem e temperança são as virtudes dos instintos. A temperança é a observância de um meio racional com relação aos prazeres de comer, beber e fazer sexo. Aristóteles parece ser inconsistente quando faz que ela pertença àqueles prazeres dos quais os animais geralmente participam, pois outros animais não apreciam bebidas intoxicantes a menos que, de fato, elas sejam consideradas pertencentes à bebida em geral. O indivíduo equilibrado deseja esses prazeres como deve, quando deve, dentro dos limites do que é honroso, e tendo uma referência adequada à quantidade de seus recursos pecuniários, exatamente como a razão correta prescreve. Buscar mais é excesso, ao passo que buscar menos é defeito. Entretanto, ao estimar o excesso e o defeito há uma certa referência tácita às disposições médias de muitos.

"Portanto, os desejos do indivíduo temperante devem se harmonizar com a razão, pois o objetivo de ambos é a honra. E o indivíduo temperante deseja o que deve, e como deve, e quando deve, e essa também é a ordem da razão".

Todos os atos virtuosos devem ser por conta do honroso. Assim, Aristóteles diz que as doações do pródigo não devem ser chamadas de liberais. "Nem suas doações são liberais, pois não são honrosas, nem por conta disso, nem como deveriam ser". Novamente sobre o indivíduo magnífico, diz: "Agora, o indivíduo magnífico gastará tais coisas por causa do honrado; pois essa é uma condição compartilhada por todas as virtudes, e ainda assim ele o fará agradavelmente e generosamente". Ao contrário, o indivíduo vulgar, que difere do indivíduo magnífico no sentido de excesso, é dito que gasta, "não por causa do honrado, mas com o propósito de fazer uma exibição de sua riqueza".

Com relação a esses adjetivos que demonstram elogio ou culpa, há sempre uma comparação tácita com algum padrão assumido. Assim, com relação ao amante da honra, Aristóteles observa: "É evidente que, como a expressão 'amante de tais e tais coisas' e usada em vários sentidos, nem sempre aplicamos 'amante da honra' para expressar a mesma coisa; mas quando elogiamos, elogiamos aquela ambição que é maior do que a da maioria dos seres humanos, e culpamos aquela que é maior do que deveria ser".

No quinto livro, Aristóteles passa a explicar em que consistem a justiça e a injustiça. Essas palavras são usadas em dois sentidos, um mais amplo e um sentido mais restrito.

Em um sentido mais amplo, o comportamento justo é equivalente à observância da lei, ao passo que o comportamento injusto é equivalente à violação da lei. Mas a lei ou de fato ordena ou pode ser entendida como se estivesse ordenando, uma vez que devemos realizar em relação aos outros os atos pertencentes a cada um dos tipos de virtude. Ou a lei de fato proíbe ou pode ser entendida como se estivesse proibindo, uma vez que realizemos em relação aos outros, qualquer um dos atos pertencentes a cada um dos tipos de vício. Nesse sentido mais amplo, portanto, a justiça é sinônimo geral de virtude perfeita, ao passo que a injustiça é sinônimo de maldade perfeita. Há apenas a diferença de que justo ou injusto são expressões aplicadas ao comportamento à medida que afetam outras pessoas além do agente, destacando-se que "virtuoso" ou "malvado" são adjetivos aplicados simplesmente ao agente, sem conotar qualquer referência posterior a outras pessoas. Justo ou injusto é necessariamente em relação a outra pessoa, e essa referência está claramente implícita no termo. Virtuoso ou vicioso não conotam, na força do termo, nenhuma dessas relações, mas são empregados com referência ao agente simplesmente, pois: "Essa justiça, então, é a virtude perfeita; mas não absolutamente, mas com referência ao próximo. Em um sentido, chamamos de justas as coisas que produzem e preservam a felicidade e suas partes na comunhão política".

A justiça, nesse sentido, é a própria plenitude da virtude, pois denota o exercício real do comportamento virtuoso em relação aos outros, conforme afirma Aristóteles ao explicar que: "Há muitos que se comportam virtuosamente em relação a seus assuntos pessoais, mas que são incapazes de fazê-lo em relação aos outros [...] Por essa razão, a justiça tem sido chamada por alguns de o bem do outro e não o nosso próprio – a justiça é a única de todas as virtudes, porque necessariamente se refere a outra pessoa. O ser humano justo faz o que é do interesse de outra pessoa, seja o magistrado ou a comunidade".

A justiça, em um sentido mais restrito, é o modo de comportamento pelo qual um indivíduo, em suas relações com os outros, busca tomar para si sua parte justa e nada mais dos objetos comuns de desejo, e consente de bom grado em suportar sua parte justa das dificuldades comuns. A injustiça é o oposto – aquela pela qual uma pessoa tenta se apropriar mais do que sua parte justa dos objetos de desejo, enquanto tenta escapar de sua parte justa dos objetos de aversão. Visar a essa distribuição injusta dos benefícios da sociedade, seja em favor próprio, seja em prol de qualquer outra pessoa, é injustiça no sentido estrito".

A justiça nesse sentido mais restrito é dividida em dois ramos: 1. justiça distributiva; 2. justiça corretiva.

A justiça distributiva refere-se àquelas ocasiões em que benefícios positivos devem ser distribuídos entre os membros da comunidade, riqueza e honras etc. Nesse caso, a parte de cada cidadão deve ser uma parte não absolutamente igual, mas proporcional ao seu valor pessoal, e é na estimativa desse valor pessoal que surgem as brigas e as discórdias.

A justiça corretiva se refere às transações individuais ou ao comportamento individual entre uma pessoa e outra pessoa, ou às transações que implicam consentimento mútuo e contrato, como compra, venda, empréstimo, aluguel, fiança, depósito etc., ou ainda àquelas que não implicam tal consentimento mútuo – aquelas que, ao contrário, são processadas por fraude ou força – como roubo, adultério, perjúrio, envenenamento, assassinato, furto, espancamento, mutilação, homicídio, difamação etc.

Com relação a transações dessa natureza, os cidadãos são considerados todos em pé de igualdade – não se leva em conta a diferença entre eles em termos de valor individual. Cada ser humano é considerado com direito a uma parcela igual do bem e do mal, e se em qualquer transação entre um indivíduo e outro indivíduo um deles tentar aumentar sua parcela do bem ou diminuir sua parcela do mal às custas de outro indivíduo a justiça corretiva intervirá e restabelecerá a igualdade assim indevidamente perturbada. Aquele que perdeu ou sofreu indevidamente deve ser compensado e recolocado em sua posição anterior; aquele que ganhou indevidamente deve ser multado ou sofrer, de modo a ser jogado de volta ao ponto de partida. O juiz, que representa essa justiça corretiva, é uma espécie de mediador, e o ponto que ele procura atingir ao direcionar a reparação é o ponto médio entre o ganho e a perda – de modo que nem a parte agressiva seja ganhadora, nem a parte sofredora seja perdedora. Segundo Aristóteles: "De modo que a justiça é um meio-termo entre uma espécie de ganho e perda em coisas voluntárias – é ter o mesmo depois que antes". Aristóteles admite que as palavras "ganho" e "perda" não são estritamente aplicáveis a muitas das transações que se enquadram no escopo da interferência da justiça corretiva – que elas pertencem propriamente a contratos voluntários, e são forçadas a fim de serem aplicadas a atos de agressão etc.

Os pitagóricos defendiam a doutrina de que a justiça, universalmente falando, consistia em uma simples retaliação – em dar a outro o tratamento exato que esse outro havia dado primeiro. Essa definição não é adequada nem para a justiça distributiva, nem para a justiça corretiva, pois o tratamento assim prescrito seria às vezes mais, às vezes menos, do que a justiça, isso sem mencionar que os atos merecem ser tratados de forma diferente, conforme sejam intencionais ou não intencionais. Mas a doutrina é, até certo ponto, verdadeira no que diz respeito às relações entre uma pessoa e outra pessoa – se for aplicada no modo de analogia geral e não com qualquer consideração de similaridade exata – é importante que o indivíduo que tenha sido bem tratado e aquele que foi maltratado devam mostrar seu senso do procedimento, devolvendo o mesmo uso, pois o Estado se mantém unido por meio de uma retribuição proporcional. Todo o negócio de troca e permuta, de divisão de trabalho e ocupação, isto é, a coexistência desses ingredientes distintos e heterogêneos que são necessários para constituir a comunhão política – o suprimento das necessidades mais essenciais dos cidadãos – é tudo fundado na continuidade e na expectativa desse pagamento garantido por atos realizados. O dinheiro é introduzido como um instrumento indispensável para facilitar esse tráfego constante, já que ele proporciona uma medida comum para estimar o valor de cada serviço. "E assim, se não houvesse possibilidade de retaliação, não haveria comunhão".

A justiça é, portanto, uma mediocridade – ou consiste em um meio-termo justo – entre dois extremos, mas não da mesma forma que as outras virtudes. O indivíduo justo é aquele que atribui a si mesmo e a todos os outros a parte adequada e legítima tanto do benefício quanto do ônus. A injustiça, ao contrário, consiste no excesso ou defeito que se encontra em um lado ou no outro desse ponto médio.

Aristóteles diz que a justiça distributiva lida com os indivíduos de acordo com a proporção geométrica, ao passo que a justiça corretiva lida de acordo com a proporção aritmética. A justiça, estrita e apropriadamente chamada assim, é a justiça política, aquela reciprocidade de direito e obrigação que prevalece entre cidadãos livres e iguais em uma comunidade, ou entre cidadãos que, se não forem positivamente iguais, ainda assim estão em uma proporção garantida e definida entre si. Essa relação é definida e mantida pela lei e por juízes e magistrados para administrar a lei. A justiça política implica um estado de direito – uma comunidade de pessoas qualificadas por natureza para obedecer e sustentar a lei – e um arranjo definido entre os cidadãos no que diz respeito à alternância de comando e obediência. "Pois isso é, como dissemos, de acordo com a lei, e entre aqueles que podem naturalmente ter lei; aqueles, a saber, como dissemos, que têm uma igualdade de governar e ser governados". Como a lei surge da necessidade de evitar a injustiça, ou de impedir que qualquer indivíduo se aproprie de mais do que sua parte justa das coisas boas, sente-se que qualquer pessoa investida de autoridade soberana pode e cometerá essa injustiça. A razão, portanto, é entendida como detentora da autoridade soberana, e o arconte[30] atua apenas como guardião dos direitos e obrigações recíprocos – da igualdade constitucional – entre os vários cidadãos, assumindo, assim, um "dever incômodo e pago por seu trabalho com honra e respeito".

A relação que subsiste entre senhor e escravo, ou pai e filho, não é propriamente uma relação de justiça, embora seja um tanto análoga. Tanto o escravo quanto o filho não adulto são como partes do senhor e pai. Portanto, não pode haver injustiça de sua parte para com eles, uma vez que ninguém pretende deliberadamente ferir uma parte de si mesmo. Entre marido e mulher existe um tipo de justiça v a justiça doméstica –, mas isso também é diferente da justiça política.

A justiça política é em parte natural – em parte convencional. O que é natural é o mesmo em todos os lugares, e o que é convencional é diferente em diferentes países e tem sua origem totalmente em uma instituição positiva e especial. Algumas pessoas pensam que toda a justiça política é, portanto, convencional, e nenhuma natural, porque elas veem que direitos e obrigações são mutáveis em toda parte, e em nenhum lugar exibem aquela permanência e invariabilidade que marcam as propriedades dos objetos naturais. "Isso é verdade até certo ponto, mas não totalmente.

---

30 Na antiga Grécia, magistrado que, até o século VI a.C., exercia o poder de legislar, e a partir de então só o de executor das leis (ARCONTE. **Aulete**. Disponível em: https://www.aulete.com.br/arconte#google_vignette. Acesso em: 18 jan. 2024).

Provavelmente, entre os deuses isso não é verdade de forma alguma; mas entre nós o que é natural é em parte variável, embora não em todos os casos. No entanto, há uma distinção real entre o que é natural e o que não é natural. Tanto a justiça natural quanto a justiça convencional são, portanto, igualmente contingentes e variáveis, mas há um modo claro de distinguir entre as duas, aplicável não apenas ao caso da justiça, mas a outros casos em que a mesma distinção deve ser feita. Pois, por natureza, a mão direita é a mais forte, mas ainda assim pode acontecer de haver homens ambidestros. E, da mesma forma, as regras de justiça que não são naturais, mas de estabelecimento humano, não são as mesmas em todos os lugares, tampouco, de fato, o mesmo modo de governo prevalece em todos os lugares, embora haja apenas um modo de governo que é em todos os lugares agradável à natureza – o melhor de todos".

O comentário de Andrônico sobre essa passagem é mais claro e mais instrutivo do que a própria passagem de Aristóteles, e é notável como um anúncio distinto do princípio da utilidade. "Uma vez que tanto a justiça natural quanto a justiça convencional são mutáveis, da maneira que acabamos de afirmar, como podemos distinguir uma dessas instituições flutuantes da outra? A distinção é clara. Cada preceito especial de justiça deve ser examinado na própria base para verificar se é vantajoso para todos que ele seja mantido inalterado ou se a subversão dele causaria danos. Se esse for o caso, o preceito em questão pertence à justiça natural; se for o contrário, à justiça convencional".

O justo e o injusto, sendo assim definidos, uma pessoa que faz, voluntária e conscientemente, uma a outra, age justa, ou injustamente, se ela o faz sem querer ou sem saber, ela não age nem justa nem injustamente, exceto por acidente, isto é, ela faz o que não é essencialmente e em sua natureza injusto, mas só o é por acidente. Assim, a injustiça terá sido cometida, mas nenhum ato injusto terá sido cometido, se o ato for feito involuntariamente. O indivíduo que devolve um depósito sem querer e por medo de perigo para si mesmo não age com justiça, embora faça o que por acidente é justo; o indivíduo que, ansioso para devolver o depósito, é impedido de fazê-lo por uma força positiva superior, não age injustamente, embora faça o que por acidente é injusto. Quando uma pessoa comete um dano, ou ela o faz contrariando toda expectativa razoável, de tal forma que nem ela, nem qualquer outra pessoa poderia ter previsto, por seu ato, o dano que de fato resultou dele e, nesse caso, trata-se de um puro infortúnio, pois, ou ela o faz sem intenção ou conhecimento prévio, mas sob circunstâncias em que o dano poderia ter sido previsto e deveria ter sido previsto, nesse caso, consistindo em uma falha, ou ela o faz intencionalmente e com conhecimento prévio, mas sem qualquer deliberação prévia, por raiva ou algum impulso momentâneo violento, caso que seria considerado um ato injusto, mas o agente não é necessariamente uma pessoa injusta ou perversa por tê-lo feito, uma vez que ela o faz com intenção e escolha deliberada, caso em que ela seria considerada injusta e perversa.

O indivíduo que faz uma coisa justa ou uma coisa injusta não é necessariamente justo ou injusto. O fato de ser ou não depende do estado de sua mente e intenção no momento.

A equidade não está em desacordo com a justiça, mas sim consiste em um aperfeiçoamento da justiça. É uma correção e um complemento para as imperfeições inevitáveis nas definições da justiça legal. A lei deseja abranger todos os casos, mas falha ao fazê-lo, já que as palavras de sua promulgação não expressam completa e exatamente suas reais intenções, mas sim algo mais ou algo menos. Quando o legislador fala em termos gerais, pode ocorrer um caso particular que se enquadre na regra que ele estabeleceu, mas que ele não teria desejado compreender se soubesse como evitá-lo. Então, a conduta do indivíduo está se tornando uma conduta de acordo com a lei. Então, a conduta do indivíduo, para cuja vantagem a lei, nesse caso especial, se volta deve se abster de tirar proveito de sua posição e agir como o próprio legislador desejaria, se fosse consultado sobre o caso especial. As regras gerais estabelecidas pelo legislador são necessariamente mais ou menos defeituosas. De fato, a única razão pela qual tudo não é determinado por lei é que há alguns assuntos a respeito dos quais é impossível elaborar uma lei. Essa é a conduta do indivíduo equitativo, "que se abstém de levar seus direitos legais ao extremo, em prejuízo de outros, mas que renuncia à vantagem de sua posição, embora a lei esteja a seu favor".

Uma pessoa pode se ferir, mas não pode agir injustamente consigo mesma. Nenhuma injustiça pode ser feita a um indivíduo, exceto contra seu consentimento. O suicídio é, por implicação, proibido pela lei. Cometer suicídio é errado, porque o ser humano, ao fazê-lo, age injustamente com a sociedade, não consigo mesmo, o que é impossível".

Agir injustamente – e ser objeto de tratamento injusto por parte de outros – são ambos ruins. Mas, qual é o pior? O menor dos dois males é ser objeto de injustiça por parte dos outros. Ambos são ruins porque, em um caso, um indivíduo recebe mais do que sua parte, no outro, menos do que sua parte. Em ambos os casos, o meio justo é desviado. Agir injustamente é censurável e resulta em maldade; ser objeto de uma ação injusta por parte de outros não é censurável e não resulta em maldade. Portanto, o último é, em si mesmo, o menor mal, embora, por acidente, possa talvez se tornar o maior mal dos dois. Da mesma forma, a inflamação de um órgão do corpo humano é, por si só, um mal maior do que um tropeço e um tropeço, mas, por acidente, pode acontecer que esse último seja o maior mal dos dois, se ocorrer no momento em que uma pessoa estiver fugindo do inimigo, de modo a fazer que ele seja feito prisioneiro e morto.

A questão aqui levantada por Aristóteles – sobre qual seria o mal maior, se agir injustamente ou ser objeto de uma ação injusta – havia sido levantada por Platão no *Górgias*. Aristóteles segue sua teoria sobre a virtude, fazendo que ela consista na observância de um ponto médio. O ser humano que age injustamente peca de um lado desse ponto, o objeto da injustiça erra do outro lado. Um é comparável a uma pessoa que come ou trabalha demais para sua saúde, o outro a uma pessoa que come ou trabalha de menos. A questão dificilmente poderia surgir, de acordo com a visão dos autores éticos modernos sobre os princípios da ciência moral. As duas coisas comparadas não são, de fato, comensuráveis. Analisando a questão do ponto de vista do moralista, a pessoa prejudicada não incorreu em culpa moral, mas sofreu mais ou menos infortúnio, mas o agente injusto, ao contrário, não sofreu infortúnio – talvez tenha colhido benefícios –, mas, de qualquer forma, incorreu em culpa moral. A sociedade, de modo geral, é decididamente prejudicada pelo ato, mas o mal feito resulta em sofrimento infligido, uma vez que o ato é considerado e chamado de errado porque inflige sofrimento, e não por outra razão. Parece uma questão inadmissível, portanto, perguntar qual dos dois é o mal maior, o sofrimento sofrido por A, ou o erro pelo qual B ocasionou esse sofrimento, pelo menos no que diz respeito à sociedade.

Mas os antigos moralistas, ao instituírem essa comparação, parecem ter olhado não para a sociedade, mas para os dois indivíduos – o malfeitor e o sofredor – e também para eles de um ponto de vista próprio. Se considerarmos os sentimentos dessas duas partes como o padrão pelo qual julgar, a sentença deve ser obviamente contrária à opinião emitida por Aristóteles, já que o sofredor, de acordo com seu sentimento, está pior do que estava antes, ao passo que o malfeitor está melhor. E é por essa razão que o ato forma uma base adequada para punição ou reparação judicial. Mas o moralista avalia a condição dos dois indivíduos por um padrão próprio, não pelos sentimentos que eles mesmos nutrem. Ele decide por si mesmo que um estado de espírito virtuoso é o ingrediente primário e essencial da felicidade individual – um estado de espírito perverso é a grande fonte de miséria, e por esse teste ele avalia a felicidade comparativa de cada pessoa. O ser humano que manifesta evidências de um estado mental culpado está decididamente em pior situação do que aquele que sofreu apenas um infortúnio imerecido.

POLÍTICA[31]

O esquema de governo proposto por Aristóteles, nos dois últimos livros de sua obra intitulada *Política*, representando suas ideias de algo parecido com a perfeição, é evidentemente baseado na *República*, de Platão, de quem ele difere na importante circunstância de não admitir nem a comunidade de propriedade, nem a comunidade de esposas e filhos.

Cada um desses filósofos reconhece uma classe separada de habitantes, isenta de todo trabalho privado e de todos os empregos que geram dinheiro, constituindo exclusivamente os cidadãos da comunidade. Essa pequena classe é, de fato, a cidade – a comunidade, composta pelos demais habitantes que não fazem parte da comunidade, mas são apenas apêndices dela – indispensáveis, de fato, mas ainda assim apêndices, da mesma forma que os escravos ou o gado. Na *República*, de Platão, essa estreita aristocracia não tem permissão para possuir propriedade privada ou famílias separadas, mas forma uma irmandade inseparável. Já no esquema de Aristóteles essa aristocracia forma uma casta distinta de famílias privadas, cada uma com sua propriedade separada. Todo o território do Estado pertence a eles e é cultivado por cultivadores dependentes, pelos quais a produção é feita e distribuída sob certas restrições. Uma determinada seção do território é considerada propriedade comum do corpo de cidadãos (ou seja, da aristocracia), e os produtos dela são entregues pelos cultivadores em um estoque comum, em parte para abastecer as mesas públicas nas quais todos os cidadãos, com suas esposas e famílias, são alimentados, em parte para custear as solenidades religiosas. A porção restante do território é possuída em propriedades separadas por cidadãos individuais, que consomem a produção como bem entendem, cada cidadão tendo dois lotes distintos de terra atribu-

---

31   Capítulo XIV da obra "Aristóteles", de George Grote. Tradução de Murilo Oliveira de Castro Coelho. Em razão de o presente livro se tratar apenas de uma organização de trechos com a finalidade de oferecer noções da filosofia aristotélica, foram retirados os termos em grego, bem como foram suprimidas as referências à obra de Aristóteles intitulada *Política*, da qual George Grote retirou os principais conceitos.

ídos a ele, um perto da periferia do território, o outro perto do centro. Esse último regulamento também foi adotado por Platão no tratado *Leis*, e é surpreendente observar que o próprio Aristóteles o censurou, em suas críticas a esse tratado, como incompatível com uma economia criteriosa e cuidadosa. A sissítia, ou mesas públicas, também são adotadas por Platão, em conformidade com as instituições realmente existentes em sua época em Creta e em outros lugares.

Os cultivadores dependentes, no esquema de Aristóteles, deveriam ser escravos, não unidos por nenhum vínculo de língua comum ou país comum, e se isso não fosse possível eles deveriam ser uma raça de estrangeiros subjugados, degradados em periecos[32], privados de todo uso de armas e confinados à tarefa de trabalhar no campo. Os escravos que cultivavam a terra comum deveriam ser considerados propriedade do corpo coletivo de cidadãos, e os escravos em terras pertencentes a cidadãos individuais seria propriedade desses cidadãos.

Quando consideramos a escassa proporção de habitantes que Aristóteles e Platão incluem nos benefícios de sua comunidade, imediatamente se percebe quão surpreendentemente sua tarefa como teóricos políticos foi simplificada. A comunidade deles é, na verdade, uma aristocracia em uma escala muito estreita. A grande massa de habitantes é totalmente excluída de toda segurança e bom governo, e é colocada sem reservas à disposição do pequeno corpo de cidadãos armados.

Há apenas uma precaução na qual Aristóteles e Platão confiam para garantir o bom tratamento dos cidadãos para com seus inferiores: a educação completa e elaborada que os cidadãos devem receber. Pessoas assim educadas, de acordo com esses filósofos, certamente se comportarão tão perfeitamente na relação de superior para inferior quanto na de igual para igual, de cidadão para cidadão.

Sem dúvida, essa suposição se mostraria verdadeira, até certo ponto, embora muito aquém do que seria necessário para garantir o conforto completo do inferior. Mas, mesmo que fosse verdadeira em toda a sua

---

32 Termo originário do vocábulo grego "perioikos", significa o indivíduo que habita em um mesmo território que outro, mas em meridiano oposto.

extensão, estaria longe de satisfazer as exigências de um teórico benevolente. Pois, embora o inferior deva receber bondade e proteção de seu superior, ainda assim sua mente deve ser mantida em uma degradação adequada à sua posição. Ele deve ser privado de toda cultura moral e intelectual, ele deve ser impedido de absorver qualquer ideia da própria dignidade, ele deve se contentar em receber o que quer que seja concedido, em suportar qualquer tratamento que lhe seja concedido, sem imaginar por um instante que ele tem direito a benefícios ou que o sofrimento lhe é infligido injustamente. Tanto Platão quanto Aristóteles reconhecem a inevitável depravação e rebaixamento moral de todos os habitantes, com exceção de sua classe favorecida. Nenhum deles parece solícito em disfarçar ou mitigar esse fato.

Mas se eles são assim indiferentes em relação à condição moral da massa, são no mais alto grau exatos e cuidadosos em relação à de seus cidadãos selecionados. Esse é seu grande e principal objetivo, para o qual toda a força de seu intelecto e toda a fertilidade de sua engenhosa imaginação são direcionadas. Seus planos de educação são muito elaborados e abrangentes, visando a todos os ramos do aprimoramento moral e intelectual, e buscando elevar o ser humano inteiro a um estado de perfeição, tanto física quanto mental. Seria de se imaginar que eles estivessem elaborando um esquema de educação pública, e não uma constituição política, tão inteiramente seus pensamentos estão absorvidos com o treinamento e a cultura de seus cidadãos. É nesse aspecto que suas ideias são verdadeiramente instrutivas.

Visto com referência ao corpo geral de habitantes em um Estado, nada pode ser mais defeituoso do que os planos desses dois grandes filósofos. Supondo que seus objetivos fossem completamente alcançados, a massa do povo não receberia nada mais do que aquele grau de conforto físico e uso moderado que pode ser feito para consistir na sujeição e na extorsão do trabalho compulsório.

Visto com referência à classe especial reconhecida como cidadãos, os planos de ambos são, em grande medida, admiráveis. A provisão para a virtude, bem como para a felicidade dessa classe específica, é melhor do que jamais foi concebida por qualquer outro projeto político. A maneira íntima pela qual Aristóteles conecta a virtude à felicidade é, acima de tudo, notável. Ele, de fato, define a felicidade como consistindo no esforço ativo e no hábito aperfeiçoado da virtude, e é sobre essa disposição que ele funda a necessidade de excluir a massa de habitantes da cidadania. Pois o objetivo a ser alcançado pela união política é assegurar a felicidade de cada cidadão, o que deve ser feito implantando hábitos de virtude em cada cidadão. Quem, portanto, for incapaz de adquirir hábitos de virtude está desqualificado para se tornar um cidadão. Mas todo indivíduo cuja vida é gasta em ocupações laboriosas, seja na agricultura, no comércio ou na manufatura, torna-se incapaz de adquirir hábitos de virtude e, portanto, não pode ser admitido na qualidade de cidadão. Nenhuma pessoa pode ser capaz da cultura mental e da instrução necessárias se não for isenta da necessidade de trabalhar, se não for capaz de dedicar todo o seu tempo à aquisição de hábitos virtuosos e se não for submetida, desde a infância, a um treinamento severo e sistemático. A exclusão da maior parte do povo dos direitos civis é, portanto, fundada, na mente de Aristóteles, na elevada ideia que ele forma da perfeição humana individual, que ele concebe como absolutamente inatingível, a menos que seja o único objetivo da vida de um ser humano. Mas, então, ele toma cuidado especial para que a educação de seus cidadãos seja de fato tal que os obrigue a adquirir a virtude sobre a qual somente sua preeminência é construída. Se ele os isenta de trabalhos manuais ou de obtenção de dinheiro, ele impõe a eles uma série interminável de restrições dolorosas e deveres vexatórios com o propósito de formar e manter a perfeição de seu caráter. Ele não permite nenhum luxo ou autoindulgência, nenhuma apropriação indevida do tempo, nenhuma exibição ostensiva de riqueza ou posição. A vida de seus cidadãos seletos seria tal que provocaria pouca inveja ou ciúme entre as pessoas comuns. Seu trabalho árduo e sua disciplina rígida pareceriam mais repulsivos do que convidativos, e a preeminência de indivíduos fortes e capazes, submetendo-se a essa educação contínua, pareceria bem merecida e dificilmente conquistada.

Os defensores da razão oligárquica nos tempos modernos empregam a parte ruim do princípio de Aristóteles sem a boa. Eles representam os ricos e os grandes como os únicos capazes de atingir um grau de virtude consistente com o pleno gozo dos privilégios políticos, mas não tomam nenhuma precaução, como faz Aristóteles, para que os indivíduos preferidos correspondam realmente a esse caráter elevado. Eles deixam os ricos e os grandes à própria autoindulgência e propensões indolentes, sem treiná-los por qualquer processo sistemático para hábitos de virtude superior. Assim, os cidadãos selecionados nesse plano não são, no mínimo, melhores, se é que não são piores, do que o restante da comunidade, ao passo que suas indulgências ilimitadas provocam inveja indevida ou admiração indevida entre a multidão excluída. Os cidadãos seletos de Aristóteles são melhores e mais sábios do que o resto de sua comunidade, ao mesmo tempo que são tão cercados e circunscritos por regulamentos severos, que nada, exceto a perfeição de seu caráter, pode parecer digno de inveja ou admiração.

Embora, portanto, esses raciocinadores oligárquicos concordem com Aristóteles em sacrificar a maior parte da comunidade à preeminência de uma classe restrita, eles não conseguem realizar o fim para o qual somente ele pretende justificar tal sacrifício, ou seja, a formação de alguns cidadãos de virtude completa e incomparável.

Os arranjos feitos por Aristóteles para o bom governo de seus cidadãos aristocráticos entre si são baseados em princípios da mais perfeita igualdade. Ele gostaria que eles fossem apenas limitados em número, pois, em sua opinião, o conhecimento pessoal e familiar entre todos eles é essencialmente necessário para um bom governo. Os principais cargos do Estado devem ser ocupados pelos cidadãos idosos, e os deveres militares devem ser cumpridos pelos cidadãos mais jovens. A cidade como um todo, com o território pertencente a ela, deve ser grande o suficiente para ser autossuficiente, mas não deve ser tão extensa a ponto de destruir a intimidade pessoal entre os cidadãos. Um grupo muito grande é, na visão de Aristóteles, incapaz de disciplina ou regularidade.

Para produzir um cidadão virtuoso a natureza, o hábito e a razão devem coincidir. Eles devem ser dotados de virtudes que os qualifiquem tanto para a ocupação quanto para o lazer, com coragem, abnegação e fortaleza, para manter sua independência; com justiça e temperança, para impedi-los de abusar dos meios de diversão que lhes são proporcionados; e com filosofia ou o amor à sabedoria contemplativa e à ciência, para banir o tédio e tornar as horas de lazer agradáveis para eles. Eles devem ser ensinados que suas horas de lazer são de maior valor e dignidade do que suas horas de ocupação. Deve-se submeter à ocupação em prol do desfrute tranquilo do lazer, assim como se faz a guerra em prol da paz, e os empregos úteis e necessários são realizados em prol daqueles que são honrosos. Aristóteles censura grandemente (como de fato Platão havia feito antes dele) as instituições do fundador de Esparta, Lacedemão, como sendo dirigidas exclusivamente para criar excelentes guerreiros e para permitir que a nação dominasse os estrangeiros. Segundo Aristóteles, isso não apenas não é o fim correto, mas também é um fim absolutamente pernicioso e culpável. Manter uma soberania forçada sobre estrangeiros livres e iguais é, ao mesmo tempo, injusto e imoral, e se as mentes dos cidadãos forem corrompidas por essa ambição coletiva e pelo amor ao poder, é provável que algum cidadão, ensinado pela educação do Estado a considerar o poder como o primeiro de todos os fins terrenos, encontre uma oportunidade de se engrandecer pela força ou pela fraude, estabelecendo, assim, uma tirania sobre os próprios compatriotas. Os lacedemônios [espartanos] conduziram-se bem e floresceram sob suas instituições, enquanto estavam em guerra para a ampliação de seu domínio, mas eram incapazes de saborear ou lucrar com a paz, porque eles não foram educados por seu legislador de modo a serem capazes de transformar o ócio em conta.

A educação do cidadão deve começar com o corpo; em seguida, a porção irracional da alma deve ser disciplinada, isto é, a vontade e os apetites, as paixões concupiscentes e irascíveis. Em terceiro lugar, a porção racional da alma deve ser cultivada e desenvolvida. Os desejos habituais devem ser moldados e tutelados de modo a prepará-los para a soberania da razão, quando chegar o momento de colocá-la em ação. Eles não devem aprender nada até os cinco anos de idade, suas diversões devem ser cuidadosamente preparadas e apresentadas a eles, consistindo geralmente em uma imitação das ocupações sérias subsequentes, e todas as fábulas e contos que eles ouvem recitados devem ser tais que preparem o caminho para a disciplina moral, isso tudo sob a superintendência do principal supervisor da educação dos jovens entre os antigos espartanos. Nenhuma conversa obscena ou licenciosa era tolerada na cidade nem qualquer pintura ou estátua indecente, exceto nos templos de algumas divindades específicas. Nenhum jovem tinha permissão para assistir à recitação de declamações de poesias ou de comédia, até que atingisse a idade que o qualificasse para sentar-se às mesas públicas. O filósofo enfatiza imensamente a mudança de ideias às quais as mentes tenras dos jovens se acostumam e as primeiras combinações de sons ou de objetos visíveis que encontram seus sentidos.

Todos os cidadãos da república de Aristóteles deveriam ser educados de acordo com um sistema comum: cada um considerado pertencente à comunidade mais do que aos próprios pais. Essa era a prática em Lacedemônia (Esparta], e Aristóteles a elogia muito.

Aristóteles não aprova o treinamento corporal extremo e violento, que levaria o corpo à condição de um atleta, tampouco sanciona os trabalhos de ginástica impostos pelo sistema lacedemônio, que tinha o efeito de tornar os espartanos "brutais de alma" com o propósito de exaltar sua coragem. Ele observa, em primeiro lugar, que a coragem não é o único ou exclusivo fim a ser almejado em uma educação civil; em seguida, que uma alma selvagem e brutal é menos compatível com a coragem exaltada do que uma alma gentil, treinada de modo a ser primorosamente sensível aos sentimentos de vergonha e honra. O mais sanguinário e insensível entre as tribos bárbaras, observa ele, estava muito longe de ser o mais corajoso. Um indivíduo treinado no sistema lacedemônio, apenas em exercícios corporais, destituído até mesmo da cultura mental mais indispensável, era um verdadeiro bruto – útil apenas para um ramo dos deveres políticos e, mesmo assim, menos útil do que se tivesse sido treinado de uma maneira diferente.

Até a idade de 14 anos, Aristóteles prescreve que os meninos devem ser treinados em exercícios suaves e regulares, sem qualquer trabalho severo ou forçado. Dos 14 aos 17 anos, eles devem ser instruídos em vários ramos do conhecimento, e depois dos 17 anos eles devem ser submetidos a um trabalho corporal mais pesado e nutridos com uma dieta especial e peculiar. Não é indicado por quanto tempo isso deve continuar. Mas Aristóteles insiste na necessidade de não lhes dar, ao mesmo tempo, instrução intelectual e treinamento corporal, pois um deles, diz ele, neutraliza e frustra o outro.

Os lacedemônios não faziam da música parte de sua educação. Eles sequer aprendiam letras, mas dizem que eram bons juízes de música. O próprio Aristóteles, entretanto, parece pensar que é quase impossível que indivíduos que não aprenderam música possam ser bons juízes.

Aristóteles admite que a música pode ser aprendida de forma útil como um prazer e relaxamento inocentes, mas ele a considera desejável principalmente por causa de seus efeitos morais, sobre as disposições e afeições. Em sua opinião, uma virada correta das emoções prazerosas e dolorosas é essencial para a virtude, uma vez que determinadas melodias e ritmos específicos são naturalmente associados a certas disposições mentais. É por meio do ensino precoce, que as melodias e os ritmos associados a disposições temperadas e louváveis podem se tornar mais agradáveis para um jovem do que quaisquer outros. Ele gostará mais daquelas que ouve mais cedo e que encontra universalmente elogiadas e apreciadas pelas pessoas ao seu redor. O gosto pelo perfil das disposições virtuosas tenderá a aumentar nele o amor pela própria virtude.

Aristóteles ordena que os jovens sejam ensinados a executar música instrumental e vocal, porque é somente dessa forma que eles podem adquirir um bom gosto ou julgamento em música; além disso, é necessário fornecer aos meninos alguma ocupação a fim de absorver suas energias inquietas, e não há nada mais adequado do que a música. Algumas pessoas alegaram que o ensino da música como uma arte manual era banal e degradante, rebaixando o cidadão ao nível de um cantor profissional contratado. Aristóteles responde a essa objeção estabelecendo que os jovens devem ser instruídos na arte musical, mas apenas com os objetivos de corrigir e de cultivar seu gosto. Eles devem ser proibidos de fazer qualquer uso de suas aquisições musicais, em anos mais maduros, tocando ou cantando. Aristóteles observa que a música de execução mais difícil havia sido recentemente introduzida nos ágones [competições atléticas praticadas em honra a Zeus no santuário de Olímpia], e que havia encontrado seu caminho dos ágones para a educação comum. Ele decididamente a desaprova e a exclui. Ele proíbe tanto a flauta quanto a harpa, e qualquer outro instrumento que exija muita arte para ser tocado, especialmente a flauta, que ele considera não ética, mas orgiástica – calculada para excitar emoções violentas e momentâneas. A flauta ganhou espaço na Grécia após a invasão persa; em Atenas, naquela época, ela se tornou especialmente elegante, mas foi descontinuada posteriormente (Plutarco alega que por influência de Alcibíades).

As sugestões de Aristóteles para a educação de seus cidadãos são muito menos copiosas e circunstanciais do que as de Platão em sua obra *República*. Ele não apresenta nenhum plano de estudo, nenhum arranjo de ciências a serem transmitidas sucessivamente, nenhuma razão para preferir ou rejeitar. Não sabemos exatamente o que Aristóteles compreendia no termo "filosofia", que ele pretendia que fosse ensinado a seus cidadãos como um auxílio para o emprego adequado de seu lazer. Provavelmente, ele deve ter incluído as ciências morais, políticas e metafísicas, como eram conhecidas na época – aquelas ciências às quais suas obras volumosas se referem.

Por meio da mesa pública, abastecida com os produtos das terras públicas, Aristóteles provê a subsistência completa de cada cidadão. No entanto, ele está bem ciente de que os cidadãos provavelmente aumentarão em número muito rapidamente, e sugere precauções muito eficientes contra isso. Nenhuma criança deformada ou imperfeita deve ser criada, porque crianças, além de um número conveniente, se nascidas, devem ser expostas, mas se a lei do Estado proibir tal prática deve-se tomar cuidado para impedir a consciência e a vida nelas, e para impedir seu nascimento por meio da prática do aborto.

Aristóteles estabeleceu duas ágoras [praças públicas] em sua cidade: uma situada perto do porto, adaptada para a compra, venda e armazenamento de mercadorias, sob a vigilância do magistrado de Atenas, encarregado dos mercados, ou superintendente da ágora (agoranomo); a outra, chamada de ágora livre, situada nas partes mais altas da cidade, separada para o divertimento e a conversa dos cidadãos, e nunca contaminada pela introdução de quaisquer mercadorias para venda. Nenhum artesão ou lavrador pode entrar nessa ágora, a não ser por ordem especial das autoridades. Os templos dos deuses, as residências dos vários conselhos de funcionários do governo, os ginásios dos cidadãos mais velhos, todos devem ser erguidos nessa ágora livre. As cidades da Tessália tinham uma ágora com essa descrição, onde não era permitido nenhum tráfego ou ocupação comum.

A tendência moral das reflexões de Aristóteles é quase sempre útil e elevada. A união íntima que ele reconhece formalmente e perpetuamente proclama entre felicidade e virtude é salutar e instrutiva, e suas ideias sobre o que é virtude são perfeitamente justas, no que se refere à conduta de seus cidadãos entre si, embora sejam miseravelmente defeituosas no que diz respeito à obrigação para com os não cidadãos. Ele sempre atribui a devida preeminência à sabedoria e à virtude, e nunca supervaloriza as vantagens das riquezas, tampouco as considera dignas, por conta própria, de qualquer reverência ou submissão. Ele não permite nenhum título à obediência da humanidade, exceto aquele que decorre de poder superior e disposição para servi-los. Poder e posição superiores, como ele os considera, envolvem uma série de problemas – algumas obrigações que os tornam objetos de desejo apenas para pessoas de virtude e beneficência. O que é mais raro e ainda mais digno de crédito, ele trata todas as visões de conquista e engrandecimento de um Estado como imorais e prejudiciais até para os próprios conquistadores.

A DOUTRINA DE ARISTÓTELES
ESTUDO DE WILLIAM HAMILTON

No que diz respeito a Aristóteles, há dois pontos a serem examinados

I. Que posição ele assume com relação à autoridade do senso comum?

II. Que doutrina ele estabelece sobre os primeiros princípios ou inícios do raciocínio científico?

I. Que Aristóteles não considerava causa, substância, tempo etc. como intuições é demonstrado pelos raciocínios sutis e elaborados que ele emprega para explicá-los, e pela censura que ele confere às explicações errôneas e falhas de outros. De fato, no que diz respeito à causalidade, quando lemos a grande e desconcertante diversidade de significados que Aristóteles (e Platão antes dele no *Fédon*) reconhece como pertencentes a esse termo, não podemos deixar de nos surpreender ao encontrar filósofos modernos tratando-o como enunciando uma ideia simples e intuitiva. Já no tocante ao senso comum – considerando o termo como explicado, e como ele é geralmente entendido por aqueles que não têm uma teoria específica para apoiar – Aristóteles assume uma posição, ao mesmo tempo, distinta e instrutiva, uma posição (para usar a fraseologia de Kant) não dogmática, mas crítica. Ele constantemente nota e relata as afirmações do senso comum, fala dele com respeito e atribui a ele um valor qualificado, em parte como nos ajudando a examinar o assunto por todos os lados, em parte como uma confirmação feliz, em que ele coincide com o que foi provado de outra forma, mas ele não apela a ele como uma autoridade em si mesma confiável ou imperativa.

O senso comum pertence à região da opinião. Agora, a distinção entre assuntos de opinião, por um lado, e assuntos de ciência ou cognição, por outro, é uma característica marcante da filosofia de Aristóteles. Ele coloca, em uma antítese pontual, a demonstração, ou o método da ciência – que se divide em assuntos especiais, cada um tendo alguns princípios especiais próprios, depois procede por passos legítimos de raciocínio dedutivo com base nesses princípios e chega a conclusões às vezes universalmente verdadeiras, sempre verdadeiras em sua maior parte – contra a retórica e a dialética, que lidam e discutem opiniões sobre todos os assuntos, comparando argumentos opostos e chegando a resultados mais ou menos prováveis. Contrastando-as como linhas separadas de procedimento intelectual, Aristóteles estabelece uma teoria de ambas. Ele reconhece o procedimento da retórica e da dialética como sendo, em grande medida, o crescimento comum e espontâneo da sociedade, ao passo que a demonstração é, desde o início, especial, não apenas quanto ao assunto, mas também quanto às pessoas, implicando professor e aluno.

A retórica e a dialética são tratadas por Aristóteles como processos análogos. Quanto à questão da opinião e da crença, com a qual ambas lidam, ele distingue três variedades: (1) opiniões ou crenças sustentadas por todos; (2) pela maioria; (3) por uma minoria de pessoas superiores, ou por uma pessoa em relação a uma ciência na qual adquiriu renome. São essas opiniões ou crenças que o retórico e o dialético atacam e defendem, apresentando todos os argumentos disponíveis a favor ou contra cada uma delas.

O tratado aristotélico sobre retórica começa com as seguintes palavras: "A retórica é a contraparte da dialética, pois ambas tratam de assuntos que não se enquadram em nenhuma ciência especial, mas que pertencem, de certa forma, ao conhecimento comum de todos. Portanto, cada indivíduo tem sua parcela de ambos, maior ou menor, pois cada um pode, até certo ponto, tanto examinar os outros quanto suportar o exame dos outros; cada um tenta se defender e acusar os outros". Com o mesmo propósito, Aristóteles fala sobre a dialética, no início de sua obra intitulada *Tópicos*: "O silogismo dialético toma suas premissas de assuntos de opinião, isto é, de assuntos que parecem bons para (ou são acreditados por) todos, ou a maioria, ou os sábios – ou todos os sábios, ou a maioria deles, ou os mais célebres". Aristóteles distingue esses assuntos de opinião ou crença comum de três outros assuntos distintos: (1) assuntos que não são de fato tais, mas apenas na aparência, nos quais a menor atenção é suficiente para detectar a falsa pretensão de probabilidade, ao passo que ninguém, exceto um sofista contencioso, jamais pensa em apresentá-los, pelo contrário, os assuntos reais da crença comum nunca são tão palpavelmente falsos, mas sempre têm algo mais profundo do que uma aparência superficial; (2) as primeiras verdades ou princípios, sobre os quais a demonstração científica procede; (3) os paralogismos, ou suposições falaciosas, passíveis de ocorrer em cada ciência em particular.

Agora, o que Aristóteles aqui designa e define como "questões de opinião e crença comum" inclui tudo o que é normalmente entendido, e apropriadamente entendido, por senso comum – o que é acreditado por todos as pessoas ou pela maioria delas. Mas Aristóteles não reivindica qualquer garantia ou autoridade para a verdade dessas crenças, com base no fato de serem libertações do senso comum e aceitas (por todos ou pela maioria) sempre como indiscutíveis, muitas vezes como evidentes. Ao contrário, ele as classifica como meras probabilidades, algumas em maior grau, outras em menor grau, como assuntos sobre os quais algo pode ser dito tanto a favor quanto contrariamente, e sobre os quais toda a força do argumento de ambos os lados deve ser evidenciada, não obstante a suposta autoevidência nas mentes dos crentes não científicos. Embora, no entanto, ele encoraje essa discussão dialética de ambos os lados como útil e instrutiva, ele nunca afirma que ela pode, por si só, levar a certas conclusões científicas, ou a qualquer coisa mais do que uma forte probabilidade em um balanço das considerações compensatórias. A linguagem que ele usa ao falar sobre essas manifestações do senso comum é comedida e justa. Depois de distinguir a verdadeira opinião comum das simulações falaciosas de opinião comum criadas (segundo ele) por alguns pretendentes, ele declara que em todos os casos de opinião comum há sempre algo mais do que uma mera aparência superficial de verdade. Em outras palavras, onde quer que qualquer opinião seja realmente defendida por um grande público, ela sempre merece o exame minucioso do filósofo para verificar até a que ponto é errônea e, se for errônea, por quais aparências de razão ela foi capaz de prevalecer até agora.

Mais uma vez, no início de *Tópicos* (obra na qual ele apresenta uma teoria e os preceitos do debate dialético), Aristóteles especifica quatro fins diferentes a serem atendidos por esse tratado. Ele será útil (diz ele) para os propósitos dispostos a seguir.

1. Para nossa prática no trabalho de debate – se adquirirmos um método e um sistema acharemos mais fácil conduzir um debate sobre qualquer assunto novo, sempre que esse debate surgir.

2. Para nosso relacionamento diário com o público comum – quando tivermos feito para nós mesmos uma coleção completa das opiniões sustentadas por muitos, continuaremos nossa conversa com eles tomando como base suas doutrinas, e não as doutrinas estranhas às suas mentes; assim, seremos capazes de convencê-los sobre qualquer assunto em que os consideremos em erro.

3. Para as ciências pertencentes à filosofia – ao discutir as dificuldades de ambos os lados, discriminaremos mais facilmente a verdade e a falsidade em cada questão científica separada.

4. Para o primeiro e mais elevado dos principia de cada ciência em particular – por serem os primeiros e mais elevados de todos, não podem ser discutidos com base em princípios especiais e peculiares a qualquer ciência separada, mas devem ser discutidos por meio das opiniões comumente recebidas sobre o assunto de cada uma delas. Essa é a principal característica da dialética, que, sendo essencialmente teste e crítica, está conectada por alguns fios com os princípios de todas as várias pesquisas científicas.

Vemos, portanto, que a linguagem de Aristóteles sobre a opinião comum ou senso comum é muito cautelosa, bem como que, em vez de citá-la como uma autoridade, ele a discrimina cuidadosamente da ciência, e a coloca decididamente em um nível mais baixo do que a ciência, no que diz respeito à evidência. No entanto, ele a reconhece como essencial para ser estudada pelo sujeito científico, com o confronto completo de todos os raciocínios a favor e contra cada opinião, e não apenas porque tal estudo permitirá que o indivíduo científico estude e converse de forma inteligível e eficaz com o vulgar, mas também porque aguçará seu discernimento para as verdades da própria ciência, e porque fornece os únicos materiais para testar e limitar os primeiros princípios dessa ciência.

II. Em seguida, vamos nos referir ao julgamento de Aristóteles a respeito desses princípios da ciência: como ele supõe que eles sejam adquiridos e verificados. Ele discrimina várias ciências especiais (Geometria, Aritmética, Astronomia etc.), cada uma das quais tem a própria matéria apropriada e princípios especiais nos quais se fundamenta. Mas há também certos princípios comuns a todas elas, e ele considera que eles caem sob o conhecimento de uma grande ciência abrangente, que inclui todas as demais: Primeira Filosofia ou Ontologia – a ciência de entes em seu sentido mais geral, ao passo que cada uma das ciências separadas se limita a um departamento exclusivo de entes.

O geômetra não discute nem prova os primeiros princípios de sua ciência, tampouco aqueles que ela tem em comum com outras ciências, muito menos aqueles que lhe são peculiares. Ele os toma como certos e demonstra as consequências que se seguem logicamente deles. Cabe ao primeiro filósofo discutir os princípios de todas as ciências. Consequentemente, a característica do primeiro filósofo é totalmente abrangente, coextensiva a todas as ciências. Assim também é o dialético, igualmente abrangente. Até aqui os dois concordam, mas diferem quanto ao método e ao propósito. O dialético busca reforçar, confrontar e valorizar todas as diferentes razões a favor e contra, consistentes e inconsistentes, e o primeiro filósofo também faz isso, ou supõe que seja feito por outros, mas vai além, a saber, determina certos axiomas que podem ser considerados bases seguras (junto a outros princípios) para conclusões demonstrativas na ciência.

Aristóteles descreve em sua obra intitulada *Analíticos* o processo de demonstração e as condições necessárias para torná-lo válido. Mas qual é o ponto de partida para esse processo? Aristóteles declara que não pode haver uma regressão sem fim, demonstrando uma conclusão por meio de certas premissas, depois demonstrando essas premissas por meio de outras, e assim por diante. Em última análise, é preciso chegar a algumas premissas que não são demonstráveis, mas que podem ser confiadas como base por meio da qual se pode começar a demonstrar as conclusões. Toda demonstração é realizada por meio de um termo médio, que liga os dois termos da conclusão, embora ele próprio não apareça na conclusão. Essas proposições indemonstráveis, por meio das quais a demonstração começa, devem ser conhecidas sem um termo médio, isto é, imediatamente conhecidas. Elas devem ser conhecidas por si mesmas, isto é, não por meio de quaisquer outras proposições, e elas devem ser mais conhecidas do que as conclusões derivadas delas, devem ser as proposições primeiras e mais conhecíveis. Mas esses dois últimos epítetos (Aristóteles repete com frequência) têm dois significados: primeiro e mais conhecível por natureza ou absolutamente, são as proposições mais universais; e mais conhecível para nós são aquelas proposições que declaram os fatos particulares do sentido. Esses dois significados designam verdades correlatas entre si, mas em extremos opostos da linha de marcha intelectual.

Desses princípios indemonstráveis, indispensáveis como base de toda demonstração, alguns são peculiares a cada ciência separada, ao passo que outros são comuns a várias ou a todas as ciências. Esses princípios comuns eram chamados de axiomas, em Matemática, mesmo na época de Aristóteles. Às vezes, de fato, ele os designa como axiomas, sem qualquer referência especial à Matemática, embora também use o mesmo nome para denotar outras proposições, que não têm o mesmo caráter fundamental. Agora, como chegamos a conhecer esses axiomas indemonstráveis e outras proposições imediatas ou princípios, já que não os conhecemos por demonstração? Essa é a segunda pergunta a ser respondida, ao apreciar as opiniões de Aristóteles sobre a filosofia do senso comum.

Ele é muito explícito em sua maneira de responder a essa pergunta. Ele considera absurdo supor que esses princípios imediatos sejam inatos ou congênitos, em outras palavras, que os possuímos desde o início e, ainda assim, que permanecemos por muito tempo sem qualquer consciência de os possuir, visto que eles são os mais precisos de todos os nossos conhecimentos. O que possuímos no início (diz Aristóteles) é apenas um poder mental de precisão e dignidade inferiores. Nós, assim como todos os outros animais, começamos com um poder discriminativo congênito chamado percepção sensível. Em muitos animais, os dados da percepção são transitórios e logo desaparecem completamente, de modo que a cognição desses animais consiste em nada além de atos sucessivos de percepção sensível. Em nós, ao contrário, como em alguns outros animais, os dados da percepção são preservados pela memória. Portanto, nossas cognições incluem tanto percepções quanto lembranças. Além disso, somos distinguidos até dos melhores animais por essa diferença – que conosco, mas não com eles, uma ordem racional de pensamento cresce tomando como base tais dados de percepção, quando multiplicados e preservados por muito tempo. E assim, por meio da percepção, cresce a memória, e por intermédio da memória do mesmo assunto, muitas vezes repetido, cresce a experiência, já que muitas lembranças da mesma coisa constituem uma experiência numérica. Ao tomar como base essa experiência, surge outra consequência: o que é único e o mesmo em todas as particularidades (o universal ou o único ao lado dos muitos) torna-se fixo ou repousa firmemente na mente. Aqui reside o princípio da arte da ciência.

Assim, esses princípios cognitivos não são posses originais e determinadas da mente, tampouco surgem de quaisquer outras posses mentais de uma ordem cognitiva superior, mas simplesmente de dados de percepção sensível, pois esses dados são como soldados fugitivos em pânico, primeiro um interrompe sua fuga e para, então um segundo segue o exemplo, depois um terceiro e um quarto, até que finalmente se obtém uma disposição ordenada.

Nossas mentes são constituídas de forma a tornar isso possível. Se uma única impressão individual for assim retida, ela logo adquirirá o caráter de um universal na mente, pois, embora percebamos o particular, nossa percepção é do universal (isto é, quando percebemos Kallias, nossa percepção é do homem em geral, não do homem Kallias). Novamente, a fixação desses universais mais baixos na mente trará aqueles da próxima ordem mais alta, até que, por fim, a súmula dos gêneros e os universais absolutos adquiram um estabelecimento estável nela. Assim, com base em um ou outro animal em particular, nos elevaremos tão alto quanto o animal universalmente, e assim por diante, do animal para cima.

Assim, vemos claramente (diz Aristóteles) que somente por indução podemos conhecer os primeiros princípios da demonstração, pois é por esse processo que a percepção sensível grava o universal em nossas mentes. Começamos pelos particulares e ascendemos aos universais. Alguns de nossos hábitos mentais que estão familiarizados com a verdade também são capazes de falsidade (como a opinião e o raciocínio), ao passo que outros não são tão capazes, mas abraçam uniformemente a verdade e nada além da verdade, tais são a ciência e o intelecto. O intelecto é a única fonte mais precisa do que a ciência. Agora, os princípios da demonstração são mais precisos do que as próprias demonstrações, mas eles não podem (como observamos) ser os objetos da ciência. Eles devem, portanto, ser objeto daquilo que é mais preciso do que a ciência, a saber, o intelecto. O intelecto e os objetos do intelecto serão, portanto, os princípios da ciência e dos objetos da ciência. Mas esses princípios não são dados intuitivos ou revelações. São aquisições feitas gradualmente; e há um caminho regular pelo qual chegamos até eles, bem diferente do caminho pelo qual descemos deles até as conclusões científicas.

O capítulo que acaba de ser indicado em *Analíticos posteriores*, atestando o crescimento daqueles universais que formam os princípios da demonstração por meio dos particulares do sentido, pode ser ilustrado por uma declaração semelhante no Primeiro Livro da *Metafísica*, em que, depois de afirmar que a percepção sensível é comum a todos os animais, Aristóteles distingue os mais baixos entre os animais, que têm apenas essa percepção; em seguida, uma classe imediatamente acima deles, que a têm juntamente à fantasia e à memória, e alguns dos quais são inteligentes (como as abelhas), mas ainda assim não podem aprender, por serem desprovidos de audição; outra classe, um estágio acima, que ouve e, portanto, pode ser ensinada alguma coisa, mas chega apenas a uma soma escassa de experiência. Por fim, ainda mais acima, a classe dos seres humanos, que possui um grande estoque de fantasia, memória e experiência, que se transformam em ciência e arte. Observamos aqui a linha que ele traça entre a inteligência das abelhas – que depende totalmente dos sentidos, da memória e da experiência – e a inteligência superior que é superada pelo uso da linguagem, quando se torna possível ensinar e aprender, e quando as concepções gerais podem ser trazidas à tona por meio de nomes apropriados.

A experiência (diz Aristóteles) é de fatos particulares, ao passo que a arte e a ciência são de universais. A arte é alcançada quando, de muitas concepções de experiência, surge uma persuasão universal a respeito de fenômenos semelhantes entre si. Podemos saber que Kallias, doente de uma certa doença – que Sócrates, igualmente doente dela – que A, B, C, e outros indivíduos além, foram curados por um determinado remédio, mas essa persuasão a respeito de tantos casos individuais é mera questão de experiência. Quando, entretanto, generalizamos esses casos e, depois, afirmamos que o remédio cura todas as pessoas que sofrem da mesma doença circunscrita por marcas específicas – febre ou biliosidade – isso é arte ou ciência. Uma pessoa pode conhecer os casos particulares empiricamente, sem tê-los generalizado em uma doutrina, e outra pode ter aprendido a doutrina geral, com pouco ou nenhum conhecimento dos casos particulares. Dessas duas, a última é a pessoa mais sábia e filosófica, mas a primeira pode ser o mais eficaz e bem-sucedida como praticante.

Nessa passagem, Aristóteles traça a linha de distinção intelectual entre o ser humano e os animais inferiores. Se ele tivesse considerado que era prerrogativa do ser humano possuir um estoque de verdades gerais intuitivas, prontas e independentes da experiência, essa era a ocasião para dizer isso. Ele diz exatamente o contrário. Nenhum psicólogo moderno poderia proclamar mais plenamente do que Aristóteles faz aqui a derivação de todos os conceitos gerais e proposições gerais dos fenômenos do sentido, por meio dos estágios sucessivos de memória, associação, comparação e abstração. Ninguém poderia dar um reconhecimento mais explícito da indução por meio de particularidades do sentido, como o processo pelo qual alcançamos, em última instância, aquelas proposições da mais alta universalidade, bem como da mais alta certeza, com base nas quais, por silogismo dedutivo legítimo, descemos para demonstrar várias conclusões. Não há nada em Aristóteles sobre generalidades originalmente inerentes à mente, congênitas, embora dormentes a princípio e desconhecidas, até que sejam evocadas ou eliciadas pelos sentidos. Na visão de Aristóteles, os sentidos fornecem tanto origem quanto início, uma vez que os estágios sucessivos do procedimento mental, por meio dos quais nos elevamos do sentido às proposições universais, são multiplicados e graduais, sem qualquer interrupção. Ele chega a ponto de dizer que temos uma percepção sensível do universal. Sua linguagem, sem dúvida, exige muitas críticas aqui. Diremos apenas que ele desconsidera completamente a doutrina que representa a mente ou o intelecto como uma fonte original de verdades primárias ou universais peculiares a si mesma. Essa opinião é mencionada por Aristóteles, mas apenas para ser rejeitada. Ele nega que a mente possua tais reservas prontas, latentes até que sejam despertadas na consciência. Além disso, é notável que o fundamento pelo qual ele nega isso é muito semelhante àquele pelo qual os defensores das intuições afirmam, ou seja, a suprema precisão desses axiomas. Aristóteles não pode acreditar que a mente inclui cognições de tal valor, sem estar consciente disso. Ele também não admite que a mente possua qualquer poder nativo e inerente de originar esses inestimáveis princípios. Ele declara que eles são gerados na mente apenas pelo lento processo de indução, como descrito, começando pelo poder perceptivo (comum ao ser humano e aos animais), juntamente ao primeiro estágio da inteligência (julgadora ou discriminativa) que ele combina ou identifica com a percepção, considerando-a igualmente congênita. Considerando essa base humilde, os seres humanos podem se elevar aos mais altos graus de cognição, embora os animais não possam. Nós até nos tornamos competentes (diz Aristóteles) para ter uma percepção sensível do universal, no homem Kallias, vemos o ser humano, ao passo que no boi que se alimenta perto de nós, vemos o animal.

Deve ser lembrado que, quando Aristóteles, nessa análise da cognição, fala de indução, ele quer dizer indução completa e precisamente realizada. Do mesmo modo, quando ele fala de demonstração, ele pretende uma demonstração boa e legítima, e assim como (para usar sua ilustração na *Ética a Nicômaco*), quando ele argumenta sobre um harpista ou outro artista profissional, ele sempre quer indicar tacitamente um artista bom e realizado. Ele considera que a indução, assim entendida, e a demonstração são os dois processos para a obtenção da fé ou convicção científica, pois ambos são igualmente convincentes e necessários, mas a indução ainda mais do que a demonstração, porque, se os princípios fornecidos pela primeira não fossem necessários, as conclusões deduzidas com base neles pela segunda também não poderiam ser necessárias. Assim, a indução pode se manter sozinha sem a demonstração, mas a demonstração pressupõe e postula a indução. Assim, quando Aristóteles passa a especificar as funções da mente com as quais os princípios indutivos e as conclusões demonstradas se correlacionam, ele se refere a ambas as funções nas quais (de acordo com ele) a mente é infalível tanto no tocante ao intelecto quanto à ciência. Mas, entre esses dois, ele classifica o intelecto como o mais elevado, e ele se refere aos princípios indutivos ao intelecto. Ele não quer dizer que o intelecto gera ou produz esses princípios. Pelo contrário, ele nega claramente tal suposição e declara que nenhuma força geradora dessa ordem elevada reside no intelecto, mesmo tempo que ele nos diz, com igual distinção, que eles são gerados de uma fonte inferior – a percepção sensível, e por meio da marcha ascendente gradual do processo indutivo. Dizer que eles se originam do sentido através da indução, e, no entanto, referi-los ao intelecto como seu correlato subjetivo, não são posições inconsistentes entre si, na visão de Aristóteles. Ele distingue expressamente os dois pontos, como exigindo que sejam tratados separadamente. Ao relacionar os princípios ao intelecto, ele não pretende indicar sua fonte geradora, mas sim seu valor probatório e dignidade quando gerados e amadurecidos. Eles possuem, em sua visão, o máximo de dignidade, certeza, convencimento e necessidade, porque é com base neles que mesmo a demonstração necessita de suas conclusões. Consequentemente (de acordo com a inclinação dos filósofos antigos para presumir afinidade e dignidade proporcional entre o conhecimento e a sabedoria), eles pertencem como correlatos objetivos à função cognitiva mais infalível, o intelecto. É o intelecto que apreende esses princípios e os aplica ao seu propósito legítimo de demonstração científica. Por isso, Aristóteles chama o intelecto não apenas de princípio da ciência, mas também de princípio de tudo.

Em *Analíticos*, o tratado que citamos até agora, Aristóteles explica a estrutura do silogismo e o processo de demonstração. Ele tem em vista principalmente (embora não exclusivamente) as ciências mais exatas, Aritmética, Geometria, Astronomia etc. Mas ele nos diz expressamente que nem todos os departamentos de investigação são capazes dessa exatidão; que alguns se aproximam mais dela do que outros; que devemos ter o cuidado de não exigir de cada um deles mais exatidão do que o assunto admite; e que o método adotado por nós deve ser tal que atinja o máximo admissível de exatidão. Agora, cada assunto tem alguns princípios, e entre eles definições peculiares, embora também haja alguns princípios comuns a todos e essenciais para a marcha de cada um. Em alguns departamentos de estudo (diz Aristóteles), obtemos nossa visão dos princípios ou primeiros princípios por indução; em outros, por percepção sensível; em outros ainda, por ação habitual de uma determinada maneira; e também por vários outros processos. Em cada um deles é importante buscar os primeiros princípios da maneira naturalmente apropriada ao assunto que temos diante de nós, pois isso é mais da metade de todo o trabalho, porque dos primeiros princípios corretos dependerá principalmente o valor de nossas conclusões. No que diz respeito à ética, Aristóteles nos diz que os primeiros princípios são adquiridos por meio de um curso de ação habitual bem direcionado; e que eles serão adquiridos facilmente, bem como certamente, se esse curso for imposto aos jovens desde o início. No início da *Física*, ele parte da antítese, tão frequentemente encontrada em seus escritos, entre o que é mais conhecível para nós e o que é mais conhecível de forma absoluta ou pela natureza. A marcha natural do conhecimento é ascender do primeiro dessas duas particularidades do sentido para o segundo ou oposto e, depois, descer por demonstração ou dedução. O fato do movimento ele prova (contra Melisso e Parmênides) por meio de um apelo expresso à indução, como evidência suficiente e conclusiva. Na ciência física (diz ele), o apelo final deve ser para as coisas e os fatos percebidos pelo sentido. No tratado *Do céu* ele estabelece que os principia devem ser homogêneos com as matérias a que pertencem: os princípios das matérias perceptíveis devem ser eles próprios perceptíveis; os das matérias eternas devem ser eternos; os das matérias perecíveis, perecíveis.

Os tratados que compõem o *Órganon* se destacam entre as obras de Aristóteles. Neles, ele empreende (pela primeira vez na história da humanidade) o estudo sistemático de proposições significativas que enunciam a verdade e a falsidade. Ele analisa seus elementos constituintes; especifica as condições que determinam a consistência ou inconsistência de tais proposições umas com as outras; ensina a organizar as proposições de modo a detectar e a descartar as inconsistentes, mantendo a consistência. Aqui, a significação de termos e proposições nunca está fora de vista, uma vez que os fatos e realidades da natureza são considerados como tal significação. Agora, toda linguagem se torna significativa somente por meio da convenção da humanidade, de acordo com a declaração expressa de Aristóteles, pois ela é usada pelos falantes para comunicar o que eles querem dizer aos ouvintes que os entendem. Vemos, portanto, que nesses tratados o ponto de vista subjetivo é trazido para o primeiro plano – a enunciação do que vemos, lembramos, acreditamos, não acreditamos, duvidamos, antecipamos etc. Não quer dizer que o ponto de vista objetivo seja eliminado, mas sim que ele é tomado em implicação com o subjetivo e em dependência dele. Nem um, nem o outro são eliminados ou ocultados. É sob esse ponto de vista duplo e conjunto que Aristóteles, no *Órganon*, apresenta não apenas os processos de demonstração e contestação, mas também os princípios ou axiomas fundamentais; axiomas esses que, em *Analíticos posteriores* (como vimos), ele declara expressamente que se originam dos dados do sentido e que são elevados e generalizados por indução.

É dessa forma que Aristóteles representa os princípios fundamentais da demonstração silogística, quando lida com eles como partes da Lógica. Mas também o encontramos lidando com eles como partes da Ontologia ou Filosofia Primeira (sendo essa a maneira de caracterizar seu tratado, agora comumente conhecido como metafísica). Depois de algum debate preliminar, ele decide que a tarefa de formular e de defender os axiomas pertence a essa ciência, porque a aplicação desses axiomas é bastante universal, para todos os graus e variedades de entes. A Ontologia [ramo da metafísica1 que estuda os tipos de coisas que existem no mundo] trata de entes em seu sentido mais amplo, com todas as suas propriedades. A Ontologia é, para Aristóteles, uma ciência puramente objetiva, isto é, uma ciência na qual o subjetivo é deixado de lado e não é levado em conta, ou na qual (para afirmar o mesmo fato na linguagem da relatividade) o sujeito que acredita e raciocina é considerado constante. É a mais abrangente entre todas as ciências objetivas. Cada uma dessas ciências destaca uma determinada parte dela para um estudo especial. Ao tratar os axiomas lógicos como partes da Ontologia, Aristóteles se compromete a mostrar seu valor objetivo, e esse propósito ao mesmo tempo que o afasta do ponto de vista que observamos como predominante no *Órganon* o coloca em conflito com várias teorias, todas elas mais ou menos atuais em sua época. Vários filósofos – Heráclito, Anaxágoras, Demócrito, Protágoras – haviam proposto teorias que Aristóteles aqui impugna. Não queremos dizer que esses filósofos negaram expressamente seus axiomas fundamentais (que provavelmente nunca declararam distintamente para si mesmos, e que Aristóteles foi o primeiro a formular), mas suas teorias eram, até certo ponto, inconsistentes com esses axiomas, e foram consideradas por Aristóteles totalmente inconsistentes.

Os dois axiomas anunciados na *Metafísica* e defendidos por Aristóteles são os relacionados a seguir.

1. A máxima da contradição – é impossível que a mesma coisa seja e não seja; é impossível que a mesma coisa pertença e não pertença à mesma coisa, ao mesmo tempo e no mesmo sentido. Essa é a afirmação da máxima como uma fórmula da Ontologia. Anunciada como uma fórmula da Lógica, ela ficaria assim: a mesma proposição não pode ser verdadeira e falsa ao mesmo tempo; não se pode crer e descrer da mesma proposição ao mesmo tempo; não se pode crer, ao mesmo tempo, em proposições contrárias ou contraditórias. Essas últimas fórmulas mencionadas são as formas lógicas de afirmar o axioma. Elas o apresentam em referência ao sujeito que crê ou descrê (que afirma ou nega), distintamente trazido à vista com a matéria em que se acredita; não exclusivamente em referência à matéria em que se acredita, com a omissão do crente.

2. A máxima do meio excluído – um determinado atributo ou pertence ou não pertence a um sujeito (ou seja, desde que tenha qualquer relação com o sujeito) – não há meio, nenhuma condição real intermediária entre os dois. Essa é a fórmula ontológica; e ela permanecerá assim, quando traduzida para a lógica: entre uma proposição e seu oposto contraditório, não há meio-termo sustentável; se você não acredita em uma, deve passar imediatamente para a crença da outra, porque você não pode, ao mesmo tempo, não acreditar na outra.

Essas duas máximas, portanto, ensinam o seguinte: a primeira, que não podemos, ao mesmo tempo, acreditar em uma proposição e em seu oposto contraditório; a segunda, que não podemos, ao mesmo tempo, descrer de ambas.

Ora, Heráclito, em sua teoria (uma teoria proposta muito antes da época de Protágoras e das pessoas chamadas sofistas), negava toda permanência ou durabilidade na natureza e não reconhecia nada além de movimento e mudança perpétuos. Ele negava tanto as substâncias duráveis quanto os atributos duráveis, e não considerava nada duradouro, exceto a lei universal ou princípio da mudança – a junção ou coexistência sempre renovada de contrários e a transição perpétua de um contrário para outro. Essa visão dos fatos da natureza foi adotada por vários outros filósofos físicos. Na verdade, ela estava na base da filosofia de Platão – tipos ou formas racionais, ao mesmo tempo universais e reais. A máxima da contradição foi planejada por Aristóteles para contestar Heráclito e defender substâncias duráveis com atributos definidos.

Novamente, a teoria de Anaxágoras negava todos os corpos simples e todos os atributos definidos. Ele sustentava que tudo estava misturado com tudo o mais, embora pudesse haver um ou outro constituinte predominante. Em todas as mudanças visíveis em toda a natureza, não havia geração de nada novo, mas apenas o surgimento de algum constituinte que antes estava relativamente latente. De acordo com essa teoria, não se pode afirmar nem negar totalmente qualquer atributo de seu sujeito. Tanto a afirmação quanto a negação não eram verdadeiras, uma vez que a relação real entre as duas era algo no meio do caminho entre a afirmação e a negação. A máxima do meio excluído é mantida por Aristóteles como uma doutrina em oposição a essa teoria de Anaxágoras.

Ambas as teorias mencionadas são objetivas. Uma terceira, a de Protágoras ("Homo Mensura" – "Homem Medida" [definido pela frase: "O homem é a medida de todas as coisas, das coisas que são, enquanto são, das coisas que não são, enquanto não são"]), apresenta proeminentemente o subjetivo, e é bastante distinta de qualquer uma delas. Aristóteles, de fato, trata a teoria de Protágoras como substancialmente idêntica à de Heráclito, e como se estivesse de acordo ou não com ela. Isso parece um erro, porque a teoria de Protágoras é tão oposta a Heráclito quanto a Aristóteles.

Precisamos ver como Aristóteles sustenta esses dois axiomas (que ele chama de "a mais firme de todas as verdades e a mais seguramente conhecida") contra as teorias que se opõem a eles. Em primeiro lugar, ele repete aqui o que havia declarado em *Analíticos posteriores* – que eles não podem ser demonstrados diretamente, embora sejam eles mesmos os princípios de toda demonstração. Algumas pessoas, de fato, pensaram que esses axiomas eram demonstráveis, mas isso é um erro, proveniente (diz ele) da completa ignorância da teoria analítica. Como, então, esses axiomas devem ser provados contra Heráclito? Aristóteles havia dito em *Analíticos* que os axiomas eram derivados de particularidades do sentido por indução, e apreendidos ou aprovados pelo intelecto. Ele não repete essa observação aqui, mas insinua que há apenas um processo disponível para defendê-las, e esse processo equivale a um apelo à indução. Você não pode dar nenhuma razão ontológica em apoio aos axiomas, exceto o que será condenado como *petitio principii* (petição de princípio), você deve tomá-los em seu aspecto lógico, como enunciados em proposições significativas. Você deve exigir que o adversário heraclitiano responda a alguma pergunta afirmativamente, em termos significativos tanto para si mesmo quanto para os outros, e em uma proposição que declare sua crença sobre o ponto. Se ele não fizer isso, você não poderá discutir com ele, uma vez que ele pode muito bem ser surdo e mudo, porque ele não é melhor do que uma planta (para usar a comparação do próprio Aristóteles). Se ele fizer isso, ele se comprometeu com algo determinado: primeiro, o significado dos termos é um fato, excluindo o que é contrário ou contraditório; depois, ao declarar sua crença, ele, ao mesmo tempo, declara que não acredita no contrário ou contraditório, e é assim entendido pelos ouvintes. Podemos concordar com o que sua teoria afirma – que o sujeito de uma proposição está continuamente sob alguma mudança ou movimento; no entanto, a identidade designada por seu nome ainda é mantida e muitas predições verdadeiras a seu respeito permanecem verdadeiras apesar de sua mudança parcial. O argumento em defesa da máxima da contradição é que se trata de um postulado implícito em todas as afirmações particulares sobre assuntos da experiência cotidiana, que uma pessoa entende e age quando ouve de seus vizinhos; um postulado tal que, se você o negar, nenhum discurso será significativo ou confiável para informar e guiar aqueles que o ouvem. Se o orador afirmar e negar o mesmo fato ao mesmo tempo, nenhuma informação será transmitida, tampouco o ouvinte poderá agir de acordo com as palavras. Assim, no *Acarnenses*, de Aristófanes, Diceópolis bate à porta de Eurípides e pergunta se o poeta está lá dentro, e o atendente responde: – "Eurípides está dentro e não está dentro". Essa resposta é ininteligível. Diceópolis não pode agir de acordo com ela, até que o atendente explica que "não está dentro" é uma metáfora. Então, novamente, todas as ações em detalhes da vida de uma pessoa são baseadas em sua crença de alguns fatos e descrença de outros fatos. Ele vai a Mégara, acreditando que a pessoa que ele deseja ver está em Mégara e, ao mesmo tempo, descrendo do contrário. Ele age de acordo com sua crença tanto no que é bom quanto no que não é bom, na forma de buscar e evitar. Podemos citar inúmeros exemplos de discurso e ação nos detalhes da vida, pelos quais o heraclitiano deve passar como as outras pessoas; e quando, se ele procedesse de acordo com a própria teoria, não poderia dar nem receber informações por meio do discurso, tampouco fundamentar qualquer ação nas crenças que ele declara coexistirem em sua mente. Dessa forma, o heraclitiano Crátilo (assim diz Aristóteles) renunciou ao uso do discurso afirmativo e simplesmente apontou com o dedo.

ARISTÓTELES E OS ANTIGOS IDEAIS EDUCACIONAIS[33]

---

33   Título original: *Aristotle and ancient educational ideals*, de autoria de Thomas Davidson. Tradução de Murilo Oliveira de Castro Coelho.

PREFÁCIO

Ao decidir empreender esta tradução a fim de tratar de Aristóteles como o expositor de ideias educacionais antigas, eu poderia, com a obra de Alexander Kapp à minha frente, intitulada "Educação estatal de Aristóteles" (1837), ter facilitado minha tarefa. Eu poderia simplesmente ter apresentado, de forma ordenada e com um pequeno comentário, o que se encontra sobre o tema da educação em suas várias obras – *Política*, *Ética*, *Retórica*, *Poética*, entre outras. Eu tinha duas razões, entretanto, para não adotar esse curso: (1) que esse trabalho havia sido feito, melhor do que eu poderia fazê-lo, no tratado mencionado; e (2) que uma mera reafirmação do que Aristóteles diz sobre educação dificilmente teria mostrado sua relação com a pedagogia antiga como um todo. Portanto, julguei melhor, ao traçar brevemente toda a história da educação grega até Aristóteles e depois de Aristóteles, mostrar o passado que condicionou suas teorias e o futuro que foi condicionado por elas. Somente assim, pareceu-me, seus ensinamentos poderiam ser vistos sob a luz adequada. E descobri que esse método tem muitas vantagens, das quais posso mencionar a seguinte: ele me permitiu mostrar a estreita conexão que sempre existiu entre a educação grega e a vida social e política na Grécia, bem como apresentar uma como o reflexo da outra. E essa não é uma vantagem pequena, pois é justamente de sua relação com a vida como um todo que a educação grega deriva seu principal interesse para nós. De fato, nunca poderemos retornar à educação puramente política dos gregos, uma vez que eles mesmos tiveram de abandoná-la e, desde então, não mais a abandonaram até que uma esperança sem limites atravessou a Terra – uma esperança que dá à nossa educação um significado e um escopo muito mais amplos do que quaisquer outros que o Estado almeje. Nos dias de hoje, entretanto, quando o Estado e a instituição que incorpora essa esperança estão disputando o direito de educar, não pode deixar de nos ajudar a estabelecer suas respectivas reivindicações, seguir o processo pelo qual eles chegaram a ter reivindicações distintas e ver exatamente o que elas significam. Esse processo, o método que segui, espero que tenha me permitido, em algum grau, esclarecer as coisas. Esse, em todo caso, foi um de meus principais objetivos.

Ao tratar dos detalhes da prática educacional grega fui guiado pelo desejo de apresentar apenas, ou principalmente, aqueles que contribuem para compor o quadro completo. Por essa razão, omiti todas as referências ao treinamento para os jogos olímpicos e outros jogos, pois isso (assim me parece) não é parte essencial do sistema.

Teria sido fácil para mim dar ao meu livro uma aparência erudita, revestindo suas páginas com referências a autores antigos ou citações, no original, mas isso me pareceu desnecessário e inadequada a uma obra destinada ao público em geral. Preferi, portanto, colocar nos cabeçalhos dos diferentes capítulos, principalmente em inglês, as citações que pareciam expressar, da maneira mais marcante, o espírito dos diferentes períodos e teorias da educação grega. Tomadas em conjunto, acredito que essas citações apresentarão um esboço bastante definido de todo o assunto.

Para concluir, eu diria que, embora tenha usado algumas obras modernas, como as de Kapp e Grasberger, fiz isso quase que exclusivamente para encontrar referências. Em relação a cada ponto, acredito que recorri às fontes originais. Se, portanto, minhas conclusões sobre determinados pontos diferem das de autores importantes que me precederam, só posso dizer que tentei fazer o melhor que pude com os materiais originais que tinha em mãos. Estou longe de me sentir lisonjeado por ter chegado à verdade em todos os casos e ficarei muito grato por correções, seja qual for o espírito usado para serem feitas, mas confio que fui capaz de apresentar, em suas características essenciais, os "antigos ideais de educação".

Thomas Davidson
"Glenmore", Keene, Essex Co., New York, outubro de 1891.

CAPÍTULO I
CARÁTER E IDEAL DA EDUCAÇÃO GREGA

Nada em excesso! (Solon).

Nenhum cidadão tem o direito de se considerar pertencente a si mesmo, mas todos devem se considerar membros doo Estado, uma vez que cada um é uma parte do Estado, e o cuidado com a parte naturalmente leva ao cuidado com o todo (Aristóteles).

A vida grega, em todas as suas manifestações, era dominada por uma única ideia, uma ideia estética. Essa ideia, que funcionava às vezes de forma consciente, às vezes de forma inconsciente, era a PROPORÇÃO. O termo grego para isso (*Logos*) não apenas passou a designar a palavra encarnada da religião, mas também forneceu a muitos idiomas modernos um nome para a ciência da razão manifestada – Lógica. Para os gregos, de fato, razão sempre significou razão, proporção, e uma vida racional significava para eles uma vida na qual todas as partes, internas e externas, estavam em justa proporção umas com as outras. Essa proporção era tríplice: primeiro, entre as diferentes partes do ser humano individual; segundo, entre o indivíduo e seus companheiros em um todo social; terceiro, entre o humano, como tal, e o divino dominante. A realização dessa harmonia tríplice no indivíduo foi chamada pelos gregos de VONTADE, geralmente, mas incorretamente, traduzida como virtude. Chegou até nós, da pena de Aristóteles, em quem tudo o que estava implícito no helenismo se tornou explícito, uma parte de um hino dirigido a esse ideal. Ela pode ser adequadamente inserida aqui, em uma tradução literal.

AO VALOR.

Ó valor! Severo justiceiro do gênero humano,

O mais nobre prêmio da vida:

> Ó Virgem, por causa de sua beleza
>
> É um destino invejado na Hélade até mesmo para morrer,
>
> E sofrer labutas devoradoras, sem ser acalmada.
>
> Tão bem você direciona o espírito
>
> Para o fruto imortal, melhor que o ouro
>
> E pais e sono de olhos suaves.
>
> Por tua causa, Hércules, filho de Zeus, e os filhos de Leda
>
> Muito sofreram, por atos
>
> Proclamando teu poder.
>
> Por amor a ti, Aquiles e Ajax desceram aos salões do Hades.
>
> Por amor à tua beleza, a filha de Atarneu também viu o brilho do Sol.
>
> Portanto, como alguém renomado pelos feitos e imortal, a ele as musas exaltarão,
>
> As filhas da memória, exaltando assim a glória de Zeus, estranho guardião, e a honra da amizade firme.

Com relação a esse ideal, quatro coisas são especialmente dignas de nota: primeiro, o fato de que ele exigia uma pesquisa exaustiva da natureza e das relações do ser humano; segundo, o fato de que ele exigia um esforço forte, persistente e heroico; terceiro, o fato de que ele tendia a afundar o indivíduo no todo social e na ordem universal; quarto, o fato de que seu objetivo era, no geral, uma perfeição estética. Os dois primeiros eram méritos, ao passo que os dois segundos eram deméritos. O primeiro mérito impediu que os gregos adotassem sistemas unilaterais de educação; o segundo, que tentassem transformar a educação em um meio de diversão. Aristóteles diz claramente: "A educação certamente não deve ser transformada em um meio de diversão, pois os jovens não estão brincando quando estão aprendendo, já que todo aprendizado é acompanhado de dor". O primeiro demérito era prejudicial à liberdade individual e, portanto, obstrutivo do mais alto desenvolvimento humano; o segundo encorajava sonhos utópicos, que, sendo sempre de condições estáticas, não perturbados pelas labutas e pelos tormentos essenciais ao progresso, tendem a produzir impaciência em relação ao lento avanço pelo qual somente o ser humano chega a resultados duradouros. Devemos a essa tendência obras como *A República*, de Platão, e *A Educação de Ciro*, de Xenofonte.

CAPÍTULO II
RAMOS DA EDUCAÇÃO GREGA

Com você, o idoso Peleu me enviou no dia em que te enviou da Ftia [antiga região da Tessália, na Grécia setentrional] a Agamenon, um simples garoto, ainda não familiarizado com a guerra mútua ou com os conselhos, nos quais os homens se distinguem – para isso ele me enviou para te ensinar todas essas coisas, para ser um orador de palavras e um executor de ações (Fênix[34]. In: Homero)

Acima de tudo, e por todos os meios, cuidamos para que nossos cidadãos tenham boas almas e corpos fortes (Luciano).

A VIDA é a escola-vida original, doméstica e social. Todas as outras escolas meramente exercem funções delegadas pela família e pela sociedade, e é somente quando essa última atinge um estado de complicação tal que exige determinada divisão de trabalho que existem escolas especiais. Entre os gregos homéricos, não encontramos menção a escolas, e a única pessoa registrada que teve um tutor é Aquiles, que foi mandado embora de casa tão cedo na vida e privado da educação que naturalmente teria recebido de seu pai. Em que consistia essa educação, aprendemos com a primeira citação no início deste capítulo. Consistia em um treinamento que tornasse o aluno "um orador de palavras e um executor de ações" – um homem eloquente e persuasivo no conselho, e corajoso e resoluto no campo de batalha. Para esses fins, ele exigia, como diz Luciano, uma boa alma e um corpo forte.

Essas expressões marcam as duas grandes divisões em que se enquadrava a educação grega em todas as épocas – educação mental e educação física –, bem como seus objetivos originais, ou seja, a bondade (isto é, bravura) da alma e a força do corpo. Com o passar do tempo, esses ob-

---

34 Na mitologia grega, Fênix era filho do rei Amyntor. Por causa de uma disputa com seu pai, Fênix fugiu para a Ftia, onde se tornou rei dos dolopianos e tutor do jovem Aquiles, a quem acompanhou na Guerra de Troia.

jetivos sofreram mudanças consideráveis e, consequentemente, os meios para atingi-los sofreram modificações e extensões consideráveis. A educação física visava cada vez mais à beleza e à graça, em vez da força, ao passo que a educação mental, em seu esforço para se estender a todos os poderes da mente, dividiu-se em educação literária e musical.

Como vimos, os gregos tinham como objetivo desenvolver todos os poderes do ser humano na devida proporção e harmonia. Mas, com o passar do tempo, descobriram que a criatura humana vem ao mundo com seus poderes não apenas subdesenvolvidos, mas já desordenados e desarmônicos, e que não apenas os germes da masculinidade precisam ser cuidadosamente observados e cuidados, mas também que o terreno em que devem crescer deve ser limpo, de modo a ser um crescimento livre de ervas daninhas sufocantes, antes que a educação possa ser empreendida com qualquer esperança de sucesso. Esse processo de limpeza foi chamado pelos gregos posteriores de catarse, ou purificação, purgação, e desempenhou um papel cada vez maior em seus sistemas pedagógicos. Supunha-se que ele fizesse pela natureza emocional do ser humano o que a medicina se comprometia a fazer pelo seu corpo. Os meios empregados eram principalmente a música e as artes afins, que os antigos acreditavam exercer o que hoje chamaríamos de purificação do efeito demoníaco sobre a alma, afastando as causas excitantes da paixão perturbadora e deixando-a em completa posse de si mesma. Não seria exagero dizer que o poder de exercer essa influência purgativa sobre a alma era considerado pelos antigos a principal função e o fim das Belas Artes. Essa era certamente a opinião de Aristóteles.

Quando a purgação e a educação dupla do corpo e da mente haviam produzido seu trabalho perfeito, o resultado era o que os gregos chamavam de *Kalokagathia* (belo e virtuoso), ou seja, o belo e o bom. Qualquer uma das metades desse ideal era chamada de aretê, valor ou excelência. Aristóteles nos diz expressamente (*Categorias*, cap. viii.) ser o adjetivo para *spoudaios*, uma palavra que geralmente traduzimos para o inglês como excelente, magnânimo. E fazemos isso com razão, pois, para os gregos, excelência ou valor significava, acima de tudo, seriedade, genuinidade, veracidade, meticulosidade, ausência de frivolidade.

CAPÍTULO III
CONDIÇÕES DA EDUCAÇÃO

Alguns sustentam que os homens se tornam bons por natureza, outros por treinamento, outros por instrução. A parte que é devida à natureza obviamente não depende de nós, mas é transmitida por certas causas divinas aos verdadeiramente afortunados (Aristóteles).

Não é apenas a geração que faz o pai, mas também a transmissão de uma educação nobre (John Chrysostom).

Há dois tipos de educação, uma divina e outra humana. A divina é grande, forte e fácil; a humana é pequena, fraca e cercada de muitos perigos e ilusões. No entanto, a última deve ser acrescentada à primeira, se quisermos alcançar um resultado correto (Dion Chrysostom).

A mesma coisa que costumamos afirmar em relação às artes e às ciências pode ser afirmada em relação ao valor moral, ou seja, que a produção de um caráter completamente justo exige três condições – natureza, razão e hábito. Por "razão" quero dizer instrução, por "hábito", treinamento [...] A natureza sem instrução é cega; a instrução sem a natureza, impotente; o exercício (treinamento) sem ambas, sem objetivo (Plutarco).

Para a realização de seu ideal em qualquer indivíduo, os gregos consideravam necessárias três condições: (1) uma natureza nobre; (2) exercício ou treinamento persistente na ação correta; (3) instrução cuidadosa. Se qualquer uma dessas condições estivesse faltando, o resultado mais elevado não poderia ser alcançado.

(1) Ser bem ou nobremente nascido era considerado pelos gregos uma das melhores dádivas dos deuses. Aristóteles define o nascimento nobre como "riqueza e valor antigos", e isso expressa de forma bastante justa a visão grega, em geral. Naturalmente, ao se casarem, os gregos consideravam, acima de tudo, as chances de ter uma descendência digna.

De fato, pode-se dizer com justiça que o objetivo do grego ao se casar era não tanto assegurar uma companheira para si, mas encontrar uma mãe digna para seus filhos. Na Grécia, como em qualquer outro lugar do mundo antigo, o casamento era visto apenas como um arranjo para a procriação e criação de filhos. Os elementos romântico e patológico do amor, que desempenham um papel tão importante no casamento moderno, estavam quase totalmente ausentes entre os gregos. O amor que existia assumia a forma nobre da amizade entusiástica ou a forma vil da luxúria livre. Apesar disso, e do fato de que a mulher era vista como um meio, e não como um fim, as relações entre maridos e esposas gregos eram muitas vezes tais que faziam da família uma escola de virtude para os filhos. Eram nobres, doces e fortes, ainda mais, ao que parece, por serem baseadas não em um sentimentalismo ilusório, mas na razão e em um senso de dever recíproco.

(2) O valor do exercício, da prática, da habituação parece ter sido muito mais bem compreendido pelos antigos do que pelos modernos. O que quer que uma pessoa tivesse de fazer, quer seja falar, nadar, quer seja jogar ou lutar, ele só podia aprender fazendo. Essa era uma máxima universalmente aceita. O hábito moderno de tentar ensinar idiomas e virtudes por meio de regras não precedidas de prática extensiva teria parecido aos antigos tão absurdo quanto a noção de que um ser humano poderia aprender a nadar antes de entrar na água. A prática primeiro; a teoria depois. Faça a ação e conhecerá a doutrina – assim dizia a sabedoria antiga, para a qual a noção de que as crianças não deveriam ser solicitadas a realizar qualquer ato ou se submeter a qualquer restrição sem que os fundamentos fossem explicados a elas teria parecido a inversão completa de todo método científico. Foi insistindo em uma determinada prática nas crianças, com base em uma simples autoridade, que os antigos procuraram inculcar as virtudes da reverência à experiência e ao valor, e o respeito à lei.

(3) O trabalho iniciado pela natureza, e continuado pelo hábito ou exercício, era completado e coroado pela instrução. De acordo com os gregos, essa instrução tinha duas funções: (a) tornar a ação livre, tornando-a racional; (b) possibilitar um avanço para a ação original. A na-

tureza e o hábito deixavam as pessoas presas, governadas por instintos e prescrições, ao passo que a instrução, a revelação dos fundamentos da ação, os libertava. Essa liberdade, baseada na percepção, era para os pensadores da Grécia a realização da masculinidade, ou melhor, do divino no homem. "A verdade o libertará" – ninguém entendeu isso melhor do que eles. Por isso, com toda a sua constante insistência na prática da educação, eles nunca a consideraram como o fim último, ou como qualquer fim, exceto quando guiados pelo discernimento, fruto da instrução. Uma praticidade que não levasse a nenhuma ampliação do horizonte espiritual, a nenhuma visão libertadora, era para eles iliberal, servil, insignificante, diziam eles, degradante tanto para o corpo quanto para a alma.

CAPÍTULO IV
TEMAS PARA EDUCAÇÃO

É justo que os gregos governem os bárbaros, mas não os bárbaros os gregos; pois aqueles são escravos, mas estes são homens livres (Eurípedes).

Bárbaro e escravo são, por natureza, a mesma coisa (Aristóteles).

A natureza se esforça para tornar diferentes os corpos dos homens livres e dos escravos; os últimos são fortes para o uso necessário, os primeiros são eretos e inúteis para tais operações, mas úteis para a vida política [...] É evidente, então, que por natureza alguns homens são livres, outros são escravos, e que, no caso dos últimos, a escravidão é benéfica e justa (Aristóteles).

A instrução, embora tenha claramente o poder de direcionar e estimular os generosos entre os jovens, é claramente impotente para levar a massa de homens à nobreza e à bondade. Não é da natureza deles serem guiados pela reverência, mas pelo medo, tampouco se absterem de coisas baixas porque são vergonhosas, mas (apenas) porque resultam em punição.

Ao pensar na educação grega como um possível modelo para nós, modernos, há um ponto que é importante ter em mente: a educação grega era destinada apenas a poucos, aos ricos e bem-nascidos. Para todos os outros, para os escravos, bárbaros, classes trabalhadoras e comerciantes e, em geral, para todas as pessoas que passavam a vida em busca de riqueza ou de quaisquer fins particulares, ela parecia ter sido jogada fora. Mesmo as mulheres bem-nascidas eram geralmente excluídas da maioria de seus benefícios. Os sujeitos da educação eram os filhos de cidadãos plenos, eles próprios se preparando para serem cidadãos plenos e exercerem todas as funções de tais cidadãos. Os deveres de tais pessoas eram completamente resumidos em duas categorias: deveres para com a família; e deveres para com o Estado, ou, como diziam os gregos, "deveres econômicos e políticos". O cidadão livre não apenas não reconhecia outros deveres além desses, como também desprezava as pessoas que buscavam ocupação em qualquer outra esfera. Economia e política, entretanto, eram termos muito abrangentes. O primeiro incluía as três relações de marido para mulher, pai para filhos e senhor para escravos e propriedades; o segundo, três funções públicas: legislativa, administrativa e judiciária. Todas as ocupações não incluídas nessas seis categorias o cidadão livre deixava para os escravos ou estrangeiros residentes. Ele desprezava a acumulação de dinheiro no sentido moderno e, quando se dedicava à arte ou à filosofia, fazia isso apenas para o benefício do Estado. Se ele melhorasse o patrimônio que era a condição de sua cidadania livre, ele o fazia não por meio de chantagem ou empréstimo de dinheiro, mas por meio de uma administração judiciosa e de um tratamento gentil, mas firme, de seus escravos. Se ele prestasse algum grande serviço artístico ao Estado, por exemplo, se escrevesse uma tragédia para um festival religioso do Estado (e as peças nunca eram escritas para qualquer outra finalidade), a única recompensa que ele esperava era uma coroa de oliveira ou louro e o respeito de seus concidadãos.

Os gregos dividiam a humanidade, em todas as relações da vida, em duas classes distintas, a governante e a governada, e consideravam apenas a primeira um objeto de educação. Já a segunda era um mero instrumento em suas mãos. A classe governante necessitava de educação para que pudesse governar a si mesma e à outra classe, de acordo com a razão e a justiça; a outra, recebendo sua orientação da classe governante, não necessitava de educação, ou apenas a que lhe permitisse obedecer. Consequentemente, o dever da classe governante era governar, e o dos governados, obedecer. Somente nessa correlação de deveres é que cada classe encontrava sua utilidade e satisfação. Qualquer tentativa de perturbar ou inverter essa correlação era um ato deliberado contra as leis da natureza, uma rebelião contra a ordem divina das coisas.

Como marido, pai e mestre na família, e como legislador, oficial e juiz no Estado, cada membro da classe governante encontrava sua gama adequada de atividades. E ele agia mal, degradando-se ao nível da classe servil, se buscasse qualquer outra. Essa visão, em uma forma mais ou menos consciente, permeia todo o mundo antigo, condicionando todas as suas noções e teorias de educação. Paulo, o apóstolo, apenas a ecoou quando disse às esposas: "Mulheres, sujeitai-vos a vossos maridos como ao Senhor". E disse aos filhos: "Filhos, obedecei a vossos pais no Senhor, porque isto é justo". E ainda aos escravos: "Escravos, sede obedientes aos que, segundo a carne, são vossos senhores, com temor e tremor, em singeleza de coração, como a Cristo".

LIVRO III
ARISTÓTELES
(A.C. 384-322)

CAPÍTULO I
ARISTÓTELES – VIDA E OBRA

Aristóteles, em minha opinião, está quase sozinho na filosofia (Cícero).

Aristóteles, o secretário particular da natureza, mergulhando sua caneta no intelecto (Eusebius).

Onde quer que a sabedoria divina de Aristóteles tenha aberto sua boca, a sabedoria dos outros, parece-me, deve ser desconsiderada (Dante).

Eu poderia logo superar o prestígio de Aristóteles, se ao menos pudesse superar suas razões (Lessing).

Se, agora, em meus dias tranquilos, eu tivesse as faculdades da juventude sob meu comando, eu me dedicaria ao grego, apesar de todas as dificuldades que conheço. A natureza e Aristóteles deveriam ser meus únicos estudos. Está além de qualquer concepção o que aquele homem espiou, viu, contemplou, observou. É certo que às vezes ele era apressado em suas explicações; mas não somos assim, mesmo nos dias de hoje? (Goethe).

Se a devida seriedade prevalecesse na filosofia, nada seria mais digno de ser estabelecido do que uma fundação para um curso especial sobre Aristóteles; pois ele é, de todos os antigos, o mais digno de estudo (Hegel).

Aristóteles foi um dos gênios mais ricos e abrangentes que já apareceram – um homem ao lado do qual nenhuma época tem um igual para apresentar (Hegel).

A filosofia física se ocupa das qualidades gerais da matéria. É uma abstração das manifestações dinâmicas dos diferentes tipos de matéria; e mesmo onde seus fundamentos foram lançados pela primeira vez, nos oito livros das palestras físicas de Aristóteles, todos os fenômenos da natureza são representados como a atividade vital motriz de uma força mundial universal (Alexander von Humboldt).

CAFÉ COM ARISTÓTELES

Era característico desse gênio extraordinário trabalhar em ambas as extremidades do processo científico. Ele era tanto um devoto dos fatos quanto um mestre das mais altas abstrações (Alexander Bain).

Aristóteles é o pai do método indutivo, e é assim por duas razões: em primeiro lugar, ele reconheceu teoricamente seus princípios essenciais com uma clareza e os demonstrou com uma convicção que surpreende o homem moderno; depois, ele fez a primeira tentativa abrangente de aplicá-los a toda a ciência dos gregos (Willelm Oncken).

Aristóteles, por cuja filosofia política nossa admiração aumenta, quanto mais consideramos o trabalho de seus sucessores, é menos guiado pela imaginação do que Platão, examina a realidade com mais cuidado e reconhece com mais acuidade as necessidades do ser humano (Bluntschli).

Parece-me que não há dúvida de que Aristóteles se destaca não apenas como a maior figura da Antiguidade, mas como o maior intelecto que já apareceu na face da Terra (George J. Romanes).

Aristóteles, com toda a sabedoria de Platão que o precedeu, da qual ele foi capaz de se apropriar, não conseguiu encontrar melhor definição do verdadeiro bem do ser humano do que o pleno exercício ou a realização das faculdades da alma de acordo com sua excelência, que era a excelência do pensamento, especulativo e prático (Thomas Hill Green).

Está definitivamente estabelecido, entre as pessoas competentes para formar um julgamento, que Aristóteles foi o homem mais instruído que já passou pela superfície da Terra. Ele ainda é, como era na época de Dante, o "mestre daqueles que sabem". Portanto, não é sem razão que olhamos para ele, não apenas como o melhor expoente da educação antiga, mas também como um dos mais valiosos guias e exemplos de educação em geral. Para que não percamos a vantagem de seu exemplo, será bom, antes de considerarmos suas teorias educacionais, dar uma olhada em sua vida, no processo de seu desenvolvimento e em sua obra.

Aristóteles nasceu por volta de 384 a.C., na colônia grega de Estagira, na Trácia, perto das fronteiras da Macedônia. Seu pai, Nicômaco, era um médico de boa reputação, autor de várias obras médicas e amigo de confiança de Amintas, o rei macedônio. Sua mãe, Phaestis, era descendente dos primeiros colonos do lugar. Sem dúvida, foi sob a orientação de seu pai que o menino Aristóteles começou a se interessar pelos estudos físicos nos quais estava destinado a realizar um trabalho tão maravilhoso. No entanto, ao perder seus pais em uma idade precoce, ele ficou sob a responsabilidade de Próxeno, de Atarneu, que parece ter cumprido seu dever para com ele. Aos dezoito anos, foi para Atenas em busca de educação superior e entrou para a escola de Platão na Academia. Ali permaneceu por quase vinte anos, ouvindo Platão e adquirindo os vastos estoques de informações que, mais tarde, transformou em palestras e tratados científicos. Nada lhe escapou, nem arte, ciência, religião, filosofia ou política. Parece que, por ser bem de vida, ele começou cedo a colecionar uma biblioteca e a almejar o conhecimento enciclopédico. Sobre seus métodos de estudo, sabemos muito pouco, mas ouvimos que às vezes ele ajudava Platão em seu trabalho e era muito cuidadoso com o próprio vestuário. É claro que, com o passar do tempo, ele se elevou em pensamento acima dos ensinamentos de seu mestre e até rejeitou o mais fundamental deles, a doutrina das ideias autoexistentes.

Mas ele nunca perdeu o respeito por aquele mestre e, quando ele morreu, retirou-se com Xenócrates, filho do novo chefe da Academia, para Atarneus, a casa de seu antigo guardião Próxeno e de seu colega acadêmico, Hérmias, que passou a ser rei ou tirano do lugar. Lá ele permaneceu por três anos, na mais estreita intimidade com seu amigo, até que este foi traiçoeiramente assassinado pelos persas. Em seguida, atravessou para Mitilene, levando consigo Pítia, irmã ou sobrinha de Hérmias, com quem havia se casado e a quem era profundamente dedicado. Em Delfos, ergueu uma estátua em homenagem a seu amigo morto e dedicou-lhe um poema, sobre o qual falaremos mais na sequência. Por volta de 343 a.C., quando tinha mais de quarenta anos de idade, foi chamado à Macedônia como tutor de Alexandre, o filho de treze anos do rei Filipe e neto do antigo patrono de seu pai, Amintas. Ele ocupou esse cargo por cerca de três anos com grande sucesso, e pode-se dizer com segurança que nunca um tutor tão bom teve um aluno tão bom. Durante a última parte do tempo, pelo menos, Aristóteles e Alexandre parecem ter vivido em Estagira. Essa cidade havia sido capturada e destruída por Filipe, e seus habitantes foram dispersos. Com a permissão do conquistador,

CAFÉ COM ARISTÓTELES

Aristóteles reuniu os habitantes, reconstruiu a cidade, redigiu suas leis e construiu perto dela, em Mieza, imitando a Academia, um ginásio e um parque, que ele chamou de Ninfeu [santuário consagrado às ninfas aquáticas]. Parece que ele se retirou para lá com seu aluno real e vários outros jovens que estavam recebendo educação com ele, entre eles Teofrasto e o malfadado Calístenes [sobrinho e discípulo de Aristóteles]. Foi provavelmente nesse local que Aristóteles adotou o hábito de caminhar enquanto dava instruções, um hábito que mais tarde deu nome à sua escola. Quando Alexandre, aos dezesseis anos, entrou para o exército de seu pai, Aristóteles ainda continuava a ensinar no Ninfeu, que existia mesmo na época de Plutarco, mais de quatrocentos anos depois. Mas isso durou apenas cerca de cinco anos, pois em 335, quando Alexandre, que no ano anterior havia sucedido seu pai assassinado, estava se preparando para invadir a Pérsia, Aristóteles mudou-se para Atenas. Descobrindo que seu velho amigo, Xenócrates, era diretor da escola na Academia, ele se estabeleceu como professor público no Liceu, o ginásio pericleano, usado principalmente, ao que parece, pelas classes mais baixas e por residentes estrangeiros, entre os quais ele próprio era um deles. Como estrangeiro, como amigo dos vitoriosos macedônios, que três anos antes tinham quebrado o poder da Grécia em Crona e tirado sua autonomia para sempre, como rival dos platonistas e como um cavalheiro rico e bem-vestido, ele tinha muitos inimigos e detratores. Mas sua conduta parece ter sido tão inaceitável que nenhuma acusação formal pôde ser feita contra ele. Seus numerosos alunos eram, em sua maioria, estrangeiros, fato que não deixou de influenciar o curso subsequente do pensamento. Ele dividia seus dias entre escrever e lecionar, exercitando-se fisicamente enquanto se dedicava a essa última ocupação. De manhã, dava palestras para um círculo restrito, de maneira estritamente formal e científica, sobre os ramos mais elevados da ciência, e à tarde conduzia conversas sobre temas mais populares com um público menos seleto. Os primeiros eram chamados de discursos esotéricos, e os últimos de exotéricos.

Foi durante sua segunda residência em Atenas, nos doze anos entre 335 e 323 a.C., que Aristóteles compôs a maioria das grandes obras em que procurou resumir, de forma enciclopédica, os resultados de uma vida de estudos e pensamentos abrangentes. Ele não tinha pressa em os registrar, e foi somente depois de ter alcançado uma visão consistente do mundo que se aventurou a tratar, de forma definitiva, qualquer aspecto deles. Foi assim que cada um de seus tratados fez parte de um grande conjunto de pensamentos. Se ele tivesse conseguido concluir seu plano, teria deixado para o mundo um corpo de ciência tal que, mesmo em nossos dias, procuraria em vão um par entre as obras de qualquer outra pessoa. Infelizmente, seu plano não foi concluído e, mesmo das obras que ele escreveu, apenas uma parte chegou até nós. Mas essa parte é suficiente para colocar seu autor à frente de todos os homens da ciência. Algumas de suas obras, por exemplo, sua *Lógica*, *Metafísica*, *Ética* e *Política*, ainda ocupam o primeiro lugar na literatura desses assuntos. É quase inconcebível que um único homem tenha conseguido fazer tudo o que fez, e em tantos departamentos diferentes. Sem dúvida, ele teve ajudantes, na forma de secretários, escravos eruditos e discípulos, e é certo que ele recebeu de seu pupilo real uma ajuda generosa, que lhe permitiu fazer muito, especialmente nas direções da pesquisa nos campos da física e da política, o que teria sido impossível para um homem pobre. Contudo, depois de feitas todas as concessões, sua realização ainda parece quase milagrosa.

Durante todos os anos em que Aristóteles esteve envolvido nesse processo, sua posição em Atenas estava se tornando cada vez mais insegura. O partido antimacedônio estava aguardando a primeira oportunidade para livrar a cidade dele e só foi impedido de fazer tentativas abertas por medo do desagrado de Alexandre. Mesmo quando se soube que Aristóteles havia caído em desgraça com seu antigo aluno, eles não se aventuraram a atacá-lo. Mas em 323, quando a notícia da morte repentina de Alexandre fez que toda a Grécia sentisse que havia chegado a hora de se livrar para sempre dos odiados macedônios e recuperar sua liberdade, eles imediatamente deram vazão ao ódio que há muito tempo alimentavam. A dificuldade de encontrar assunto para uma acusação contra ele é demonstrada pelo fato de que tiveram de voltar ao seu antigo hino à virtude, escrito em memória de Hérmias, e basear nele uma acusação de impiedade – uma acusação sempre fácil de ser feita e sempre segura de despertar um forte preconceito popular. De acordo com a lei ateniense, o réu em qualquer caso desse tipo poderia, se quisesse, escapar da punição deixando a cidade a qualquer momento antes do julgamento. No entanto, Aristóteles, não sendo, como Sócrates, um cidadão, não poderia ter motivos para se recusar a tirar proveito dessa liberdade. Assim, com a observação de que não permitiria voluntariamente que os atenienses pecassem uma segunda vez contra a filosofia, ele se retirou para sua residência rural em Cálcis, em Eubeia, a antiga casa da família de sua mãe, para esperar até que os assuntos tomassem outro rumo, como, de fato, logo depois aconteceu, quando Atenas precisou abrir suas portas para Antípatro. Mas, antes que isso acontecesse, Aristóteles já estava no túmulo, tendo morrido em 322, pouco antes de Demóstenes, de uma doença estomacal, da qual sofria há muito tempo. Diz-se que seus restos mortais foram levados para Estagira, onde os habitantes agradecidos ergueram um altar e prestaram honras divinas à sua memória. Sua biblioteca e os manuscritos de suas obras foram deixados nas mãos de Teofrasto, que o sucedeu no Liceu. Seu testamento, cujo texto chegou até nós, dá testemunho, com tudo o mais que sabemos sobre ele, da nobreza, bondade e justiça de sua natureza.

CAPÍTULO II
A FILOSOFIA DE ARISTÓTELES

Platão sonhava; Aristóteles pensava (Alfred de Musset).

Estariam, então, Deus e a Natureza em conflito

Que a natureza empresta sonhos tão maus? (Tennyson).

Há três essências. Duas delas são sensíveis; uma é eterna e a outra perecível. A última é admitida por todos, na forma, por exemplo, de plantas e animais; com relação à primeira, ou eterna, teremos de considerar seus elementos e ver se eles são um ou muitos. O terceiro é imutável [e, portanto, inacessível ao sentido], e alguns pensadores o consideram transcendente (Aristóteles).

A visão do divino é o que há de mais doce e melhor; e se Deus sempre desfruta dessa visão como nós às vezes desfrutamos, isso é maravilhoso, e se ele o faz em um grau ainda mais elevado, isso é ainda mais maravilhoso. E é assim mesmo. E a vida pertence a ele, pois a autodeterminação do pensamento é a vida, e ele é a autodeterminação. E sua autodeterminação absoluta é a vida suprema e eterna. E chamamos Deus de um ser vivo, eterno, melhor; de modo que a vida e a duração, uniforme e eterna, pertencem a Deus; pois isso é Deus (Aristóteles).

Devemos considerar de que maneira o sistema do Universo contém o bom e o melhor, seja como algo transcendente e autodeterminado, seja como ordem. Certamente de ambas as maneiras ao mesmo tempo, como em qualquer exército, para o qual o bem está em ordem, e é o general, e esse último mais do que o primeiro. Pois o general não está subordinado à ordem, mas sim a ordem ao general (Aristóteles).

O pensamento de Aristóteles difere do de Platão tanto em seu método quanto em seus resultados. Platão, criado na escola de Pitágoras, Parmênides, Heráclito e Sócrates, naturalmente passou a buscar a verdade na região suprassensual da mente, e pensou tê-la encontrado em ideias alcançáveis por um processo dialético dentro da consciência individual. Assim, ele apresentou uma doutrina que, apesar de seu propósito ostensivo de consolidar os laços da sociedade, na realidade tendia a afastar as pessoas da sociedade e a aumentar o próprio individualismo que pretendia curar. Aristóteles, enquanto ainda estava na escola de Platão, havia se afastado dessa doutrina e, depois desse período, nunca perdeu a oportunidade de combatê-la. Ele poderia apontar a *República*, de Platão, como um exemplo de advertência de suas consequências lógicas. Mas, ao fazer isso, ele estava preparado para colocar outra doutrina em seu lugar, e o fez com base em um estudo profundo de todo o curso dos pensamentos grego, mitológico e filosófico.

Em vez de apelar, como Platão, para a consciência individual e tentar descobrir a verdade suprema harmonizando seus dados entre si, Aristóteles apela para a consciência histórica e se esforça para encontrar a verdade harmonizando e complementando seus dados por meio de um apelo adicional ao mundo exterior, no qual esses dados são realizados. Ele sustenta que as verdades alcançadas pelo processo dialético são meramente formais e, portanto, vazias – inúteis na prática, até que tenham sido preenchidas pela experiência do depósito da natureza. Em consequência dessa mudança de atitude, ele deixa de lado o processo dialético e o substitui pelo método da indução, que ele foi o primeiro homem no mundo a compreender, expor e aplicar, tornando-se assim o pai de toda a verdadeira ciência. E ele faz um uso mais extenso da indução do que qualquer outro homem desde sua época, aplicando-a em um campo no qual, mesmo agora, dificilmente se supõe que ela produza algum resultado, o campo da consciência comum. De fato, em todos os lugares ele iniciou sua busca pela verdade concreta examinando a consciência histórica e, tendo descoberto e generalizado seu conteúdo por um processo de indução, ele se voltou com isso para a natureza e, por uma segunda indução, corrigiu, completou e harmonizou. Poderíamos expressar isso em linguagem moderna, dizendo que todo o esforço desse filósofo foi empreendido para corrigir e suplementar a consciência humana imperfeita por meio de um apelo contínuo à consciência divina, conforme manifestada no mundo. O erro dos pesquisadores modernos é empregar apenas uma metade do método indutivo, o objetivo, e omitir completamente o subjetivo ou, como Platão, aplicá-lo apenas à consciência individual. Daí vêm os resultados amplamente divergentes que ainda encontramos em muitas das ciências, na política, na psicologia etc., daí o fato de que grande parte da ciência, em vez de corrigir, ampliar e harmonizar a consciência comum, fica totalmente à parte dela, ou mesmo em oposição direta a ela. O indivíduo que escreve um tratado sobre Psicologia, ou sobre a alma, sem se preocupar em descobrir o que significa "alma" na consciência geral da humanidade, e talvez partindo de uma noção totalmente individual dela, dificilmente pode esperar qualquer outro resultado. Aristóteles, fiel ao seu método de indução, dedica um livro inteiro de sua Psicologia para descobrir o que "alma" significa na consciência histórica, tanto irrefletida quanto reflexiva. Então, com esse significado ele foi até a natureza, procurou, por indução, descobrir o que ela tinha a dizer sobre isso e seguiu sua resposta. Daí o fato de seu pensamento ter se apoderado do mundo e o influenciado de maneira prática, como nenhum outro pensamento humano jamais fez. É por isso que, de todos os homens antigos, ele é aquele diante do qual o cientista moderno se curva com respeito.

Se agora nos perguntarmos qual foi o pensamento subjacente que moldou a teoria da indução de Aristóteles, qual foi sua visão de mundo, descobriremos que foi a seguinte: a inteligência divina se revela subjetivamente em um processo histórico na consciência humana e objetivamente em um processo natural no mundo exterior. A verdade para o ser humano é a harmonia das duas revelações. Disso decorre diretamente que o cientista deve levar em conta ambas de forma imparcial. Assim, por exemplo, se ele encontrar deuses na consciência histórica e leis ou forças na natureza, ele não tem o direito, como o teólogo, de fundir o último no primeiro, ou, como o físico, de substituir o primeiro pelo segundo. Ele deve manter ambos até que possa colocá-los em harmonia. Só então ele conhecerá qualquer uma delas.

Uma filosofia como essa, em vez de afastar os seres humanos do mundo da natureza e da história e confiná-los ao círculo estreito de sua consciência, enviou-os de volta a este mundo, como o único meio pelo qual qualquer bem-estar humano poderia ser alcançado. É por essa razão que ela afetou tão poderosamente tanto a vida social quanto a ciência. No entanto, estaríamos muito enganados se supuséssemos que, na visão de Aristóteles, o divino nada mais é do que uma ideia imanente, funcionando como uma forma-força na natureza e como uma forma-pensamento na mente. De fato, ele acredita que o divino é tudo isso, mas não que isso seja tudo o que existe de divino. Além do divino que é determinado na natureza e no ser humano, há a mente transcendente, ou Deus, determinando a si mesmo por meio de si mesmo, e mantendo a mesma relação com o divino que o Sol mantém com a luz, a mente humana com o pensamento humano, o general com a ordem de seu exército. Aqui estamos longe do panteísmo e, embora ainda não tenhamos chegado a uma concepção clara de personalidade, temos no "leme do Universo" um ser consciente, a fonte da lei e da ordem. E o ser humano, elevando-se acima do pensamento pelo qual ele conhece a si mesmo por meio da natureza, e a natureza por meio de si mesmo, pode entrar na consciência de Deus e tornar-se participante daquela vida que é "mais doce e melhor". Essas são as características do pensamento de Aristóteles que, no século XIII, tornaram-no aceitável para a Igreja Cristã em sua luta contra o panteísmo, e que pavimentaram o caminho para o misticismo superior do qual Tomás de Aquino é o expoente mais célebre – um misticismo que não é como o dos neoplatônicos e budistas, o qual não dispensa o pensamento para se perder no vazio, mas que, erguendo-se sobre uma ampla base de conhecimento, penetra nas nuvens do sentido para se encontrar na presença da realidade mais concreta, a fonte inesgotável de todo pensamento e de todas as coisas.

CAPÍTULO III
A TEORIA DE ARISTÓTELES SOBRE O ESTADO

Em primeiro lugar, então, vamos tentar enumerar todas as declarações dignas que foram proferidas por homens do passado sobre qualquer aspecto do assunto e, em seguida, consultando nossas coleções de histórias constitucionais, vamos tentar chegar a uma teoria sobre que tipos de coisas preservam e destroem cada forma específica de governo e ver por quais razões algumas são bem e outras mal administradas. Se conseguirmos fazer isso, talvez possamos aprender melhor qual é a melhor forma de governo e quais arranjos, leis e costumes são mais adequados a cada forma (Aristóteles).

O homem é um animal político (Aristóteles).

O Estado é anterior ao indivíduo (Aristóteles).

Sem amigos, ninguém escolheria viver, embora possuísse todas as outras bênçãos (Aristóteles).

Se a felicidade é a autodeterminação de acordo com o valor, devemos concluir que ela estará de acordo com o valor supremo, que será o valor da parte mais nobre de nós. Essa parte, seja ela qual for, seja o intelecto, seja qualquer outra coisa, aquilo que, por natureza, evidentemente nos governa e nos guia e tem uma visão das coisas belas e divinas, seja ela mesma divina ou a parte mais divina de nós, é aquela cuja autodeterminação, de acordo com seu valor, será a felicidade perfeita. Foi dito que isso consiste na visão das coisas divinas. [...] Essa, de fato, é a autodeterminação suprema, porque o intelecto é a parte mais elevada de nós, e aquilo com que ele lida é o mais elevado do conhecível. [...] Mas uma vida desse tipo seria algo mais elevado do que o humano, pois aquele que a vivesse não estaria vivendo como ser humano, mas como sujeito de algo divino. [...] Se, então, o intelecto é algo divino em relação ao ser humano, a vida vivida de acordo com ele deve ser divina em relação à vida humana. Em vez, portanto, de seguir aqueles que nos aconselham, como seres humanos, a fixar nossos pensamentos em coisas humanas, e, como mortais, a fixá-los em coisas mortais, é nosso dever, na medida do possível, agir como seres imortais e fazer tudo o que pudermos para viver de acordo com a nossa parte suprema (Aristóteles).

Somente o ser humano, entre todos os seres, ocupa um lugar intermediário entre as coisas corruptíveis e as incorruptíveis. Dois fins, portanto, a inefável Providência ordenou para a humanidade: a bem-aventurança nesta vida, que consiste no exercício da faculdade nativa e é representada pelo Paraíso terrestre; e a bem-aventurança na vida eterna, que consiste no desfrute da visão de Deus, algo que não pode ser alcançado por nenhuma faculdade nativa, a menos que seja auxiliado pela luz divina, e que deve ser compreendido pelo Paraíso celestial. [...] Esses fins e meios seriam desconsiderados pela paixão humana, se os seres humanos não fossem restringidos em seu curso por um freio e uma rédea. Por essa razão, o homem precisava de uma diretriz dupla, correspondente a esse duplo fim. Ele exigia que o sumo pontífice guiasse a raça humana para a vida eterna e que o imperador guiasse a raça humana para a felicidade temporal, de acordo com os ensinamentos da filosofia [...] A verdade com relação à questão se a autoridade do imperador é derivada diretamente de Deus ou de outro, não deve ser tomada tão estritamente a ponto de significar que o príncipe romano não está, em alguns aspectos, sujeito ao pontífice romano, o fato é que essa nossa felicidade mortal é, em algum sentido, ordenada com vistas à felicidade imortal. Que César, portanto, mostre aquela reverência por Pedro que o filho primogênito deve mostrar por seu pai, de modo que, sendo iluminado pela graça de seu pai, ele possa com maior virtude iluminar o mundo, que ele foi chamado a governar por Aquele que é governador de todas as coisas, espirituais e temporais (Dante).

Ó Graça abundante, de onde eu presumia

Fixar meu olhar na luz eterna

A ponto de consumir minha visão nela!

Em suas profundezas eu vi internalizado

Em um só volume, encadernado com amor,
O que é exteriorizado no Universo;
Substância e acidente, e todos os seus modos,
Como se fossem, juntos fundidos de tal forma
Que o que quero dizer é apenas uma simples luz.
A forma universal desse mesmo nó
Penso que vi, porque, quando assim falo,
Sinto que me regozijo com maior alegria (Dante).

O principal objetivo do homem é glorificar a Deus e desfrutá-lo para sempre (Breve Catecismo de Westminster).

O principal objetivo de Platão ao escrever sobre educação foi sugerir um remédio para as condições sociais e morais de sua Atenas natal. Aristóteles não teve esse objetivo. Ele foi, em um sentido muito profundo, um cosmopolita e escreveu no interesse da ciência e da utilidade universal. Seu campo de visão não se limitava a Atenas, tampouco à Grécia (embora ele tivesse muito orgulho de ser grego), mas abrangia todo o mundo conhecido no tempo e no espaço. Ao contrário de Platão, que também conhecia principalmente as instituições do passado no Egito e na Grécia, Aristóteles foi profundamente afetado pelas tendências do futuro e, embora ninguém tenha enfatizado mais do que ele a necessidade de um conhecimento do passado para aquele que desejava construir uma teoria social sólida, ele declarou, no entanto, que todo o passado foi moldado por algo que estava no futuro, pela realização final. Essa visão aparece de forma paradoxal em sua famosa afirmação de que "o Estado é anterior ao indivíduo", com a qual ele quer dizer que é a natureza política do ser humano atuando nele que o torna um indivíduo e, ao mesmo tempo, realiza-se em um Estado. E isso nos leva à concepção de Aristóteles sobre o Estado, que devemos considerar antes de abordar sua teoria da educação, porque para ele, como para todo o mundo antigo, a educação é uma função do Estado e é conduzida, pelo menos primariamente, para os fins do Estado.

Antes de se aventurar em uma teoria do Estado, Aristóteles, fiel a seus princípios indutivos, escreveu as histórias constitucionais de mais de duzentos e cinquenta Estados diferentes. Uma delas, a *Constituição de Atenas*, foi recentemente descoberta e publicada. Ele sustentava que somente por meio de uma ampla indução, assim possibilitada, ele poderia descobrir a ideia do Estado, ou seja, sua forma autorrealizável. Empregando esse método, então, ele chegou à conclusão de que o Estado é a instituição social mais elevada que assegura o bem ou a mais completa felicidade do ser humano. Tendo, em um tratado anterior, se convencido de que esse bem é o valor, e sendo o valor em todos os casos o exercício pleno da faculdade característica ou diferenciadora, ele conclui que, uma vez que a faculdade diferenciadora do ser humano é a razão, o Estado é a instituição que assegura ao ser humano o exercício mais pleno e livre dessa faculdade. Segue-se diretamente que o Estado é, simples e unicamente, a instituição educacional suprema, a universidade para a qual todas as outras instituições são apenas preparatórias. E seguem-se mais duas conclusões: (1) que os Estados diferem em sua constituição com as diferentes necessidades educacionais dos povos entre os quais existem; e (2) que, como toda educação é apenas uma preparação para alguma atividade digna, a educação política, a vida do ser humano como cidadão, é apenas uma preparação para a atividade mais elevada, que, por ser mais elevada, deve necessariamente ser um fim em si mesma. Essa atividade, argumenta Aristóteles, não pode ser outra, a não ser a contemplação, a visão do divino.

Os resultados que comoveram o mundo decorreram logicamente dessa doutrina. Ao passo que Platão havia previsto um corpo pequeno e seleto de homens supercívicos, abrindo assim o caminho para o monasticismo religioso e o ascetismo, Aristóteles sustenta que em todo ser humano civilizado, como tal, há uma parte supercívica, de fato, uma parte sobre-humana e divina, para a completa realização da qual todas as outras partes, e o Estado no qual elas encontram expressão, são apenas meios. Aqui temos, em embrião, toda a teoria de Dante sobre a relação entre Igreja e Estado, uma teoria que está na base de todos os esforços políticos modernos, por mais que o fato seja pouco reconhecido. Aqui, de fato, temos toda a estrutura da *Divina Comédia*, bem como temos a doutrina da visão beatífica, que durante séculos moldou e em grande parte ainda molda a vida da cristandade. Bem poderia Dante reivindicar Aristóteles como seu mestre! Bem poderiam os grandes doutores da Igreja falar dele como "o filósofo" e como o "precursor de Cristo nas coisas naturais". Em vão Pierre de la Ramée, Lutero, Bruno e Bacon o depreciaram ou anatematizaram! Ele é mais poderoso hoje em dia no pensamento e na vida do que em qualquer outra época nos últimos vinte e dois séculos.

Pode-se perguntar até a que ponto, e de que forma, Aristóteles concebe que a vida divina é possível para o ser humano na Terra. Ele responde que, embora não possa ser perfeita ou continuamente realizada aqui, ela é, em algum grau e em certos momentos, alcançável, já que é uma vida social, é a vida de amizade ou amor espiritual, à qual ele dedicou quase dois livros de sua *Ética*, livros que nos dão uma ideia mais precisa de sua pureza e valor pessoal do que qualquer outro de seus escritos existentes. Ele insiste que a amizade é a bênção suprema e que "qualquer que seja o ser de uma pessoa, ou o que quer que ela escolha para viver, ela deseja passar sua vida na companhia de seus amigos". Diz-se mesmo que Aristóteles, enquanto lecionava no Liceu, reuniu em torno de si um grupo de jovens nobres e estudantes sinceros e os formou em uma espécie de comunidade, com o objetivo de levar uma vida social verdadeiramente espiritual.

CAPÍTULO IV
O ESTADO PEDAGÓGICO DE ARISTÓTELES

A natureza é o princípio de tudo (Aristóteles).

A vida é mais do que o alimento, e o corpo, mais do que as vestes (Jesus).

As forças das paixões humanas em nós, quando completamente reprimidas, tornam-se mais veementes; mas quando são chamadas à ação por pouco tempo e na medida certa, elas desfrutam de um prazer comedido, são acalmadas e, sendo assim expurgadas, cessam de uma forma gentil, em vez de violenta. Por essa razão, na tragédia e na comédia, por sermos espectadores das paixões dos outros, acalmamos nossas paixões, as tornamos mais moderadas e as expurgamos; e assim, da mesma forma, nos templos, ao vermos e ouvirmos coisas vulgares, somos libertados do dano que viria da prática real delas (Jâmblico).

O cuidado com o corpo deve preceder o cuidado com a alma; depois do cuidado com o corpo deve vir o cuidado com os apetites; e, por último, o cuidado com a inteligência. Treinamos os apetites para o bem da inteligência, e o corpo para o bem da alma (Aristóteles).

A prática do aborto era algo a que poucas pessoas na Antiguidade atribuíam qualquer sentimento profundo de condenação [...] A teoria fisiológica de que o feto não se tornava uma criatura viva até a hora do nascimento teve alguma influência nos julgamentos feitos sobre essa prática. A morte de uma criança não nascida não atrai muito o sentimento de compaixão, e os homens que ainda não tinham alcançado um forte senso de santidade da vida humana, que acreditavam que poderiam regular sua conduta nessas questões por pontos de vista utilitaristas, de acordo com o interesse geral da comunidade, poderiam prontamente concluir que a prevenção do nascimento era, em muitos casos, um ato de misericórdia. Na Grécia, Aristóteles não apenas apoiou a prática, mas até desejou que ela fosse aplicada por lei, quando a população excedesse certos limites estabelecidos. Nenhuma lei na Grécia, ou na República Romana, ou durante a maior parte do Império, condenou isso [...] A linguagem dos cristãos, desde o início, era muito diferente. Com consistência inabalável e com a mais forte ênfase, eles denunciaram a prática não apenas como desumana, mas também como definitivamente um assassinato (LECKY. *História da moral europeia*).

Aristóteles viu claramente que a forte tendência da raça humana de aumentar, a menos que corrigida por leis estritas e positivas, era absolutamente fatal para todo sistema baseado na igualdade de propriedade; e certamente não pode haver um argumento mais forte contra qualquer sistema desse tipo do que a necessidade de leis como as que o próprio Aristóteles propõe [...] Ele parece estar plenamente ciente de que encorajar o nascimento de crianças, sem prover adequadamente seu sustento, é obter um acesso muito pequeno à população de um país, à custa de um acesso muito grande de miséria (MALTHUS. *Ensaio sobre a população*).

Considerando os pontos de vista de Aristóteles com relação ao ser humano, seu fim e a função do Estado, podemos ter pouca dificuldade em decifrar o caráter e o método de seu sistema educacional. O ser humano é dotado de razão, e seu fim é a plena realização dessa faculdade soberana e distintiva. Já o Estado é o meio pelo qual isso é realizado.

Os leitores de *Os anos de aprendizado de Wilhelm Meister*, de Goethe, vão se lembrar da descrição, na segunda parte, da província pedagógica. Agora, o Estado de Aristóteles pode, com toda propriedade, ser chamado de província pedagógica. Ao tentar descrever esse Estado e a maneira pela qual ele desempenha sua função, é difícil saber por onde começar, porque, considerado como um todo, o Estado é tanto professor quanto aluno. Ele organiza todo o esquema de educação e, portanto, está relacionado a ele como causa, sendo construído por esse esquema e, portanto, relacionado a ele como efeito. Portanto, ela aparece tanto no início quanto no fim. É uma universidade que organiza todo o esquema de educação e é, ela própria, seu grau mais elevado. Tentarei superar essa dificuldade distinguindo o que o Estado é do que ele faz, começando com o primeiro e terminando com o último.

Com relação ao que é o Estado, precisamos considerar (1) suas condições naturais, (2) suas condições sociais. As primeiras são o clima, a extensão, a natureza e a situação do território; as segundas, o número e o caráter dos habitantes, os regulamentos de propriedade, a distinção de classes, a arquitetura da cidade, o modo de vida, o governo e as relações com outros Estados.

Aristóteles exige para seu Estado um clima temperado, com base no fato de que um clima frio torna as pessoas fortes e corajosas, mas maçantes e estúpidas, ao passo que um clima quente as torna intelectuais, mas menos resistentes. O melhor clima é aquele que torna as pessoas, ao mesmo tempo, corajosas e inteligentes. O território deve ser suficientemente extenso e fértil para fornecer a seus habitantes todas as condições materiais de vida em resposta ao trabalho que despertará, sem esgotar, suas energias. Deve estar voltado para o leste ou para o sul e ser saudável, bem irrigado, acessível por terra e mar e facilmente defensável.

Quanto às condições sociais, Aristóteles considera que a mais importante é o número de cidadãos. E aqui duas coisas devem ser cuidadosamente levadas em conta: (1) ele entende por "Estado" uma cidade com um pequeno território. Essa não é, como erroneamente se supõe, sua unidade social mais elevada. Ele reconhece claramente a nação e a confederação, mas sustenta que elas existem meramente para fins materiais, ao passo que o fim do Estado é espiritual; (2) e ele entende por "cidadão" um político, um indivíduo é um cidadão, não porque nasceu ou está domiciliado em um Estado, mas porque participa de suas funções. Um Estado composto por mecânicos, por maior que seja seu número, seria um Estado pequeno, e um Estado composto por escravos não seria Estado algum. Assim, ao estimar o tamanho de um Estado devemos considerar o caráter de seus habitantes, sua aptidão para funções políticas, em vez de seu número. A pequena Atenas era um Estado muito maior do que a gigantesca Pérsia no campo de Maratona. Aristóteles estabeleceu que o número de cidadãos deveria ser grande o suficiente para garantir a independência, o que seria essencial para um Estado cultural, e não grande demais para ser gerenciável. Além dos cidadãos, seria preciso, necessariamente, no Estado um número muito grande de outros seres humanos, escravos, agricultores, mecânicos, marinheiros, pois todos esses ele excluia da cidadania pelo fato de não fazerem da virtude, ou seja, da realização da razão, o fim de suas vidas. As mulheres, em certo sentido, seriam consideradas cidadãs, se pertencessem às famílias dos cidadãos, mas sua esfera deve ser a família.

Com relação à propriedade, Aristóteles começa considerando as coisas para as quais ela é necessária. Ele considera que são seis, três privadas e três públicas. As primeiras, são alimentos (incluindo roupas e abrigo), instrumentos de produção e armas; as últimas, são empresas públicas (civis e militares), religião e lei. Essas são as "necessidades" de um Estado, às quais ele deve prover devidamente. A mais importante de todas é a religião, sobre a qual ele dá grande ênfase em todos os lugares. Quanto à distribuição da propriedade, ele propõe o seguinte esquema, que é meio socialista: toda a terra deve pertencer ao Estado, ou seja, ao corpo de cidadãos livres. Ela deve ser dividida em duas porções iguais, e uma deve ser separada para uso público e a outra para uso privado. A receita da parte pública deve ser destinada ao sustento da religião (e da lei?) e das mesas públicas, das quais nenhum cidadão é excluído pela pobreza. A parte privada deve ser dividida de modo que cada cidadão tenha um lote perto da cidade e outro perto da fronteira. Isso lhe dará um interesse em defender todo o território. Ambas as partes devem ser cultivadas por servos ou escravos, parte dos quais necessariamente pertencerá ao Estado e parte a particulares. A posse de terra deve ser uma condição de cidadania, e todos os cidadãos devem ser proibidos de exercer qualquer forma de atividade produtiva. Essa última regra, espera-se, servirá para evitar as graves desigualdades de riqueza e os males que delas decorrem. Uma competência modesta, derivada de seu patrimônio, é tudo o que qualquer cidadão deve almejar.

Somente pessoas degradadas, incapazes de virtude, desejarão mais.

Sobre a distinção de classes, alguma luz já foi lançada. Elas são duas: os governantes e os governados. Aristóteles sustenta que essa distinção atravessa toda a natureza e o espírito, que é fundamental no próprio ser. Ela existe entre Deus e o Universo, forma e matéria, alma e corpo, objeto e sujeito, marido e mulher, pai e filho, senhor e escravo etc. A classe dominante novamente é subdividida em duas partes, uma que pensa e determina (legisladores e juízes), e outra que executa (oficiais, soldados), ao passo que os dominados são subdivididos em lavradores, mecânicos e marinheiros (marinheiros, pescadores etc.). Todos os membros da classe governada são servos ou escravos públicos, que trabalham não para si mesmos, mas para seus senhores. Aristóteles afirma que eles devem ser bárbaros de diferentes raças, e não gregos.

A arquitetura da cidade deve corresponder, de certa forma, a essa divisão social. Ela se dividirá naturalmente em três: militar, religiosa e civil. Em primeiro lugar, uma cidade deve ter muros. Elas devem ter torres e baluartes a distâncias adequadas e ser tão atraentes quanto possível. Os templos dos deuses e os escritórios dos principais magistrados devem, se possível, ficar juntos em uma cidadela fortificada, dominando visivelmente toda a cidade. Ao lado dela deveria estar a Praça dos Homens Livres, reservada inteiramente para a classe dominante e livre de negócios ou mercadorias de qualquer tipo. Aqui deve estar o ginásio para os cidadãos mais velhos, que assim entrarão em contato com os magistrados e serão inspirados com "verdadeira reverência e temor dos homens livres". A praça do mercado deve ser colocada de modo a ser conveniente para o recebimento de mercadorias tanto do mar quanto da terra. Isso abrange toda a arquitetura civil, exceto os refeitórios, dos quais falaremos melhor no próximo parágrafo.

O modo de vida da classe dominante será necessariamente muito diferente do modo de vida dos governados. Sobre esses últimos, Aristóteles não tem nada a dizer. Ele espera pouco dessa classe além da possibilidade de ser mantida em uma subordinação satisfeita. Como ela não tem vida política, tudo o que lhe resta é a vida da família. A classe dominante, ao contrário, vive em grande parte em público e com fundos públicos. Eles se exercitam em academias públicas e comem em mesas públicas. Os magistrados-chefes têm seu refeitório na cidadela; os sacerdotes têm o seu próximo aos templos; os magistrados, que presidem as questões comerciais, as ruas e os mercados, têm o seu próximo à praça do mercado, ao passo que os que cuidam das defesas da cidade têm mesas nas torres. Quando não estão envolvidos em negócios públicos, os cidadãos podem se reunir na Praça dos Homens Livres e desfrutar de uma conversação ao ar livre, com música, poesia e filosofia, em suma, um estilo de vida para o qual nosso idioma não tem sequer um equivalente aproximado. À medida que avançam em idade, os cidadãos desfrutam cada vez mais de um estilo de vida, que, de fato, é considerado o fim da vida, aqui e no futuro.

O governo está inteiramente nas mãos dos cidadãos livres, sendo que o Poder Legislativo e deliberativo está nas mãos dos mais velhos; o Poder Executivo, as autoridades civil e militar, nas mãos da porção mais jovem. É curioso que, embora Aristóteles considere esse o melhor arranjo possível em circunstâncias comuns, ele acredita que a condição mais feliz para um Estado seria ser governado por algum homem divino ou heroico, muito superior a todos os outros em sabedoria e bondade. Ele considera claramente que Pisístrato [tirano da antiga Atenas que governou entre 546 a.C. e 527 a.C.] foi um desses homens, e talvez esperasse que Alexandre fosse outro.

As relações do Estado pedagógico com outros Estados devem ser, na medida do possível, pacíficas. Assim como todo trabalho é para o bem do descanso e da paz, toda guerra é para o bem da paz; e o Estado que consegue manter uma independência honrosa sem guerra deve ser invejado. Um Estado culto evitará todas as tentativas de conquista, bem como não estará disposto a tiranizar outro Estado nem a ser tiranizado por um. Ao mesmo tempo, estará sempre preparado para a guerra, possuindo um exército de soldados bem treinados e bem armados e uma frota bem tripulada e bem equipada.

Essas são as principais características do Estado ideal de Aristóteles, baseado, como ele acredita, na natureza política do ser humano e na história. Como todos os ideais sociais, como o próprio céu, como normalmente concebido, ele é uma condição estática. Suas instituições são fixadas de uma vez por todas, e todos os esforços são feitos para as preservar. É curioso observar em quantos pontos ele coincide com o ideal de Xenofonte.

O objetivo do Estado é educar seus cidadãos, torná-los virtuosos. A virtude é o próprio princípio vital do Estado, e não depende, como outras condições, da natureza ou do acaso, mas sim do livre-arbítrio. O Estado ideal, como qualquer outro, deve educar tendo em vista as próprias instituições, pois somente dessa forma elas podem ser preservadas. "E, uma vez que o Estado, como um todo, tem apenas um objetivo, é evidente que a educação política de todos os cidadãos deve ser a mesma, e que esse é um assunto para o Estado cuidar, e não um assunto a ser deixado ao capricho individual, como é feito agora quase universalmente, quando cada pai cuida da educação dos próprios filhos e lhes dá qualquer escolaridade que se adapte à sua fantasia". Para a educação dos membros do Estado que não são cidadãos, o Estado não faz nenhuma provisão. Eles aprendem seus deveres práticos executando-os e estão completamente sob o controle dos cidadãos. Aristóteles faz os esforços mais vigorosos para provar que a escravidão tem sua justificativa na natureza, que estabeleceu entre gregos e bárbaros a relação de senhor e escravo. Como a mulher pertence à família e é apenas indiretamente uma cidadã do Estado, sua educação é confiada à primeira instituição. A filha deve ser educada pelos pais, e a esposa pelo marido, exatamente como recomendado por Xenofonte.

Tendo concluído que a educação deve ser uma questão de legislação do Estado, e a mesma para todos os cidadãos, ele afirma: "Resta perguntar qual deve ser a natureza da educação e o método de transmiti-la [...] O estado atual da educação deixa essa questão em uma confusão perfeita, ninguém parece saber se devemos ensinar as matérias que permitem que as pessoas ganhem a vida, ou aquelas que promovem o valor, ou, finalmente, as realizações. Todos têm seus defensores. No que diz respeito aos estudos que têm o valor como objetivo, não há um consenso geral em função de as pessoas diferentes terem visões distintas sobre quais tipos de valor são admiráveis e, consequentemente, diferem em relação aos meios a serem empregados para os cultivar. Um ponto, entretanto, é perfeitamente claro, a saber, que as coisas úteis que são necessárias devem ser ensinadas. Mas é igualmente claro que deve ser feita uma distinção entre estudos liberais e não liberais, e que somente devem ser ensinadas as matérias úteis que não transformem aqueles que as aprendem em artesãos. Devemos considerar todo emprego, arte ou estudo que contribua para tornar o corpo, a alma ou o intelecto dos homens livres impróprios para os usos e práticas da virtude como um ofício. Por essa razão, chamamos de artesanato todas as artes que rebaixam a condição do corpo e estendemos o termo aos negócios que geram dinheiro, porque eles preocupam e degradam a inteligência. Quanto às artes liberais, cultivar o conhecimento delas até certo ponto não é iliberal; mas qualquer dedicação excessiva a elas, com o objetivo de alcançar a habilidade profissional, está sujeita às objeções mencionadas. Também faz uma grande diferença a finalidade que fazemos ou aprendemos algo. Se um homem faz uma coisa para si mesmo, para seus amigos ou para o bem de alguém, isso não é antiliberal, ao passo que se ele a faz frequentemente para o bem de qualquer outra pessoa, será considerado mercenário ou servil".

A próxima e importantíssima pergunta é: "O Estado deve educar para os negócios ou para o lazer?". Ao responder a essa pergunta, Aristóteles rompe totalmente com as antigas tradições gregas, bem como com Platão, e sustenta que, embora deva educar para ambos, a educação para o lazer é muito mais importante do que a educação para os negócios, e cita a natureza como sua autoridade. "A própria natureza exige", diz ele, "não apenas que façamos negócios adequadamente, mas que sejamos capazes de empregar nosso lazer com elegância. Se precisarmos ter as duas coisas, as teremos, mas o lazer é preferível aos negócios, e nossa pergunta final deve ser: em que tipo de recreação empregaremos nosso lazer? Se isso é impossível, e a verdade é que o lugar apropriado para o lazer é no meio dos negócios (é a pessoa que está trabalhando que precisa de recreação, que é o objetivo do lazer, pois os negócios são acompanhados de esforço e tensão), então, ao recorrermos ao lazer, devemos escolher as épocas apropriadas para administrá-lo, pois o prazer de se divertir é o mesmo que um remédio. De fato, todo esse movimento da alma é relaxamento e se torna recreação por causa do prazer que proporciona. O lazer, ao contrário, é considerado, em si e por si mesmo, algo que envolve prazer, felicidade e uma vida abençoada. Esses são os destinos daqueles que têm lazer, não daqueles que estão envolvidos em negócios. Aqueles que se dedicam aos negócios o fazem para algum fim ulterior que não se realiza neles, ao passo que a felicidade é, em si, um fim e, de acordo com a crença universal, não traz dor, mas prazer. É claro que, quanto à natureza desse prazer, há atualmente uma variedade de opiniões, cada um tendo as próprias preferências em razão de seu caráter e hábitos, e o tipo mais elevado de ser humano preferindo o tipo mais elevado de prazer e aquele que surge das coisas mais nobres. Não precisamos de mais argumentos para mostrar que devemos receber instrução e educação em certas coisas com vistas ao lazer culto, e que essas coisas devem ser fins em si mesmas, em contraste com a instrução dada para os negócios, que é necessária e tem um objetivo posterior".

São três os princípios que Aristóteles estabelece como válidos para toda a educação: (1) o treinamento do corpo deve ter precedência no tempo sobre o da mente; (2) os alunos devem ser ensinados a fazer as coisas antes de aprenderem as razões e os princípios delas; (3) e o aprendizado nunca é brincar, ou pelo simples fato de brincar.

Os períodos de educação distinguidos por Aristóteles são: (1) infância, que se estende do nascimento até o final do sétimo ano, e é gasta no crescimento saudável e, ultimamente, na preparação para a disciplina; (2) meninice, do início do oitavo ano até o advento da puberdade, dedicada às formas mais leves de disciplina, corporal e mental; (3) juventude, da idade da puberdade até o final do vigésimo primeiro ano, ocupada com as formas mais severas de disciplina; (4) maturidade, dedicada aos deveres do Estado. Todos esses são apenas preparativos para a vida divina da alma.